Leander Steinkopf (Hg.)

NEUE SCHULE

INHALT

AUF WEN DIE AUBERGINE ZEIGT

SHIDA BAZYAR

Er ist schmal, an ihm ist alles schmal und hässlich, sein Gesicht, sein Körper, seine Lippen, er hat eine Zahnspange und ist so was von blass, dass man ihm am liebsten Selbstbräuner ins Gesicht spachteln will, denn Sonne hilft da nicht, Sonne macht da eher nur noch alles schlimmer und rot. Mit Hackfressen wie Schmallippe habe ich Mitleid, wenn ich denn überhaupt über sie nachdenke, was automatisch passiert, wenn sie sich so dermaßen aufdrängen wie er, und wenn ich dann über sie nachdenke, möchte ich weinen, weil, erstens ist es schon auch hart, in dieser Zeit auf dieser Welt zu leben und hässlich zu sein, und, zweitens ist es erst recht hart, wenn man dabei so was von scheiße ist.

So etwas schreibe ich übrigens nur hier. So etwas würde ich nie laut sagen, aus Angst, dass man mir am Ende vorwirft, ich sei gemein, wo er doch hier eindeutig der Bösewicht ist. Wenn ich sehe, dass er vor Beginn der Stunde im Flur steht und wartet, gehe ich schneller. Ich schaue auf den Boden, in der Hoffnung, dass er Zara und mich nicht sieht, wenn wir ihn nicht ansehen. Manchmal klappt das. Dann ruft er uns nur irgendwas hinterher, was nicht so richtig bei uns ankommt, denn wir sind schon zu weit entfernt und das Gegröle der anderen übertönt es. Er ist egal. Damit meine ich, dass er allen anderen egal ist. Er ist nicht cool, er hat nichts zu melden, er interessiert niemanden. In seiner eigenen Klasse würde er sich das Ganze nicht trauen, denn da würden die anderen irgendwie reagieren und ihn noch mal daran erinnern, wo sein Platz in der Ordnung der Welt ist, aber weil wir in einer anderen Klasse sind, kann er sich das erlauben, denn niemand kriegt es so richtig mit. Das ist eigentlich geschickt, das muss man ihm lassen.

Zara lässt sich niemals etwas anmerken. Nicht, dass er sie nervt, nicht, dass er sie verletzt, nicht, dass sie ihn hört. Wenn er neben uns herläuft und die Dinge sagt, die er eben sagt, wage ich es manchmal, Zara anzuschauen und sie zu beobachten. Und ehrlich, wenn man Zara anschaut, wie sie ihn wirklich nicht beachtet, obwohl er ihr ins Ohr brüllt, dass sie hässlich ist und fett und nach Knoblauch stinkt, dann könnte man meinen, dass er nicht da ist, denn Zaras Gesicht, Zaras Ohren, Zaras Gang sind das Konzept des Ignorierens in Person, und das ist ungelogen ganz großes Kino, was sie da veranstaltet, es ist oscarreif, es ist auch generell politisch preisverdächtig, denn es ist eigentlich das Höchstmaß an Zivilcourage, das ich in dieser Schule sehe. Sie macht jemanden, der eindeutig zum Kotzen ist, unsichtbar. Sie ist einfach nur da, und weil sie ist, wie sie ist, ist er weg, er ist wirklich nicht mehr vorhanden, und dafür sollte es Standing Ovations geben, denn von seinem Verschwinden profitiert ja die gesamte Menschheit. Leider hilft uns Zaras konsequentes Ignorieren aber nicht weiter, es ist vielleicht vielmehr der Grund, warum er erst recht jeden Tag, jede Pause auf uns wartet und loslegt. Wenn er dann endlich von uns abgelassen hat und wir mit unseren Leuten vor unserem Klassenzimmer stehen und auf die Lehrer warten, dauert es manchmal ein paar Sekunden, bis ich wieder ich bin. Für unsere Leute sind wir ganz normal. Normal beliebt, normal schön, normal schlau.

Einmal hat ihn Olga, unsere Klassenschönste, gehört. Sie ging vor uns, wir hinter ihr, und weil sie die Klassenschönste ist, hat sie normalerweise nicht so viel übrig für Unstimmigkeiten, ihre Aufgabe ist es vielmehr, überall Liebe und Harmonie zu verbreiten und dafür von allen angehimmelt zu werden. Ich mag unsere Klassenschönste, und am liebsten mochte ich sie, als sie im Vorbeigehen hörte, was er sagte, und sich entsetzt zu ihm umblickte, sich dann umsah, um herauszufinden, wen er gemeint haben könnte, und dann Zara und mich entdeckte, und in ihrem Gesicht stand die wunderschöne Verwunderung, die nur Menschen haben können, in deren Leben immer alles nach Pfannkuchen riecht. »Was war denn das bitte?«, fragte sie, sodass jeder es hören konnte, und ich drehte mich zu ihm um, und da sah er erst recht schmal aus, wie ein Kindergartenjunge, der von der Erzieherin einer anderen Gruppe gemaßregelt wird. Geändert hat auch das übrigens nichts, er ist höchstens etwas leiser geworden.

Jetzt sind wir an dem Punkt angelangt, an dem ich erzählen könnte, was der Ursprung des Ganzen ist, damit klar wird, mit was für einer Geschichte wir es hier zu tun haben. Bis hierhin macht ja alles noch nicht so richtig Sinn. Warum mobbt jemand, der selbst nichts zu melden hat? Warum werden Leute gemobbt, die eigentlich keine Opfer sind? Was ist hier eigentlich los?

Ich würde hier wirklich gerne plausible Antworten liefern. Ich würde am liebsten einfach eine *richtige* Geschichte erzählen, eine Geschichte, die damit beginnt, dass jemand Geburtstag feiert und wir in dem Partykeller, der nach frischer Farbe und alten Äpfeln riecht, auf dem Boden sitzen und Flaschendrehen spielen. Damit, wie der Gastgeber es witzig findet, dass wir statt einer Flasche lieber eine lange gekrümmte Aubergine benutzen, die ihn in Form und Länge nach eigener Beschreibung an seinen Penis erinnert, was alle Jungen ziemlich witzig und alle anderen ziemlich eklig finden. In dieser Geschichte hätten wir dann Flaschendrehen-mit-Küssen gespielt, was eigentlich selten ist, denn meistens sind alle zu verunsichert, aber in dieser Runde hätten dann vielleicht alle irgendwen im Blick gehabt, den zu küssen sie heimlich hofften, und dadurch wären sie ein bisschen mutiger geworden. Ich sehe genau vor mir, wie ich auf jeden Fall auf jemand Bestimmten hoffe, aber die Aubergine zeigt natürlich bis zum Schluss nicht auf mich, wie immer. Was aber auch heißt, dass ich niemand Blöden küssen muss, also alles kein Drama. Die Aubergine zeigt dann aber erstaunlich oft auf Zara, vielleicht, weil Auberginen sich einfach nicht so richtig gut drehen, ich weiß es nicht, Zara tauscht Küsse mit zwei Mädchen, so kleine zarte Küsse auf die Lippen, und alles ist witzig und aufregend und auch ziemlich egal, und dann soll Zara ihn, den blassen Jungen mit der Zahnspange und den schmalen Lippen, küssen. Er kniet und rutscht nervös hin und her, setzt sich etwas gerader hin und tut mir leid, weil man ihm ansieht, dass er sich freut, und weil man Zara wiederum ansieht, dass sie sich überhaupt nicht freut. Zara würde aufstehen, ihn sehr kurz und hastig und fast ohne Berührung küssen und sich schnell wieder hinsetzen, und es wäre nicht Zaras Schuld gewesen, dass alle anderen deswegen lachen müssen, nur kurz, gar nicht mal so richtig gemein, aber lang genug, dass er sich gedemütigt fühlen würde.

Diese Party gab es aber nun einmal nicht. Schmallippe hat diesen Grund nicht. Aber alle, die uns kennen, wissen: Hätte es diese Party gegeben und hätte die Aubergine auf Zara gezeigt und hätte sie Schmallippe deshalb küssen müssen, wäre es so gelaufen. Vielleicht reicht Schmallippe dieses Wissen, um so auf sie abzugehen. Denn er hat es viel mehr auf sie abgesehen als auf mich. Dabei bringe ich viel mehr Opferpotenzial mit, aber er beschimpft zwar uns beide, nie aber *nur* mich, oft aber *nur* Zara. Also, die Party und das Auberginendrehen waren nicht der Ursprung des Ganzen, denn es gibt ganz einfach keinen Ursprung, finden wir uns doch einfach damit ab, es gibt keinen Ursprung, aber es gibt ein Reihe von Problemen, und diese Probleme lauten erstens, dass ich mich davor fürchte, nach der Pause zu unserer Klasse zu gehen, zweitens, dass er grauenhafte Dinge zu uns sagt, drittens, dass ich mich schrecklich fühle, weil es jemand so auf Zara abgesehen hat und sie wirklich rein gar nichts durchschaut. Die Sache mit Zara nämlich ist die: Wenn es die Party gegeben und wir die Aubergine gedreht hätten, hätte Zara gar nicht gemerkt, wie viele Leute gehofft hätten, dass die Aubergine nicht nur auf Zara, sondern anschließend auf sie selbst zeige. Zara hätte nicht die leiseste Ahnung davon gehabt, dass Schmallippe sich über die Aussicht auf einen Kuss gefreut und sie ihn versehentlich verletzt hätte. Zara nämlich denkt kein Stück daran, dass sie begehrenswert sein könnte, denn sie ist zwar in meinen Augen einer der klügsten Menschen hier, sie hat aber trotzdem irgendwie oft keine Ahnung von der Welt. Ähnlich wie meine Mutter übrigens. Ich habe ihr natürlich nichts von der Sache erzählt, wer macht so was schon. Ich kenne Menschen mit sehr schlechten Beziehungen zu ihren Eltern, die würden ihnen nichts erzählen, weil sie und ihre Eltern sich nicht mögen. Und ich kenne Menschen mit einigermaßen guten Beziehungen zu ihren Eltern, mich zum Beispiel, und die würden nichts erzählen, um ihre Eltern nicht traurig zu machen, und, vor allen Dingen, damit die Eltern vor lauter persönlicher Verletztheit nicht plötzlich aktivistisch werden.

Das wäre ja grauenhaft, wenn ich meiner Mutter von Schmallippe erzähle, und dann beschwert sie sich beim Direktor, und dann sitzen wir in seinem Büro, alle, Zara, Mama, Schmallippe und ich, und ich müsste dann noch mal erzählen und wiederholen und zitieren, was Schmallippe zu uns sagt, wie blöd wäre das denn bitte. Und der Direktor würde dann so gucken wie: Was geht ab, ist doch alles nicht so schlimm; meine Mutter würde so gucken wie: Was geht ab, dieser Junge geht gefälligst sofort in den Knast, und Zara würde so gucken wie: Alter, seit wann bist du eine Petze. Und hätte als Einzige recht. Vielleicht würde meine Mutter, die Weltferne, gar nicht mal so krass aktivistisch werden und den Direktor anrufen, vielleicht würde sie mir auch einfach diese Ratschläge geben, die einen zum Platzen bringen. Vielleicht würde sie, weil sie weltfremd ist, sagen, dass wir aber doch zu zweit sind und er allein, dass es doch wirklich kein allzu großes Problem sein sollte, ihn gehörig zusammenzustauchen. Anschließend würde meine Mutter an ihrer Zigarette ziehen und aus dem Fenster gucken und in Gedanken all die vielen Situationen Revue passieren lassen, in denen sie sich so richtig stark gefühlt hatte, weil sie nicht allein war, sondern mit anderen Leuten das Patriarchat bekämpft hat. Diese Dinge erzählt sie mir mittlerweile nicht mehr, weil wir danach immer streiten. Ich sage dann, dass sie mega übertreibe, und sie sagt dann, dass ich naiv sei und die Unterdrückung nicht sehe, obwohl sie überall verbreitet sei. Über Schmallippe würde sie auch sofort sagen, dass das ein gängiges Phänomen sei, dass Männer wahllos Frauen hassten und dass Frauen das mit sich machen ließen, als sei es ein Schicksal, dem man sich fügen müsse, und ich würde dann brüllen, dass Schmallippe so alt sei wie wir und wirklich noch nicht als Mann bezeichnet werden könne und … Egal. Wenn ich meiner Mutter etwas erzählen würde, was ich nicht tun werde, würde sie also aus dem Fenster gucken und schweigen, damit wir keine Diskussion führen müssten, die wir beide hassen.

Nur in einem Punkt hätte meine Mutter vielleicht recht, denn er ist tatsächlich nur einer, und wir sind zu zweit, und die Regeln des Schulhofes sollten doch sein wie die Regeln der Straße: Wer in der Mehrheit ist, ist stärker.

Stärker sind ja übrigens auch die Lehrer. Nicht, weil sie in der Mehrzahl sind, sie laufen ja meistens eher so traurig arrogant allein rum, mit ihrem großen Schlüsselbund und ihren großen Körpern, aber sie haben hier halt die Macht. Sie haben eigentlich auch viel mehr Macht als der Direktor in seinem Büro, denn er ist hier zwar der absolute Boss, er sitzt aber halt auch immer nur an seinem Schreibtisch, und wenn er sich mal auf die Gänge verirrt, wirkt er so, als wüsste er nicht so richtig, wie er sich bewegen soll, um nicht aufzufallen. Ich könnte also eigentlich, um Schmallippe endlich zum Schweigen zu bringen, dafür sorgen, dass wir einfach mal vor einem Lehrer oder einer Lehrerin den Gang betreten, sodass sie, die ja vielleicht auch von vorlauten Schülern genervt sind, einfach zufällig mitbekommen, was Schmallippe zu uns sagt. Ich stelle es mir immer und immer wieder vor, wie die große taffe Englischlehrerin in ihren wallenden Kleidern, mit ihren steif sitzenden Haaren, übermüdet und sich selbst disziplinierend, den Oberkörper nach vorne beugt, um gemächlich die Tür aufzusperren, wie sie dabei Schmallippes Worte hört, in ihrer Bewegung innehält, sich langsam umdreht und kurz uns zwei Opfer und viel länger den hässlichen Täter anschaut. Wie sie langsam auf ihn zugeht, wie sie mindestens drei Meter groß ist, wie sie sich mit ihrem mächtigen Kinn Schnallippes Gesicht nähert und ihn mit bohrendem Blick aus ihren kleinen Augen fixiert, bevor sie ihn mit fünf geschliffenen, mächtigen Sätzen zur Schnecke macht. Wie sie ihn dabei anspuckt, wie er in ihrer Parfümwolke versinkt, wie ihre Augen mit roten Adern durchzogen und mit der Wut einer dreißigjährigen Arbeit als Lehrerin gefüllt sind, die das überbordende Selbstbewusstsein von verwöhnten pubertierenden Kindern nicht mehr aushält. Aber an der Stelle, die ich mir so oft und so detailgenau vorgestellt habe, sodass ich manchmal den Eindruck habe, sie sei tatsächlich passiert, kommt meine Fantasie dann doch immer ins Strauchen. Denn was genau würde die mächtige Lehrerin eigentlich sagen? Ich stelle mir vor, wie sie mit den Worten ansetzt: »Hör mal zu, du kleiner Nichtsnutz«, aber so etwas darf sie nicht sagen, auch wenn es ein ziemlich lahmer Diss wäre. Also korrigiere ich sie und lasse sie sagen: »Hör mal zu, mein Freundchen!«, okay, das geht, so was sagen Leute wie sie, und was kommt dann? »Du denkst wohl, du hättest hier irgendwas zu melden, nur weil du ...«, ja, na ja, nur weil du was? Ah, ich weiß, sie sagt: »Du denkst wohl, du hättest hier irgendwas zu melden, nur weil du zufällig eine große Klappe hast und dich hier noch niemand verprügelt hat! Ich sag dir mal was: Du *hast* nichts zu melden, du kannst dich höchstens mal um eine bessere Körperhygiene« – ach Mist, es funktioniert nie. Was soll die Lehrerin schon sagen? Wahrscheinlich gäbe es Sachen, die sie sagen wollen würde, aber nicht dürfte, wahrscheinlich ist sie deswegen immer so frustriert und rastet in regelmäßigen Abständen ordentlich aus und brüllt durch die Gegend, aber das macht sie dann halt zu so Gelegenheiten, wie wenn jemand seine Hausaufgaben vergessen hat oder schummelt oder schwätzt, und da hat sie ja auch konkrete Sätze am Start: »Wenn du was erreichen willst im Leben, hör zu!«, »Wenn du nicht sitzenbleiben willst, dann musst du jetzt aber ...«, »Wenn du von der Fünf runterkommen willst, dann ...« und so weiter, da hat sie das Vokabular so leicht auf der Zunge liegen wie die unregelmäßigen Verben, aber ich habe noch nie eine Lehrerin, auch nicht unsere taffe Englischlehrerin, ein Vokabular benutzen hören, das jemanden wie Schmallippe wegen seines Arschlochseins zurechtweist, und deswegen gehe ich dem genialen Plan, sie rechtzeitig abzupassen, auch nicht nach. Und deswegen stockt auch meine Vorstellung von dem Ganzen immer, obwohl ich ihr in meiner Fantasie doch Sachen erlauben dürfte, die ihr der Job in der echten Welt verbietet.

Ich sitze neben Zara auf einer Klappmatratze in einem Kellerraum, jemand macht dasselbe Lied zum hundertsten Mal an, jemand verschüttet Bier auf den Boden, jemand hat jemanden von einer anderen Schule mitgebracht, jemand mit Perso hat neues Bier gekauft, es riecht nach frischer Farbe und alten Äpfeln, jemand hat eine lange, gekrümmte Aubergine in der Vorratskammer des Gastgebers gefunden und wedelt damit jemand anders im Gesicht herum. Niemand hat vorgeschlagen, Flaschendrehen oder etwas anderes zu spielen, Zara und meine Knie berühren sich, denn wir sitzen beide im Schneidersitz auf dieser Klappmatratze, und wir reden und lachen und schweigen jetzt, um den anderen zuzuschauen, und ich sage es endlich, ich rede endlich darüber, denn wer weiß, vielleicht kommt Schmallippe ja auch noch zu dieser Party, vielleicht ist das mit der Aubergine kein Zufall, vielleicht passiert das, was ich mir vorgestellt habe, ja doch, und Zara ist nicht vorbereitet, und dann spreche ich Zara endlich auf all das an und sage: »Boah, Zara, dieser Typ auf dem Flur, jeden Tag, nach jeder großen Pause, geht der dir eigentlich auch so dermaßen auf den Sack?« Und Zara fragt: »Markus?« Und ich sage: »Schmallippe nennen den doch alle.« Und Zara sagt: »Ah, dann meinst du Markus.« »Kennst du ihn?«, frage ich, denn ich denke, vielleicht gibt es ja dann also doch eine Vorgeschichte, von der ich noch nichts weiß und die alles begründen könnte. Vielleicht waren Zara und Markus ja mal Freunde, als sie im Kindergarten waren vielleicht, und vielleicht weiß Zara sehr viel über Markus' Schwächen und die Streitereien seiner Familie und dass er ein Bettnässer ist, und weil sie jetzt nicht mehr befreundet sind, hat Schmallippe so viel Angst vor Zara, dass er sie vorsichtshalber so mobbt, dass sie niemals ein Wort darüber verlieren würde, und weil er neidisch auf meine Freundschaft mit Zara ist, ärgert er mich gleich mit. Vielleicht ist es so eine Geschichte oder eine ähnliche, dann gäbe es doch einen Ursprung, und dann würde alles endlich wirklich Sinn machen. Aber Zara sagt: »Nein, woher soll ich den denn kennen?«, und schaut mich aufrichtig und ratlos an. »Ich meine ja nur, also, ist da viel-

leicht irgendwas zwischen euch vorgefallen oder so?«
»Wieso denn? Er ärgert dich doch genauso wie mich!«,
sagt Zara, und sie schaut mich mit diesen ehrlichen,
klugen Augen an, und ich habe mir ja schon die ganze
Zeit gedacht, dass man sie aufklären muss. »Das
stimmt doch nicht, Zara, er ärgert uns beide, aber er
hat es voll auf dich abgesehen.« Zara nimmt einen
Schluck von ihrer Cola und schweigt, und mir fällt auf,
dass das nicht besonders schön sein muss, so etwas
zu hören, dass sich das jetzt so anfühlen muss, als
würde ich sie zusätzlich mobben, niemand will hören,
dass er das Hauptopfer ist, und deswegen sage ich:
»Also, ich glaube, dass er dich ärgert, weil er auf dich
steht.« »Hä?«, fragt Zara. Alles, wie ich es mir gedacht
habe also, sie hat das gar nicht gemerkt, deswegen
sagt sie auch: »Was soll das denn heißen?« Ich sage
schnell: »Na, weil du so schön bist und er so eine
Niete, die keine Chance hat, deswegen ärgert er dich
und uns.« »Hör mal zu«, sagt Zara jetzt und stellt ihr
Glas auf den Boden. Sie sieht mich ernst und streng
an und holt einmal tief Luft. »Hör auf mit dem
Scheiß«, sagt sie, und es ist gruselig, wie tief sie mir
in die Augen schaut. Wie tief und wie ernst, als wäre
ich diejenige, die keinen Plan hat, und nicht sie.
»Wenn es dich stört, dass er uns belästigt, dann tun
wir was dagegen. Wenn du verletzt bist, weil er es auf
mich abgesehen hat, dann tun wir auch was dagegen.
Was wir aber nicht tun, ist das, was du da machst.
Mach das nie wieder. Wirklich nie wieder.« Ich ver-

stehe gar nichts mehr und nehme am Rande wahr, wie um uns herum alle anfangen, sich in einem Kreis auf dem Boden zu formieren. Ganz langsam tun sie das, als würden sie es eigentlich hinauszögern wollen. »Hä? Was hab ich gemacht? Dass ich dir erklärt habe, warum er das tut?« »Ja. Mach das nie wieder. Er tut das, weil er ein Arschloch ist. Mehr müssen wir nicht wissen.« »Aber er tut das doch auch, weil er ...« »Ist nicht unser Problem. Er tut das, weil er ein Arschloch ist. Mich stört er nicht. Er ist mir egal. Aber wenn er dich stört, dann schlage ich ihm die Fresse ein.« Jemand dimmt das Licht, jemand sagt uns, wir sollen uns auch in den Kreis setzen, ich stehe auf, Zara bückt sich noch nach ihrer Cola, als der Gastgeber mit der Aubergine wedelt und sagt, dass sie ihn der Größe und der Form nach an seinen – »Ich hau dann mal ab!«, unterbricht Zara ihn mit lauter, klarer Stimme und schenkt ihm einen langen verächtlichen Blick, bevor sie zur Tür rausgeht. Mir fällt ein, dass ich hier niemanden küssen will, und laufe ihr hinterher.

Dass Zara Schmallippe die Fresse einschlägt, ist übrigens eine der Fantasien, die in meinem Kopf ganz hervorragend funktionieren, die ist sozusagen ein wahrer Selbstläufer. Zara und ich, wie wir den Flur betreten, Schmallippe, an die Wand gelehnt, sieht uns, wird sofort aktiviert, klebt für einige Sekunden – denn es handelt sich ja immer nur um Sekunden – an unserer Seite und spult seinen gemeinen Text ab, und Zara zögert diesmal keinen Moment, sie hat es nicht vergessen, und sie tut es für mich, nicht für sich selbst, sie guckt gelangweilt, sie dreht nur den Oberkörper zur Seite, aber dafür mit dem kompletten Schwung, der aus ihrem rechten Arm kommt, und ihre Faust trifft keinen Zentimeter daneben, sie trifft genau seine Fresse, und das Geräusch ist genau wie im Comic, und seine Fratze verzerrt sich sofort von gemeingefährlich zu gefährlich verletzt, und der Schlag von Zaras Faust echot durch den Flur, und dieses Echo verklingt nie, wie eine ewige Mahnung an alle nachfolgenden Generationen. Und die Leute um uns herum schweigen nur kurz, denn sie müssen erst noch begreifen, was Zara da eigentlich getan hat und weshalb, sie schauen Schmallippe an, wie er sich sammelt, seine blutende Nase hält, es immer noch nicht realisiert hat, was passiert ist, und dann beginnen sie zu klatschen, zu applaudieren, in die Stille hinein, erst leise und dann immer lauter, und Zara und ich gehen den Gang entlang zu unserer Klasse und lachen leise, winken ab wie Stars und freuen uns.

Aber, ihr habt es euch vielleicht gedacht, auch das wird nicht geschehen. Es wird einfach gar nichts geschehen. Zara und ich werden nie wieder darüber reden, ich werde es nicht meiner Mutter erzählen, ich werde keine Lehrerin miteinbeziehen, niemand wird jemals

Schmallippe etwas entgegensetzen, wenn er uns mit hässlichen Wörtern bewirft, als wäre das eine völlig normaler Zeitvertreib. Es passiert einfach gar nichts, und irgendwann sind wir in der Oberstufe und wissen gar nicht mehr genau, wann er damit aufgehört hat, und dann fällt uns erst auf, dass wir ihn tatsächlich schon lange nicht mehr gesehen haben, und wir fragen uns beide, jede für sich, wann Schmallippe eigentlich von der Schule abgegangen ist und ob das der Grund war, weshalb das Mobben aufgehört hat, oder ob es schon vorher aufgehört hat, einfach so, ohne Grund, so wie es ja auch ohne Grund angefangen hat.

Manchmal frage ich mich, wo Schmallippe jetzt wohl ist, ob er sich woanders jemand anders ausgesucht hat, um sein Gift zu verspritzen, und ob es nicht, aus Verantwortung der Welt gegenüber, wichtig gewesen wäre, etwas gegen ihn zu unternehmen, damit niemand jemals wieder unter ihm zu leiden hätte. Aber vielleicht hat er sich ja auch einfach so geändert, so, wie die Klassenschönste irgendwann nicht mehr die Klassenschönste war, sondern jemand völlig Normales, der weiterhin superlieb zu allen war und immer noch schön, nur war eben Schönsein in der Oberstufe keine wirklich richtige Kategorie mehr.

Vielleicht aber haben wir ja aus Versehen tatsächlich etwas gegen Schmallippe unternommen, als selbst ich nicht mehr daran geglaubt habe, dass es irgendeine gottverdammte Begründung für sein Verhalten gibt. Ich habe mich vielleicht seit dem Abend in dem Keller, ohne es zu merken, nicht mehr ganz so tief gebückt und kleingemacht, wenn er kam, vielleicht hat er auf einmal gespürt, dass wir zu zweit sind und zu zweit eine Agenda verfolgen, die keinen Zweifel daran belässt, dass er hier der Problemfall ist und nicht wir, und vielleicht hat meine Mutter am Ende dann doch recht behalten, ohne sich je zu der ganzen Sache geäußert zu haben. Vielleicht gelten die Regeln der Straße auch auf den Schulfluren, nur eben ein wenig anders. Wir sind zu zweit, und er ist allein, und deswegen kann er nur verlieren. Glaube ich zumindest. Zumindest habe ich eine Zara an meiner Seite, und das ist wirklich keine Fantasie und keine Eventualität, das ist einfach nur eine vollkommen echte Zara aus Fleisch und Blut und vor allen Dingen mit Grips.

GOLDFISCHE

Die Ferienzeit fiel in die Einöde, und mittendrin wurde ich neun. Bei uns im Ort wohnten nicht mehr viele Menschen in den dreistöckigen Kasernen am Wasser, gegenüber vom stillgelegten Zementwerk. Die sieben Häuser standen in einer Reihe wie Dominosteine, in deren Zwischenräumen nichts wuchs außer der Schafgarbe in den Aussparungen sechseckiger Lochziegel aus der Fabrik. Meine Generation scheiterte an dem Versuch, auf ihnen Fußball zu spielen. Jeder gute Schuss prallte an den scharfen Ziegelkanten ab und ging ins Auge. Deshalb verlegten die besten Torschützen ihren Jubel, sooft es ging, auf die Wiese hinter den Kasernen, bis sie vom Hauswart vertrieben wurden. Mütter wuschen Rasenflecken aus den Trikots und grasten an den Wochenenden die Ziegel ab, um aus der Schafgarbe Limonade zu kochen. Für die Jungs an den Bällen und für uns, die man jedes Wochenende auf dem Spielplatz nebenan absetzte, um Tierförmchen aus Plastik mit Sand zu befüllen. Katja und ich fanden es dämlich, Kuchen aus Sand zu backen, die man hinterher sowieso nicht essen konnte. Wenn uns danach war, schleppten wir Wasser in Farbeimern von der Anlegestelle der Ruderboote zum Spielplatz, wo sich die Mädchen jedes Mal um die Eimer stritten, sobald wir ankamen. Eigentlich war es

verboten, ohne Aufsicht die Saalepromenade zu über-
queren und sich allein an der Uferlinie aufzuhalten,
aber Katja sagte immer: »Wir sind doch keine Kinder
mehr« und trug gleich zwei Eimer auf einmal.

Auf dem Spielplatz gab es eine klare Ordnung: Der
Sandkasten gehörte den Bäckerinnen, und bei der
Teerrutsche saßen die Vietnamesen auf ihren Picknick-
decken und verkauften Zigaretten – doch der beste
Teil, ein Labyrinth aus Betonröhren, gehörte Katja und
ihrer besten Freundin Bine. In den Röhren spielten sie
Familie, wie sie es nannten. Katja war der Vater und
Bine die Mutter, eins der Kuchenmädchen musste als
Kind herhalten und wurde mit Cola bezahlt.

»Die Familie ist schon voll!«, schnauzte mich Bine
an, als ich zum ersten Mal fragte, ob ich mitspielen
könne. »Du kannst das Haustier sein, wenn du willst«,
sagte Katja und schnalzte mit der Zunge, wie man es
bei Pferden macht.

»Katze oder Hund?«

Bine gefiel der Vorschlag gar nicht und schlüpfte in
ihre Rolle: »Aber Darling, ich will kein Haustier, die
machen nur Dreck!«

Bevor ich mich entscheiden konnte, welches Haustier ich lieber sein wollte, nahm Katja ihren Gürtel und
befestigte ihn an meinem Hosenbund: »So, und jetzt
bei Fuß! Welche Hunderasse willst du sein?«

»Huskys sind cool!«, sagte ich, während mich Katja
mit festem Griff in die Röhre zog.

»Ok, dann nennen wir dich Alaska.«

Katja und Bine waren in der Nachbarklasse, außerdem startete unser Jahrgang jeden Hochsommer beim Thälmann-Lauf, der die Ortsmitte in eine Rennstrecke verwandelte. Das Rennen begann mit feierlichem Schulappell am zentralen Festplatz neben der Kolonialkirche St. Nikolaus, auf deren Hof mein Onkel und ich seinen Lieblingsdackel im Schatten einer Rotbuche beerdigt hatten. Die Läufer schlängelten sich durch die Hauptstraße bergauf, vorbei am Schrauben-Hiller, der Wäscherei Brunig und der Gaststätte Bandauer, bis die Tour am Schuttkontor außerhalb des Orts an der Stelle endete, wo die Kanalschiffer einfuhren. Insgesamt 4,2 Kilometer Schweiß, der am Ende jedes Schuljahres auf den Filzdecken eines Massenpicknicks versiegte, an dem Eltern damals nur teilgenommen hatten, jedenfalls meinte das mein Vater, um untereinander Westwaren auszutauschen. Wo früher das Kontor war, steht heute ein skandinavisches Bettenlager und, zum Ärger vom Schrauben-Hiller, ein Baumarkt mit angeschlossenem Gartencenter. Katja gehörte immer zu den Besten. Sie lief direkt hinter mir, und ich lauschte, wie ihr Atem mit jedem Kilometer schwerer wurde. Ich rannte in ihrem Schattenwurf, der fast senkrecht auf meinem lag, und rechnete eigentlich damit, jeden Moment von ihr überholt zu werden. Wurde ihr Stöhnen leiser, ließ ich mich zurückfallen, bis sich ihre Silhouette wieder vor mir auf dem Asphalt abzeichnete. Ich hörte, wie ihre Sohlen die losen Kiesel wegtraten und ihr Schnaufen dumpfer wurde, wenn sie sich das Gesicht am Kragen ihres T-Shirts abwischte. Es klang wie ein hastiger Spaziergang durch Tiefschnee, auf dem sie immer wieder ein »Ha« ausstieß, wenn ihre Kräfte nachließen. Kurz nach der Zielgraden umarmte mich nicht sie, sondern meine Klassenlehrerin und drückte mir einen Korb mit Mineralwasser in die Hand, um die Flaschen an diejenigen zu verteilen, die hinter mir zurückgeblieben waren. Katja. Als wir uns bei der Siegerehrung nebeneinander einfanden, um unsere Urkunden entgegenzunehmen, riss sie mir die Trophäe sofort aus der Hand und kreischte: »Zwei Sekunden? Du blöde Kuh!«, und ich war stolz. Zum ersten Mal war ich das Tagesgespräch der Schule und Katja beeindruckt, dass ihr jemand das Wasser reichen konnte.

Unsere Wohnung im Inneren der Röhre war gemütlich. In der Mitte standen vier Bierkästen, die als Kücheninsel dienten, eine Schaumstoffmatratze war das Bett und eine Badetasche der Kühlschrank. Katja und Bine bauten den Küchentisch auf und legten das Kind schlafen, das nicht mehr zu tun hatte, als an seiner Flasche Cola zu nuckeln.

»Alaska, ab in die Ecke!«, Katja drückte mich gegen den Beton und klemmte meine Leine unter den Bierkasten, auf dem sie Platz nahm, »Schatz, was gibt es heute zu essen?«

»Heute gibt es Hühnerfrikassee.«

Bine zog zwei Puppenteller aus der Badetasche und verteilte Gummibärchen darauf. Ich bekam auch etwas von dem Frikassee, musste es aber auf allen vieren aus einer Sandform essen, die Bine aus der Bäckerei vor den Röhren geklaut hatte. Sie lachte und sagte: »Friss, du blöder Hund!«

Ich musste an den beschämten Gesichtsausdruck des Dackels meines Onkels denken, der über Tage am Baum kauerte und erfolglos versuchte, sein Geschäft zu verrichten, nachdem ich ihm unter dem Gartentisch die Knochen meines Brathähnchens zu essen gegeben hatte. Der Hund presste und presste. Die Schnauze bildete mit seinem Schwanz eine Linie, was ihn noch länger aussehen ließ, als er ohnehin schon war. Muck zitterte vor Anstrengung, und wenn nichts kam, schnüffelte er an der Stelle, wo eigentlich etwas liegen sollte. Die Hühnersplitter hatten sich so tief in seine Gedärme gebohrt, dass mein Onkel das Tier irgendwann aufgab.

Ich saß in der Ecke und ging meinem Hundeleben nach. Das Kuchenmädchen wurde unruhig und fing an, Katja zu nerven. Es wollte mit den anderen spielen, doch Katja entschied, dass es sich erst waschen müsse, bevor es nach draußen gehen durfte. Das Badezimmer lag ganz am Ende der Betonröhre. Katja befahl dem Mädchen, sich mit einer Gießkanne zu duschen, und wir konnten uns das Grinsen nicht verkneifen, als ihr der Zuckersand in jede Körperöffnung rieselte.

»Ich bin jetzt sauber!«, jammerte das Mädchen,

und je mehr es unter dem Duschstrahl wimmerte, desto lauter mussten wir lachen.

»Okay, du kannst jetzt gehen«, sagte Katja und gab Bine ein Zeichen, das Mädchen nach draußen zu bringen. Als wir allein waren, wandte sie sich an mich: »Jetzt zu dir. Was willst du machen – willst du draußen Stöckchen spielen oder willst du gestreichelt werden?«

Der Gedanke, vor allen Kindern einem Stock hinterherrennen zu müssen, erfüllte mich mit Panik: »Lieber streicheln.«

Mit einem »Na, dann komm her und mach Platz« zog sie mich an der Leine zu sich und presste mein Gesicht auf ihren Schenkel. Sie fuhr mit ihren Fingern langsam durch mein Haar und arbeitete sich zu meinem Rücken vor. Ich schloss die Augen und verfolgte ihre Atemzüge, wie die Luft in ihren Nasenflügeln bebte und jedes Mal ein Säuseln erzeugte, als würde sich Wind in einem zugigen Fenster verfangen. Einen Moment dachte ich, sie wäre so aufgeregt wie ich. Katjas Finger zeichneten immer schneller Spiralen in meinen Hinterkopf. »Magst du das?«, flüsterte sie. »Feiner Hund. Ein ganz Feiner bist du.« Ihre Hand war warm, und ich begann unter meinem Pullover zu schwitzen, als Bine mit einem Räuspern zurück in die Küche kam: »Was macht ihr denn – Kuschelstunde?«

Katja schob mich beiseite und grinste: »Bist du eifersüchtig?«

Vermutlich konnte mich Bine spätestens jetzt noch

weniger leiden als vorher: »Hunde haben im Haus nichts zu suchen! Sie sollte draußen vor der Tür aufpassen. In ihrer Hütte.«

Bine nahm meine Leine und zerrte mich vor den Eingang der Röhre. »Pass bloß auf!«, zischte sie und verschwand in der Dunkelheit, in der Katja über irgendetwas laut lachte. Ich weiß nicht, wie lange ich vor der Röhre wartete und was die Mädchen die ganze Zeit in der Küche trieben, aber die Fußballwiese war menschenleer und die Sonne hinter den Kasernen längst untergegangen. In der Dämmerung glühten die Brachen zwischen den Häusern in diesem künstlichen Farbton, der im Sommer die nach Osten ausgerichteten Zimmer der Kasernen ausleuchtete. Manchmal lag ich reglos im Bett und stellte mir vor, wie das Nachbarhaus in Flammen stand und meine Fensterscheiben jeden Moment unter der Hitze zerbarsten. Der Abend lag kühl über der Wiese. Mir fiel erst jetzt auf, wie mir das Rumsitzen in die Knochen gekrochen war.

»Ich muss nach Hause«, sagte ich zu Katja, die aus der Röhre trat und auf den Resten des Frikassees kaute. Als ich ihr ihren Gürtel in die Hand drückte, sagte Bine: »Halt! Wir sind hier noch nicht fertig! Warst du denn heute schon Gassi?«

Für mich war das Spiel gelaufen, aber sie bestand darauf, dass ich mich wieder anleinte.

»Das geht schon, Bine«, fuhr Katja dazwischen, »sie kann ohne Leine laufen.«

Wir machten uns auf den Weg zur Hausnummer

Sieben, wo meine Eltern und ich die erste Etage bewohnten. Vor der Haustür zeigte Bine auf die Platane: »Da kannst du hinmachen.«

Katja spielte mit dem Schultergurt der Badetasche und wanderte mit den Augen die Fenster über uns ab.

»Was? Nein, ich muss aber nicht!«, entgegnete ich, obwohl ich schon die ganze Zeit über musste, die ich vor der Röhre auf Katja gewartet hatte. Doch Bine ließ nicht locker: »Tja, Pech. Dann backst du ab morgen eben wieder mit den Babys Kuchen.«

»Komm, lass uns gehen.« Katja packte Bine am Ärmel.

»Was, wieso denn? Das sind doch deine Regeln!«

»Ja, aber ...«

»Alaska, hierher!« Bine stellte sich vor dem Baumstamm auf und pfiff mich zu sich.

»Komm Bine, lass sein!« Katja lief rückwärts in die Richtung, aus der wir gekommen waren.

Ich zog meine Hose bis zu den Knöcheln und hockte mich vor Bine auf den Boden.

»Rüden heben beim Pinkeln das Bein.«

Ich lehnte mich gegen die Rinde und versuchte, auf den abschüssigen Wurzeln das Gleichgewicht zu halten. Katja war am Ende der Straße stehen geblieben, umklammerte mit beiden Händen die Strandtasche und starrte in unsere Richtung. An meinem Schenkel lief es warm hinunter, zwischen meinen Fingern sickerten heiße Rinnsale gegen die Bordkante. Die Erde war so hart, dass sich vor dem Bordstein eine Pfütze sammelte, in die ich trat, als ich beim Aufstehen stolperte.

Bine betrachtete angewidert den Fleck auf dem Stoff meiner Shorts: »Du stinkst. Geh mal baden.« Dann rannte sie in Katjas Richtung, die auf der anderen Straßenseite längst verschwunden war. Zu Hause versteckte ich meine Sachen in der Schublade des Schreibtischs und sah meinen Fußspuren, die von der Platane zur Haustür führten, vom Küchenfenster aus beim Trocknen zu.

In diesem Sommer wurden die Stimmen meiner Eltern lauter. Sie hallten durch die Wohnung, und ich verstand nicht, aus welchem Grund mein Vater hinter verschlossener Küchentür mit den Flaschen klirrte und sich stundenlang nicht blicken ließ. An einem besonders schlimmen Schreitag traute ich mich nicht aus meinem Zimmer und beobachtete durch das Schlüsselloch, wie meine Mutter durch den Flur stampfte und ihre Reisetasche vollstopfte. Beim letzten Mal war sie erst nach ein paar Tagen wieder zurückgekehrt und hatte mir von den Stunden erzählt, die sie mit meiner Großmutter am Meer verbracht habe. Bald würden wir alle zusammen hinfahren und ich bekäme endlich den Zebrabadeanzug aus dem Katalog. Versprochen. Mein Vater hatte nur den Kopf geschüttelt und mit der Küchentür geknallt.

Ich schlich mich in den Hausflur und nahm die Treppen, so leise es ging, setzte immer dann einen

Fuß auf die Stufen, wenn der Absatz meiner Mutter gegen den Stein traf. Sie trabte über die Straße zu unserem Auto und lud die Tasche in den Kofferraum. Als sie mich am Hauseingang entdeckte, warf sie mir einen Kuss zu: »Pilly, geh zum Platz spielen. Ich bin am Wochenende wieder da!«

»Darf ich mitfahren? Ich will mitfahren!«, rief ich, doch sie schmiss die Seitentür zu und startete den Motor. Unter den Reifen knirschten die Teersteine, als sie den Wagen aus der Parklücke manövrierte. Ich lief in die Mitte der Fahrbahn und beobachtete, wie das Auto immer mehr zu einem roten Punkt wurde, bis die Baumkronen ihn verschluckten. Hinter den Kasernen hatte jemand einen Treffer gelandet. Das Gebrüll legte sich über die Flachdächer, und ich bildete mir ein, deutlich Katjas Stimme zu hören, die den Torschützen bejubelte. Die Zuschauer klatschten, und das schleppende Echo trieb mich auf mein Fahrrad. Ich fuhr den Weg hoch ins Zentrum. Vor dem Schrauben-Hiller wartete der zerzauste Terrier der alten Karauschek, in der Wäscherei Brunig surrten die Walzen der Wäschemangeln, und das rote Auto vor dem Gasthaus Bandauer gehörte nicht uns. Ich stand in den Pedalen und kroch die Straße bergauf. Mein Schatten lag neben mir, immer eine Radlänge langsamer als ich, und konnte mich nicht einholen. Er versank in den Schlaglöchern, zerriss sich an den Laternenmasten und verschwand ganz, als ich die haushohen Dünen der Sandgrube am Schuttkontor erreichte. Von hier aus wirkte das Zementwerk winzig. Wie ausgehöhlte Zähne ragten die Hallen bis zum Betonsteg, auf dem sich die Fischer mit ihren langen Ruten wie bunte Nadelköpfe aneinanderreihten. Über den rostigen Lastenkränen zogen die Möwen ihre Kreise und schossen kreischend im Pulk Richtung Wasser, wenn jemand die Schnur einholte. Ich legte mich in den Sand und schloss die Augen. Die Schuttkähne rieben sich an den Algenbetten der Kaimauern, die Klampen schlugen im Takt der Strömung immer wieder gegen den Stein, und das gleichmäßige Rauschen der Autobahn klang wie die Brandung des Meeres, an dem wir bald alle sitzen würden. Die Münder fettig von den Aalbrötchen meiner Großmutter.

Familie spielen ging so: In der Küche sitzen, Kassetten hören, und wenn Katja so tat, als würde sie auf die *Jagd* gehen, kam sie meistens mit Süßigkeiten und einem Sandkastenkind zurück, das am anderen Ende der Röhre in seinem Kinderzimmer neben dem Bad schlafen musste und nichts sagen durfte. Nach dem Abendbrot, das aus 10-Pfennig-Süßigkeiten bestand, begann die letzte Phase. Sie spielte immer bei Nacht und fand auf der Schaumstoffmatratze statt. Weil mich Bine jedes Mal vor die Röhre in meine Hundehütte schickte, hatte ich keine Ahnung, was genau in den letzten halben Stunden passierte, bevor wir zu dritt den Heimweg antraten.

»Ich will nicht mehr der Hund sein!«, sagte ich, als

Bine eine knallblaue Bojenschnur aus der Kühltasche hervorzog.

»Ich habe dir extra eine neue Leine gekauft.« Bine versuchte das ausgefranste Ende durch meine Gürtellasche zu stecken. Katja konnte sich das Kichern nicht verkneifen und mauerte am Ende der Röhre eines der Sandkastenkinder mit Verkehrshütchen ein.

»Gefällt dir dein neuer Laufstall?«, fragte Katja das Mädchen, doch das kaute nur teilnahmslos auf einer Speckmaus, die es aus der Tüte zog. »Ich habe dich was gefragt!«

Katja boxte ihm gegen die Schulter, woraufhin es zu plärren anfing und die zerkaute Maus auf den Steinboden der Röhre sabberte.

»Ach komm, hau ab! Aber die Mäuse lässt du hier!«

Katja scheuchte das Mädchen zurück auf den Spielplatz und prüfte Bines Knoten am Griff einer der Bierkästen. »Ich würde sagen, heute bist du noch mal der Hund, und dann sehen wir weiter.« Katja zog kauend die Bojenleine fester und fragte Bine, was ich sonst noch sein könnte. Bine erzählte von Umut, dem Sohn unseres Metzgers. In seine Clique wurden nur Jungs aufgenommen, die sich trauten, in den Gullyschacht zwischen den Hausnummern Vier und Fünf zu klettern. Der Schacht führte steil hinab und verlief quer unter unserer Straße bis zur Saalepromenade. An seinem Ende trennte ein Klappgitter den Tunnel vom Kanal, und je nach Wetterlage stand man bis zur Brust in einer braunen Brühe, die über Fallrohre von unseren Häusern in den Gully abfloss. Wenn jemand spülte, hatte man Pech, erklärte Bine. Sie hat mit eigenen Augen gesehen, wie ein Junge, umringt von Umut und seiner Bande, in das Loch gestiegen war und die Gully-Probe bestanden hatte. Alle stürmten hinüber zum Kanalrand und warteten eine Ewigkeit, bis der Junge endlich den Laufrost hinaufstieg. Er war völlig durchnässt vom Gullywasser und wurde seit diesem Tag von jedem nur noch Flade genannt.

»Der hat gestunken wie ein Plumpsklo, und überall klebten Klopapierfetzen!«, kicherte Bine, und Katja wollte wissen, wo genau der Schacht zu finden sei. Einen kurzen Augenblick fürchtete ich, die Mädchen würden mich wie Flade durch den Gully schicken, doch zum Glück war es Zeit für unser Familienessen. Es gab die restlichen Speckmäuse und Gummifrösche, die ich auf allen vieren neben dem Bierkasten aus meiner Sternchenform aß. Als der Napf leer war, ließ sich Katja ein neues Spiel einfallen und schnipste mir vom Küchentisch aus Smarties zu, die ich mit dem Mund auffangen sollte. »Du bist ja besser als ein echter Hund! Zur Belohnung darfst du im Ehebett liegen.« Katja öffnete unter Bines Protest den Knoten.

»Das kommt mir nicht ins Bett! Was ist, wenn sie Flöhe hat?«

»Das finden wir gleich raus.«

Katja zog mich auf die Matratze und fing an, mein Haar mit den Fingern zu durchkämmen. Sie saß direkt hinter mir und umklammerte mit den Schenkeln meine Hüften. Ihre Berührungen waren zärtlich, wanderten vom Scheitel zum Ansatz hinter die Ohren, den Nacken am Kragensaum meines T-Shirts entlang. Ich erschauerte und kämpfte gegen die Gänsehaut. Bine starrte mich an und stopfte das Essgeschirr in die Kühltasche.

»Wenn sie keine Flöhe hat, soll sie sich mal nützlich machen. Ich habe Durst!« Bine beauftragte mich damit, Limonade vom Kiosk zu besorgen. Katja warf ihr einen langen Blick zu und grinste nur.

»Ich habe kein Geld. Habt ihr was?«

»Wieso denn? Du frisst doch ständig umsonst unser Essen.«

»Bine hat recht«, sagte Katja, »jetzt bist du mal dran.«

Vor der Röhre hörte ich, wie Bine und Katja anfingen zu streiten. Ich freute mich, dass sich Katja wegen mir mit ihrer besten Freundin anlegte, und stellte mir vor, wie sie eines Tages Bine am Eingang mit ihrem Gürtel anketten würde. Am Rand der Bäckerei reihten sich die Sandkuchen. Eines der Kinder lief zwischen dem Gebäck hin und her und dekorierte es mit Kieseln. Es hielt erschrocken inne, als es Bine aus unserer Wohnung treten sah, und mit jedem Schritt versuchte ich, so viele Muscheln und Seesterne wie möglich zu erwischen.

»Papa!?« Normalerweise hatte mein Vater seine Ohren überall, doch an diesem Tag öffnete er nicht wie sonst das Küchenfenster und warf eine Capri-Sonne oder in Stanniol gewickelten Zitronenkuchen herunter. Die silbernen Pakete schlugen auf den Rasen und landeten meistens im Schlehenbusch vor den Kellerluken. Ich zerkratzte mir jedes Mal die Arme an den Dornen, während über mir das Lachen meines Vaters zu hören war. Stattdessen lehnte sich unsere Nachbarin Frau Dombrowski über ihr Fensterbrett: »Dein Vater ist im Gasthaus bei den Bandauers. Hast du Hunger, Mädchen? Dann komm hoch!«

»Nein, schon gut!«

Jedes Kind im Kasernenhof hatte Angst vor Frau Dombrowski, was vor allem am aufgeblähten Sack unter ihrem Kinn lag, als hätte sie einen Tennisball verschluckt. Die Kugel bewegte sich beim Sprechen nach links und rechts, und bei der kleinsten Anstrengung klang sie wie ein verstopfter Teekessel. Wenn sie auf einer der Spielplatzbänke die Spatzen fütterte, hatte sie in einer anderen Tasche Lakritzrauten aus der Apotheke für uns parat. Außer Sichtweite schmissen wir die schuppigen Pastillen ins Gras, weil wir glaubten, sonst würde uns im Hals die gleiche Kugel wachsen. Nur die mutigsten Kinder behielten sie im Mund und streckten zum Beweis ihre braunen Zungen raus. Mit der Grusellakritze konnte ich mich in der Röhre nicht blicken lassen. Es musste etwas Besonderes sein wie die bunten Tüten für zwei Mark aus dem Kiosk. Sie enthielten nicht nur Gumminuckel und Colaflaschen, sondern auch Schaumpilze, Apfelringe, Erdbeerschnüre und Brausepulver. Meine einzige Hoffnung war Frau Wenzel aus der Drei, die mich mit einem Fünfmarkstück belohnte, wenn ich mir ihre Geschichten aus der Vergangenheit anhörte. Sie stand den ganzen Tag bei geöffnetem Fenster in ihrer Küche über ein Stickkissen gebeugt und wartete auf ein Kind, das genug Geduld mitbrachte oder sich sein Taschengeld aufbessern wollte. Das Haar unter ihrem Kopftuch war gelb vom Zigarettenqualm, und jedes Mal zeigte sie mir die vielen Schrunden an ihren Händen, die ihr der Frost auf der Landflucht in die Haut gebissen hatte. Sie erzählte von Pommern und dem Hof, auf dem sie aufgewachsen war, und wie die Russen an Weihnachten ihren geliebten Hahn Anton gekocht hätten. Manchmal brachte sie mir ein paar Brocken Plattdeutsch bei oder wiederholte Sätze, die sich in ihr festgesetzt hatten: »Willst du Schuhe von längerer Dauer, dann wähle Konrad Adenauer!« oder »Die Sonne scheint ins Kellerloch. Ach, lass sie doch!«. Sie brach in schallendes Gelächter aus, und ich kicherte mit, obwohl ich überhaupt nicht verstand, was genau daran so witzig war. An guten Tagen brachte sie die Dinge durcheinander, und ich konnte zweimal das Fünfmarkstück abstauben. Ich setzte mich morgens und abends auf das Kellertreppengeländer vor ihrem Fenster und ließ sie die Geschichte von den hungrigen Weihnachtsrussen und dem Hahn erzählen, staunte über die Schrunden an ihren Fingerknöcheln, und wenn sie keine Lust mehr hatte, flippte sie die Münze ins Gras. Eine wäre genug, dachte ich. Bine würde schäumen vor Wut, wenn ich mit zwei der begehrten Tüten zurückkäme und sogar noch Geld überhätte für ganze vier Trinkpäckchen. Frau Wenzels Fenster stand auf Kipp, und ich konnte schon aus der Ferne die Marschkapelle hören, die aus dem Inneren ihrer Wohnung Richtung Fußballplatz dröhnte. Ich kletterte auf das Kellergeländer und klopfte gegen die Scheibe, doch Frau Wenzel brachte an diesem Tag die Dinge nicht nur durcheinander, sondern war ganz und gar aus der Zeit gefallen. Sie stopfte ihre gelben Strähnen unter den Stoff ihres Kopftuchs und schrie mich mit rotem Gesicht durch den Spalt an: »Mach, dass du wegkommst. Ihr habt uns alles genommen, wir haben nichts!«

Als ich mit Entsetzen sah, wie Frau Wenzel ihren Gehstock zur Hand nahm und das Nudelholz vom Haken riss, sprang ich vom Geländer und rannte in Richtung der Gartenkolonie, vorbei am Fußballplatz, um die Röhren einen großen Bogen machend. Mein Herz schlug bis in den Hals an die Stelle, wo Frau Dombrowski ihren Kloß vor sich hertrug. Ich wollte nach Hause und meinen Vater bei Einbruch der Dämmerung sagen hören: »Setz dich zum Fliegengitter, Pilly.« Er würde wie früher seinen Lederkoffer aus dem Wandschrank im Flur kramen, dessen Inhalt streng geheim war und mit dem er per Knopfdruck alle Laternen im Ort gleichzeitig anzünden konnte. Ich hätte nicht an Bine, Katja und die Süßigkeiten gedacht, sondern wie gebannt auf die in Reihe geschalteten Straßenlichter gestarrt. Eine Birne nach der anderen wäre aufgeflackert, sobald mein Vater den Generator in seinem Koffer betätigte. Niemand außer ihm, nicht einmal meine Mutter, durfte einen Blick in das Innere des Gepäckstücks werfen, und es gelang mir auch nie, die Zahlenkombination des Schlosses herauszufinden, egal, wie oft ich es versuchte. Mein Vater badete sich in Geheimnissen. Er offenbarte mir, dass meine Mutter nur Waldtraut heiße, weil sie sich zu Vollmond jedes Mal in einen Baum verwandele. Nur aus diesem Grund würde sie oft wegfahren, denn niemand kann eine hochgewachsene Ulme im Wohnzimmer gebrauchen. Natürlich war mir aufgefallen, wie sich die Straßenlichter auch ohne seinen Koffer angezündet hatten und dass kein Mensch eine Reisetasche brauchte, um sich außerhalb unserer Wohnung in eine Pflanze zu verwandeln – doch ich war mir sicher, dass er recht mit den Fischen im Teich auf dem Grundstück der Familie Siebert hatte, auf das ich schweißgebadet zutrabte. Mein Vater behauptete, die Tiere seien aus purem Gold. Genau deshalb hatten die Sieberts das Zementwerk aufgegeben und meinen Vater aus den Werkhallen vertrieben, um ihn zu einem Laternenanzünder zu machen. Auf der Suche nach einer Lücke im Mauerwerk des Anwesens blickte ich immer wieder zurück zu den Kasernen aus Angst, Frau Wenzel hätte inzwischen meine Fährte aufgenommen, um sich für ihren Hahn zu rächen.

Die Sonne hing im stumpfen Winkel, die Eschen standen dicht und neigten sich unter dem Gewicht ihrer unreifen Beeren. Ich tastete mich von Stamm zu Stamm, um nicht entdeckt zu werden. Der Teich lag am Ende des Grundstücks und war mit Plastik ausgeschlagen. Auf seiner Oberfläche schwammen mehrere Inseln von Wasserlinsen, sodass ich die Fische nur in ihren Zwischenräumen sehen konnte. Die wenigsten von ihnen sahen aus, als würden sie unter ihren Schuppen Gold auf der Haut tragen, sondern waren rot oder weiß und ruderten träge über dem Bodenkies. Den ersten Fisch fing ich ohne Mühe, und auf der Suche nach zwei Backsteinen kitzelte mich seine Panik in der Faust. Ich legte das zappelnde Tier auf einen der Klinker ab und versuchte es seitlich zu treffen, wartete einen Moment, bevor ich den Stein vom Schwanz über die Schuppen Richtung Kopf zog und dann abnahm. Kein Gold, nur heller, feuchter Glibber. Bei den nächsten beiden Fischen war es ähnlich. Ich fragte mich, wohin das Gold verschwand, untersuchte die Oberfläche des Ziegels, bis mir die Idee kam, die Haut der Fische so abzuziehen, wie mein Vater es mit der Tapete in meinem Kinderzimmer gemacht hatte. Es dauerte eine Ewigkeit, bis ich im Garten eine Glasscherbe fand, die scharfkantig genug war, doch als ich an den Teich zurückkam, stand dort Herr Siebert mit einem meiner Backsteine in der Hand.

»Du warst das!«, dann schoss er auf mich zu. Ich rannte zurück in die Ebereschen zur Gartenmauer und fing an zu klettern. Er packte mich am Fuß und zog mich auf den Boden, über mir schwebte der Stein. Er brüllte, dass man mich genauso zerquetschen sollte, doch er zog mich auf die Beine und schubste mich so heftig gegen die Mauer, dass mir schwarz vor Augen wurde. Als ich wieder zu mir kam, saß ich mit dem Rücken zur Mauer und konnte nicht aufhören zu weinen. Neben mir lag die Glasscherbe, und meine Hände rochen nach Ostsee.

Neun Tage später war unsere Straße bis zum Parkplatz vor dem Spielplatz mit Deutschlandfahnen und Schwarz-Rot-Gold-Wimpeln gepflastert. »Bist du für Deutschland oder Dänemark?«, fragte mich Katja und brachte unsere Wohnung in Ordnung. Ich verstand nichts von Fußball und wiederholte, was mein Vater gesagt hatte: »Wir sind aus Prinzip für Dänemark.«

Ich war aufgeregt, und meine Hände schwitzten. Zum ersten Mal durfte ich die Mutter spielen, weil Bine das ganze Wochenende bei ihrem Vater in Brandenburg verbrachte. Katja ganz für mich zu haben passierte so gut wie nie, und ich war froh, die Gemeinheiten, die sich ihre beste Freundin für mich ausdachte, nicht ertragen zu müssen. Beim letzten Mal hatte sie mir eine Handvoll Vogelbeeren in den Napf geworfen, als Katja in die Bäckerei gegangen war, um Wassereis zu kaufen.

»Wenn du alle isst, bist du wirklich eine von uns«, grinste sie und setzte sich im Schneidersitz vor mir auf. Ich hatte die erste Beere schon geschluckt, als Katja vor

Schreck das Eis in den Sand fallen ließ und den Napf gegen die Wand warf. Bine behauptete, sie habe nicht gewusst, dass die Beeren giftig seien, schließlich würde ihre Mutter aus ihnen sogar Marmelade kochen. Ich nahm die Mutproben an, denn je übler mir Bine mitspielte, desto netter war Katja zu mir.

Wir verbrachten den ganzen Nachmittag in der Küche, hörten Bibi Blocksberg und beklebten Katjas Euro-92-Album von Panini. Am Ende fehlten uns nur Jean-Pierre Papin und Darko Milanič.

»Mir fehlen immer welche am Ende. Vielleicht gibt es die Aufkleber gar nicht.« Katja drehte die Kassette um und warf sich auf die Schaumstoffmatratze. »Ich will Kassette hören. Komm!«

Sie tippte auf die Stelle neben sich, und ich legte mich mit dem Rücken zu ihr. Nach einer Weile hallte Karla Kolumnas Stimme vom Beton in meinen Halbschlaf, und ich hörte Katja flüstern: »Ich bin so gerne mit dir zusammen.«

Sie fing an, mich zu streicheln. Ihre Finger wanderten über meinen Nacken, suchten die Innenfläche meiner Arme, und ihr Atem hinterließ in meiner Ohrmuschel einen nassen Film. Ich machte mich steif, aber irgendwie schaffte sie es, mich zu sich zu drehen: »Weißt du, was wir hier machen?«

»Ich denke schon?«

»Sei lieb zu mir.«

Katja presste ihre Lippen gegen meine und legte sich auf mich.

»Tut das weh?«

»Nein.«

»Ich will dir nicht wehtun.«

»Tust du nicht.«

Sie vergrub mich unter ihrem Gewicht.

»Magst du das?«

»Ich weiß nicht.«

»Du solltest das mögen. Ich bin dein Mann.«

Katjas Hüftknochen bohrte sich zwischen meine Beine. Karla Kolumna hörte nicht auf zu reden.

»Hör auf!«

»Warum?«

»Ich kann nicht.«

»Warum?«

Ihre Bewegungen wurden schneller, immer wieder trafen ihre Lippen mein Gesicht, und ich versuchte das stumpfe Bedürfnis, dem Gewicht ihrer Knochen zu entfliehen, auszublenden.

»Tschü-ü-ss!«, sagte der Erzähler und brachte die Stopptaste des Kassettenrekorders in Bewegung.

Zwei zu null. Mein Vater sprang an diesem Tag als Einziger vom Sessel. Ein entscheidender Schuss von links. Ein Haufen schwitzender Dänen stapelte sich auf dem Bildschirm übereinander. Erleichtertes Fleisch, erdrückende Freude. Ich lag neben meiner Mutter auf dem Sofa und weinte ins Polster.

»Verdient gewonnen«, schrie mein Vater den Fernseher an. »Mensch, Pilly, warum weinst du denn?«

Die Hand meiner Mutter ruhte auf meiner Schulter, draußen hinter der Kaserne war der Bolzplatz wie leergefegt, zwischen den Lochziegeln der Brachen wartete nur die Sonne und beschäftigte sich mit sich selbst.

DIE CROSSHILL-JUNGS

D E N I Z U T L U

Schrei laut! Sprich groß!
— ATTILA MURAT AYDIN (MAXIM)

Einmal wäre Bobby fast draufgegangen, weil er sich zu viel Scheiß reingezogen hatte, lag erst in der Ecke seiner Wohnung und dann eine Woche im Urban-Krankenhaus. Jetzt wollte er Koch werden – von mir aus. Wir schauten immer auf zu Bobby und seinen Jungs. Die nannten sich Şimşekler, die Blitze. Und wir wollten auch einen Namen. Aber einen Namen musst du dir machen, den kannst du dir nicht einfach aussuchen. Wir hockten rum, als würden wir noch mit Murmeln spielen, und kein Name passte. Die Schwestern lehnten an der Mauer, alle nebeneinander, Knie angewinkelt, und schüttelten den Kopf über unsere Vorschläge. Hekim hatte nur komische Ideen, bei denen keiner verstand, was die mit uns zu tun haben sollten: The Sharks, The Hawks – versteht doch keiner. Bei The Tigers mussten wir ihm erst mal gegen die Stirn klopfen, um zu hören, ob da noch was drin ist – hallo? Im Wedding hängen die Panthers rum, und wir sollen jetzt die Tiger sein? Jemand zu Hause?

Um den Schwestern zu beweisen, dass wir nicht nur Murmeln spielten, knackten Hekim und ich einen alten VW auf und montierten den Fahrersitz ab. Sie stellten sich um uns herum und machten regelmäßig Blasen mit ihren Kaugummis, bis die zerplatzten. Die Aktion dauerte den ganzen Tag. Hat niemanden gejuckt. Wahrscheinlich gehörte die Schrottkarre auch eh keinem, stand seit Jahren vergessen rum. Während wir uns am Sitz abrackerten, kamen ab und zu die Schwestern zu uns, setzten sich auf die Motorhaube oder aufs Dach, brachen einen Seitenspiegel ab, fragten, was wir mit so einem Sitz anstellen wollten. Das wussten wir selbst nicht. Schließlich trugen wir ihn stolz an den Schwestern vorbei, als wäre das alles Teil eines wichtigen Plans.

Bobby sagte: »Ey, Kleiner, komm mal her.« Keiner nannte mich »Kleiner«. Ich sagte: »Ali. Nenn mich Ali. So heiße ich.« Er sagte: »Kleiner, komm mal her.« »Kann Hekim mitkommen?« »Nicht jetzt.« Und dann schleppte er mich in dieses Haus in der Naunynstraße. Ich sagte: »Was wollen wir denn da?« Er sagte: »Halt die Schnauze.« Also gingen wir in dieses Haus in der Naunynstraße, und seine Jungs waren auch da, einer starrte die Wand an, ein anderer kickte Rhymes über einen Beat. Die Mics gingen rum, und jeder, der eins in die Hand bekam, ratterte runter, was ihm grad so durch den Kopf ging. Drückte mir Bobby plötzlich das Scheißding in die Hand und sagte: »Na, dann leg mal los.« Ich sagte: »Was los?« Sagte er: »Ich geb dir gleich los!« Sagte ich: »Ey, spielen wir Monopoly, oder was?« Bobby klatschte mir eine. Nicht zu hart, aber tat schon weh. Ich legte los:

Ey, schlägst du feste, schlag ich fester,
kommste mit Messer, meine Machete ist besser,
kommste mit Panzer,
komm ich mit Lufthansa, bin krasser
als der Kalte Krieg, du ein dummer Bolschewik.
Mach mein Ding, bin der King,
kicke wie Bruce Lee und schlag zu wie Ali,
schlag ein wie'n Blitz,
leucht heller als der Kanzlersitz,
meine Rhymes sind fetter als Kohl,
das merkst du, wenn ich dir den Hintern versohl,
Kohl bleibt in Bonn,
in Berlin herrscht der crosshill-Vietcong,
first round meine Faust in deinem Gesicht,
es wird Zeit für den Dong,
es gibt nur einen King, Me, We, Al.

»Nicht übel«, sagte Bobby, die anderen standen hinter ihm mit verschränkten Armen, versuchten so voll einen auf Ernst zu machen, und nickten, »nicht übel, aber musst noch üben«. Bobby war einer der Ersten. Doch die Geschichte begann mit Maxim – der war schon eine lebende Legende, als ich noch laufen lernte. Der hat die Scheiße nach Berlin geholt. From Brooklyn to Berlin, *crosshill*. Nicht, dass er jemals in New York gewesen wäre. Der ist irgendwo in Westdeutschland geboren und hatte sich schon das erste Mal einen gekeult da drüben, bevor er hierhergekommen war. Seitdem hing er ab und zu in der Naunynstraße rum und am Mariannenplatz. Das war's. Vergiss Brooklyn. Wir sind noch nicht mal bis nach Charlottenburg gekommen. Wir waren immer hier, immer in der Naunynstraße und am Mariannenplatz, und wenn einer von den Panthers angetanzt kam, haben wir ihn zurück in den Wedding getreten. Aber vor allem die Glatzen. Das sind die Schlimmsten. Nicht, dass es Spaß gemacht hätte, wir wollten die halt nicht in unserer Straße. Okay, hat vielleicht doch ein bisschen Spaß gemacht. Wenn uns einer über den Weg gelaufen ist, haben wir den so lange geprügelt, bis er davonkriechen musste – auf vier Beinen, wie ein Hund. Maxim war mit Farben und Versen aufgetaucht, hatte gesagt: Schrei laut, sprich groß! Halt dich an die Regeln des Hip-Hops – batteln nur mit Rhymes und Styles. Eigentlich dachten wir, die Sache mit den Nazis wäre ein für alle Mal geklärt. Bobby hatte das geregelt und seine Jungs. Nur als der eine Schlaksige aus dem Hinterhalt Bobby anspringen wollte, habe ich Anlauf genommen und mich auf ihn gestürzt. Ich habe ihm eine Gesichtsmassage verpasst, bis er sich in die Hosen gemacht hat. Ich meine, der Typ hat sich wirklich in die Hosen geschissen. Dafür habe ich ihm dann noch eine gegeben. Widerlich. Ich sagte zu ihm: »Ihr seid ja wirklich ein ekelhaftes Pack, aber mit dieser Kackaktion hast du meine Erwartungen übertroffen. Ab jetzt heißt du ›Durchfall‹, verstanden?« Er antwortete nicht, daraufhin klatschte ich ihm noch eine. »Antworte«, sagte ich, »wie heißt du?« Und dann sagte er endlich seinen neuen Namen: »Durchfall«, und ich ließ ihn gehen. Nach der Aktion hatten sie sich in der Naunynstraße nicht mehr blicken lassen.

»Kleiner, wir müssen was machen, das kann nicht ewig so weitergehen«, sagte Bobby irgendwann, und es war klar, er meinte entweder Rappen, Kochen oder Nazis, jedenfalls fand die Biene auch, dass das so nicht weitergehen kann. Sabine, die Biene, die war cool. »Sozialarbeiterin«. Die wollte uns eigentlich auch diese Zeitungsidioten vom Hals halten, meinte, denen kann man nicht trauen, würden nur Mist über uns erzählen wollen. Da sagte ich: »Niemand erzählt Mist über uns, mach dir keine Sorgen, Biene. Und wenn die dich angraben, sind wir am Start.« Sie schüttelte nur den Kopf. Ich mochte die Biene. Die anderen mochten sie vielleicht auch, aber wer weiß, was die mochten. Redeten ja nicht so viel. Bröselten entweder das Zeug auf oder hockten in der Küfe-Bar, berauschten sich mit Rakı und Klageliedern, die die Mädels sangen. Ein paar konnten krass tanzen. B-Boying sei wie Kurdisch-Halay, nur mehr auf dem Boden. Insgesamt waren die Şimşekler eben eher so Klagegesang: Ich habe Herz, breche dir aber trotzdem das Genick. Bobby war der Einzige, der so richtig auf Hip-Hop abging. Und eines Tages war dann eben Maxim zu Bobby gekommen, mit so zwei GIs im Gefolge. Bobby hatte schon nach der Machete gegriffen. Dachte, gleich geht's los. Erst die

Nazis, dann die Amis. Aber dann legte Maxim los. Aus seinem Mund kamen tausend Geräusche. Er gab den Beat, mit tiefen Bässen und einer schrillen Snare. Doch erst als Maxim auf den Beat den Sound einer Saz legte, war Bobby baff. Es klang wie in der Küfe-Bar, die Melodie so mitten ins Herz. Er ließ die Hand aus der Innentasche seines Mantels auf seine Brust gleiten und starrte Maxim an. Beats und Bässe und die Melodie einer anatolischen Laute, sie kamen alle aus Maxims Mundhöhle. Einer der GIs fing an, Reime über Maxims Beat zu rappen. Später saß Bobby mit der Crew zusammen am Mariannenplatz und rauchte einen Blunt mit ihnen. Die beiden Amis erzählten ihre Geschichte. Sie wohnten in einer Kaserne in Lichterfelde. Waren wegen der Kohle nach Deutschland gekommen. Der eine kam aus der Bronx, der andere aus Williamsburg. Maxim hing mit ihnen ab. Hatte das Beatboxen und Sprühen von ihnen gelernt und von einem Cousin aus Manchester. »But he has his own fuckin' style!«, hatte einer der GIs gesagt. Seit Maxim an jenem Tag mit der Saz im Mund in die Naunynstraße gekommen war, trafen sie sich regelmäßig und probten ihre Tracks. Der Rest der Şimşekler verbrachte die meiste Zeit weiterhin in der Küfe-Bar.

Ich war auch einmal dort. Keine Ahnung, was die daran fanden. Ich jedenfalls war drei Tage danach noch voll deprimiert. Bin nicht mehr rausgekommen aus dem Keller, in dem wir rumhingen. Habe das Piece aus den Löchern des VW-Sitzes gepult, die Füße gegen die

Wand gestemmt, durch das Fenstergitter gegafft und völlig zugeraucht vorbeilaufende Füße gezählt. Ein Paar dieser Füße gehörte Hekim, die steckten in abgetragenen Turnschuhen. Er beugte sich runter zu mir, sagte, dass das Abhängen auf der Straße kein Abhängen ist, wenn ich nicht dabei bin und dumm gucke. Und wenn ich hier noch einen Tag allein im Keller rumgammeln sollte, würden unsere Jungs noch anfangen, Hausaufgaben zu machen. Das wollte ich natürlich nicht. »Außerdem«, grinste er, »haben die Schwestern nach dir gefragt.« Irgendwie tat das gut, du denkst, du bleibst für immer in deinem Kellerloch, aber deine Jungs und Mädels vergessen dich nicht.

Trotzdem: in die Küfe-Bar nur noch im Notfall. Geht gar nicht, so eine Ich-schneid-mir-die-Pulsadern-auf-Musik, kann doch nicht gesund sein. Die Şimşekler sahen jedenfalls immer gesund aus oder wenigstens kräftig. Dieser Ich-polier-dir-gleich-die-Fresse-Blick. Ich durfte nicht mitmachen bei denen. »Ist nichts für Knirpse«, sagten sie. »Bin kein Knirps«, sagte ich, da gab es eine Kopfnuss. In die Naunynstraße durfte ich mitkommen, musste ich sogar. Und ich nahm meine Jungs mit zu Bobbys Jam-Sessions. Auch die Schwestern hingen jetzt da ab und battelten sich mit uns. Wir rappten es in die Mikrofone, wir sprühten es an die Wände: Wir hatten jetzt einen Namen, wir waren die *Crosshill*-Jungs, uns gehörte die Naunynstraße. Irgendwer hatte den Namen aus meinem Vers gefischt und gesagt, dass wir jetzt so heißen würden: die Crosshill-Jungs. Je nach Laune variierten wir: Krasshill oder an gemütlichen Tagen auch mal: Krass-Chill-Jungs. Die Schwestern hatten jetzt auch einen Namen: die 36 Sisters. Da kann man nichts machen. Maxim und Bobby zeigten uns, wie man sprüht, wie man rappt, wie man beatboxt, wie man b-boyt. Die Jungs von den Şimşeklers ließen uns »spielen«. Wir trafen uns jeden Tag in der Naunynritze. Biene ließ uns die Musik laut aufdrehen, und wir zeigten uns unsere neuesten Moves. Danach lagen wir durchgepowert in der Ecke, einer über dem anderen, alle so ineinander verschränkt, ein Bein über einem Nacken, ein Arm am Fuß eines anderen. Biene sagte, wir seien wie Katzen, und wir waren dann zu müde, um uns zu ärgern.

Die Typen von der Zeitung, vor denen Biene uns gewarnt hatte, stellten komische Fragen:

»Seid ihr eine Jugendbande?«

»Was für eine Bande, Alter?«

»Kommt es vor, dass man handgreiflich wird, gibt es Prügeleien?«

»Ja, Mann, ist ein hartes Pflaster hier. Der Stärkere siegt. Töten oder getötet werden.« Wir lachten uns voll einen ab, als wir das erzählten.

»Benutzt ihr auch Waffen?«

»Klar Mann, wenn hier einer unerlaubt auf unserem Revier rumtanzt, Mann, dann schneid ich ihm die Kehle durch.«

»Und die Eier ab!«, fügte Hekim hinzu.

Sie wollten unsere Waffen sehen. Da sahen wir ganz schön dämlich aus. Erst einen Dicken schieben und dann nur so Taschentücher in der Hose. Voll die Blamage das alles. Da ist schon mal so ein »Journalist« da, und wir machen uns lächerlich. Der eine Kumpel von Hekim hat die Fäuste in die Hosentaschen gesteckt und nicht wieder rausgeholt. Sah so aus, als hätte der dicke Eier. Sind ihm in die Hosentaschen gerutscht. Hat auch so geguckt: die Backen aufgeblasen wie ein Frosch. Hekim hat versucht, cool zu bleiben. Hat dann gesagt: »Ey!«, und alle haben ihn angestarrt. So was geht natürlich nicht. Und der mit den blöden Fragen hat die Arme verschränkt wie so ein Oberlehrer und mit den Schuhen auf den Boden geklopft. Voll peinlich der Typ. Bin dann halt aggro geworden. Hab mir gedacht, vielleicht sollten wir dieses Milchgesicht mal zurechtschütteln. Macht man nicht Sahne so? Keine Ahnung. Auf jeden Fall habe ich das dann gesagt, habe ich einfach so rausgehauen: »Ey, wollen wir dem Typen mal zeigen, wie wir mit solchen Salonpudeln umgehen, die unerlaubt in unserem Revier rumpinkeln?« Hat dann logisch Paras geschoben der Typ. Hat die Arme stärker verschränkt, sich sozusagen selbst umschlungen. Sah lustig aus, wie der heimlich hinterm Rücken Händchen gehalten hat mit sich selbst. Bin dann auf ihn los und hab ihn so am Kragen gepackt. Nicht zu doll. Aber ist ja immer, was hat er gesagt: »relativ«. Hat Sabine dann auch gesagt: »relativ«. Die meinte, wenn du einen Spatz streichelst, wie du das beim Hund machen würdest, erdrückst du ihn. Hat mir voll eingeleuchtet. Egal, hab ja nichts gemacht. Nur ein bisschen gezogen. Wollte dem Typen grade eine verpassen, nur eine klatschen, Mann, so wie das Bobby immer bei mir macht, da hat Hekim dann wieder so »Ey« gesagt. Hat mich voll aufgeregt. Voll die Blamage das alles. *Crosshill*-Jungs lassen so was nicht mit sich machen. Also habe ich den Pudel losgelassen und bin zu Hekim, um ihm eine zu klatschen. Aber der ist schlau, Hekim, glaubt man gar nicht. »Ich hol dann mal die Waffen«, hat er gesagt. Da waren wir alle baff. Ist dann losgelaufen und hat so einen Baseballschläger aus dem Keller geholt. Hatten wir echt mal versucht, Baseball spielen. Voll der Scheiß, wir spielen Fußball, höchstens Basketball. Wer spielt schon Baseball. Ich bin dann schnell zu Bobby und hab mir seine Machete ausgeliehen. Er meinte nur: »Ey, aber machst du sauber, ne.« Dann standen wir da, und der Clown von der Zeitung hat Fotos gemacht. Mussten posieren und alles. Machete in die Luft heben, mit dem Baseballschläger zum Schlag ausholen. Der Kumpel von Hekim hat dann auch endlich die Luft aus den Bäckchen gelassen und die Fäuste aus den Taschen geholt und in die Kamera geguckt, als würde er gleich in die Linse kotzen. Hat er dann ja auch. Na ja, nicht gekotzt, gespuckt, dem Milchgesicht so mitten in die Schnauze.

Hab zuerst gar nicht gecheckt, was Baba wollte mit der Zeitung in der Hand. Hat doch sonst nicht Zeitung gelesen, der Alte, höchstens mal in der *Hürriyet* geblättert. Jetzt hatte er eine zusammengerollt und schlug sie mir um die Ohren, bis ich leuchtete wie so ein Glühwürmchen – war aber nicht die *Hürriyet*, die tut nicht so weh.

»Was ist denn los?«, fragte ich.

»Du Hund«, antwortete er, »du Sohn eines Esels, verdammter Bastard, so ein Foto, Schande, Schande.« Dann check ich erst: Wir waren in der Zeitung, so voll groß. »Jugendbanden in Kreuzberg«, hieß es, »jung, perspektivlos, brutal.«

»Kein Stress, Baba, dein Sohn ist jetzt ein gemachter Mann.«

»Ich mache jetzt ›gemachter Mann‹ aus dir, du Hund«, brüllte er mich an und prügelte so lange auf mich ein, bis die Zeitung zerfetzt war. Aber nicht meine Stimmung, die war nicht zu zerfetzen. Ich lief zum Getränkeshop und kaufte die Zeitung fünfmal. Onkel Hüsnü stand mit dicker Plauze hinterm Tresen, schüttelte den Kopf, sprach kein Wort mit mir, schnalzte nur abwertend mit der Zunge. Ich hatte keinen Plan, warum die alle so einen Stress machten. Waren bestimmt neidisch, will ja jeder ein Rockstar sein. Kann aber nicht jeder werden. Man muss schon das Zeug dazu haben. Ich bin dann mit den Zeitungen zum Mariannenplatz, zu Hekim und den anderen, aber die hatten auch schon die Arme voll mit Zeitungen und auch so leuchtende Ohren. Wir waren stolz: »Die *Crosshill*-Jungs schreiben Geschichte, Mann.«

Zwei Tage später kreuzten die Panthers aus dem Wedding hier auf – lasen die jetzt auch Zeitung, oder was?
»Respekt, Mann, benimm dich, wenn du in meiner Straße bist.«
»Ich zeig dir gleich Respekt, du Bastard!«
»Ja. Zeig mal!«
Die Panthers nahmen wir ordentlich auseinander. Die hatten sich alle so Pantherköpfe auf die Jacken gesprüht und dachten, sie wären irgendwie cool. Aber ist ja alles »relativ«. Gibt einen Unterschied zwischen einem Spatz und einem Wolf. Zwischen einem Kätzchen und einem Tiger. Standen jedenfalls zu zehnt in der Naunynstraße. Ich hatte mir gerade einen gedreht im Keller, als ich ein Klatschen hörte, von der Straße her. Unser Rhythmus, unser Code. Eins, zwei, einszweidrei, eins, zwei, no pasarán. Erst leise, dann laut. War wohl Hekim, der die Jungs entdeckt und zu klatschen begonnen hatte. Kam dann Bobby hinzu, dann die anderen: Eins, zwei, einszweidrei. Als ich das Klatschen hörte, drückte ich den Stummel aus, schnürte die Schuhe, sah ein letztes Mal in den Autospiegel, den wir abgerissen und aufgehängt hatten, klatschte mir einmal links und rechts ins Gesicht und rannte hinaus. Links standen meine Jungs. Jeder hatte die rechte Hand auf Herzhöhe gehoben, Daumen und Zeigefinger bildeten einen Kreis, ein Guckloch fürs Herz, das war

unser Zeichen, unser Schibboleth, wie es Maxim nannte: Eins, zwei, no pasarán.

Rechts standen die Panthers. Ohne Zeichen, mit ernsten Gesichtern, sie rauchten. Jeder Einzelne hatte eine Zigarette in der Hand und ließ die Hand immer in Mundhöhe, um sofort den nächsten Zug zu nehmen. Zwischen meinen Jungs und den Panthers die Straße, leer. Es war still jetzt. Kein Mucks mehr zu hören. Ich stand in der Mitte, sah von Block zu Block, sah auf die leere Straße. Ein Spatz hüpfte auf dem Asphalt, pickte etwas vom Boden. Die Panthers schnippten ihre Zigaretten fort, ein Gebrüll brach in die Stille. Die Panthers liefen los. Meine Jungs liefen los. Ich sprang über die Motorhaube eines Autos auf die Straße und rannte mit. Auf das Erste, was mir vor die Fäuste geriet, schlug ich ein. Keine Zeit, darauf zu achten, ob das einer von uns war oder von denen.

Als wir die Polizeisirenen hörten, rannten wir davon. Die Panthers mussten ihre Verletzten stützen. »Wir kommen wieder«, schrien sie, »wir kommen zurück, ihr Missgeburten.« Wir schlüpften schnell in den Keller. Hekims Gesicht war voll Blut, sie hatten ihm die Nase gebrochen. Am nächsten Tag stand das wieder in der Zeitung: Bandenkrieg in Kreuzberg. Diesmal zum Glück ohne Bild – kein Bild, kein Stress mit Baba. Wegen Hekim ließen wir uns etwas einfallen.

»Beim Tanzen?«, fragte Baba.

»Ja, tanzen, B-Boying.«

»Bi- was?«

»Das kann passieren.«

»Soll lieber arbeiten statt tanzen.«

Jedenfalls wussten wir, dass die Panthers wiederkommen würden. Das war nur eine Frage der Zeit. Mit dem Auftritt, den sie dann hinlegten, hatte jedoch keiner von uns gerechnet, wirklich nicht.

Aber erst einmal, ein paar Tage später, kreuzte »Durchfall« schon wieder in unserem Revier auf. Ganz verängstigt diesmal. Erst als er schon zwanzig Meter weggekuscht war, rief er: »Ihr glaubt, ihr seid stark, oder was? Verpisst euch! Dahin zurück, wo ihr hergekommen seid.« Wir haben da nicht so viel drauf gegeben, er wusste ja, dass wir ihm die Scheiße aus dem Darm prügeln. Und dann kamen die Journalisten wieder, und wir dachten so, stecken die alle unter einer Decke, oder was? Haben die sich in Bobby verliebt? Mal ehrlich, haben diese Journalistenvisagen nichts zu tun? Keine Ahnung. War eine andere Truppe diesmal. Wir hatten da echt nicht mehr so Bock drauf.

»Ihr wollt euch nicht fotografieren lassen?«

»Wir haben die Schnauze voll von euch.«

»Ihr seid doch eine Bande. Herrscht nicht Krieg mit anderen Banden?«

»Bande? Meinetwegen! Na ja, manchmal müssen ein paar Leute auf die Fresse bekommen.«

»Wer?«

»Du! Oder zum Beispiel die Jungs aus'm Wedding. Das hier ist unser Bezirk. Wenn die aus dem Wedding meinen, hier irgendwie aufmucken zu müssen, mucken wir zurück.«

»Warum sagst du ›unser Bezirk‹?«

»Was ist das denn für eine dämliche Frage? Bin ich hier aufgewachsen oder du? Wohne ich hier oder du? Oder vielleicht die Jungs aus'm Wedding? Oder Schöneberg?«

Hekim entwarf ein neues Bild, und wir sprühten es überallhin:

36 war die Adresse, unter dieser Nummer war unser Kiez bei der Post eingetragen oder keine Ahnung wo. Das Bild: in fetten Buchstaben und die 36 über die letzten vier – H, I, L, L. Wir bombten die Gegend um den Mariannenplatz damit zu. Für die Mauer – oder das, was von ihr übrig geblieben war – nahmen wir uns Zeit. Maxim half uns, und wir malten mit 36 Dosen unseren Namen bunt auf den grauen Beton.

Bobby und ich schauten uns ein-, zweimal gemeinsam das Bild an. Ich hatte das Gefühl, dass wir es für ihn gemalt hatten. Er drehte uns einen Joint, und wir blieben lange davor stehen. Nach dem Joint meinte

Bobby: »Gar nicht schlecht, Kleiner, gar nicht schlecht.« Wir waren schon wieder auf dem Weg zurück in die Naunynstraße, da schlug Bobby die rechte Faust in die flache linke Hand, sodass es laut klatschte. Ich erschrak, ich kannte dieses Geräusch, es verhieß nichts Gutes. Bobby rannte los. Ich hinterher. Wir sprangen über Autos, rannten über Motorhauben, kickten Mülltonnen weg und verloren die Scheißglatze beinahe aus den Augen, als sie um die Ecke bog. Endlich an der Kreuzung, sahen wir sie dort stehen. Nur eben nicht mehr alleine. Zu acht standen sie da, mit ihren Springerstiefeln und Hakenkreuzen auf den Jacken. Wir waren zu zweit.

»Ey, Bobby, lass uns aus dem Staub machen, Mann.«

»Schnauze.«

»Bobby!«

»Heute kommen die zu acht, morgen zu hundert, übermorgen zu tausend.«

»Morgen sind wir auch zu hundert, lass uns abhauen.«

»Wir müssen die Scheiße im Keim ersticken. Du siehst doch, die kommen immer wieder. Hau ab, wenn du die Hosen voll hast. Oder kämpfe wie ein Mann.«

Kaum war Bobby zwei Schritte auf sie zugegangen, sprangen weitere Glatzen aus Hauseingängen und hinter Lieferwagen hervor. Jetzt waren es schon zwölf. Sie hatten uns an den Eiern. Bobby drehte sich zu mir um. Seine Augen waren kalt, ausdruckslos. Er war nicht der

Typ, der sich einschüchtern ließ. Niemals. Durch gar nichts. Mir hingegen war zum Heulen zumute. Bobby sah an mir vorbei. Als ich mich umdrehte, verstand ich, wem sein kalter Blick galt. Hinter mir standen drei weitere Glatzen. »Durchfall« erkannte ich sofort. Er grinste mir ins Gesicht. Mein Gefühl, gleich losheulen zu müssen, löste sich einfach auf. Ich dachte an Bobbys Augen, und in meine Augen trat dieselbe Kälte. Ich spürte das.

Wir stellten uns Rücken an Rücken. »Durchfall« und seine stinkenden Freunde rückten auf. Ich stellte mir vor, Bobby zu sein, hielt mich an seinen Atem. Mein Herz schlug schnell, die Beine zitterten. Ich lehnte mit dem Rücken an Bobbys Rücken, spürte, wie er tief einatmete, einmal, zweimal. Ich machte es ihm nach. Atmete ein, wenn er Luft holte, und wieder aus, wenn das Gewicht abnahm, das ich im Rücken spürte. Ich stand mit beiden Beinen fest auf dem Boden, kein Zittern mehr. Verwachsen mit meiner Straße. Das Herz wollte explodieren. Die Augen kalt. Die Angst war jetzt egal.

»Durchfall« grinste immer noch und näherte sich mit seinen Kumpels, Schritt für Schritt. Ich grinste nicht. Es kamen mir tausend Gedanken – wie letzte Dinge, die man zu erledigen hat, bevor etwas zu Ende geht, und die einem immer dann einfallen, wenn man Ruhe finden möchte, vorm Einschlafen, beim Essen, im Kino. Ich dachte an Baba, wie er mir die Zeitung um die Ohren geschlagen hatte. Jetzt, wo »Durchfall« grinsend auf mich zumarschierte, ging mir ein Licht auf. Der Artikel. Er und seine hässlichen Kumpels mussten sich provoziert gefühlt haben. Ich dachte an das Scheißmilchgesicht, das ich am Kragen gezogen hatte, weil es mich so aufgeregt hatte – wenn ich den noch einmal in die Hände kriegen sollte ...

Der Kreis wurde enger. Die Scheißnazis kamen von allen Seiten. Nachdem die Angst egal war, regierte die Wut.

Ich rief unser Schibboleth aus: Eins, zwei, no pasarán. Auch Bobby rief es aus: Eins, zwei, no pasarán. »Durchfall« hörte auf zu grinsen, runzelte die Stirn, verstand gar nichts. Aber es entstand ein weiterer Kreis: Um den Nazikreis häkelte sich der Ring der *Crosshill*-Jungs. Sie kamen aus den Kellern. Sie sprangen aus den Hochparterrewohnungen, sie stiegen aus den Ladentüren. »Durchfall« blickte um sich. 15 Nazis, 15 *Crosshill*-Jungs.

Bobby und ich standen weiter Rücken an Rücken, waren das Zentrum eines Ringes, der von einem weiteren Ring umgeben war. Die Nazis waren stehen geblieben, nachdem sie unsere Jungs gesehen hatten. Für lange Zeit geschah gar nichts. Man starrte sich an. Es war still. Dann waren Schritte zu hören. Stiefel auf dem Asphalt. Gleichmäßig, langsam. Alle blickten sich irritiert um, die Nazis und wir auch. Ein groß gewachsener Typ mit dunkler Jacke, auf die ein Panther gesprüht war, tauchte auf. Die Ruhe weg, die Hände in den Hosentaschen. Er klopfte mit dem Fuß einen

Rhythmus. Gleichmäßig, langsam: Eins, zwei, drei, vier. Weitere Panthers kamen aus der Nebenstraße. Sie lehnten sich gegen Motorhauben, klopften mit den Füßen denselben Rhythmus. Steckten sich beinah gleichzeitig jeder eine Zigarette zwischen die Lippen, zückten ihre Feuerzeuge, hielten die Flamme an die Kippe, zogen den Rauch in die Lungen und bliesen ihn in den Himmel über Kreuzberg aus. Und auch die Schwestern stolzierten jetzt ganz geschmeidig in unsere Runde, als würden sie sagen wollen, geht mal eine rauchen, wir erledigen das hier.

Es war still. Im dritten Stock im Haus gegenüber schüttelte eine Frau mit drei harten Bewegungen eine Decke aus. Die Stille vertiefte sich, sie kündigte den Schrei an. Bobby brüllte ihn heraus. Die Nazis marschierten auf uns los. Die Panthers, wieder alle gleichzeitig, schnippten ihre Zigaretten weg. Ich schnappte mir »Durchfall«: »Willkommen zurück, Teutone« und prügelte auf ihn ein, bis ich vor lauter Rot sein Gesicht nicht mehr erkennen konnte und nur noch Polizeisirenen hörte. Die Panthers und die *Crosshill*-Jungs flohen in alle Richtungen, nur Bobby schlug weiter auf die Nazis ein. Er schlug einen zu Boden und nahm sich den nächsten vor, warf ihn nieder und hob den anderen wieder auf.

»Bobby!«, rief ich, »Bobby, die Bullen.« Aber er hörte nicht, er boxte weiter. »Scheiße, Bobby, jetzt komm!«

Als wir die Lichter der Streifen sahen, rannten wir

davon. Nur Bobby blieb zurück. Allein mit den beiden Nazis, auf die er immer weiter einschlug.

Wir freuten uns nicht über unseren Sieg.

Wir stiegen zurück in die Keller und starrten die Wände an.

Wir kickten keine Rhymes, wir hörten keine Musik.

Wir schwiegen das Schweigen der Straßen.

Es gab keine Toten. Einer der Nazis lag im Koma, der andere hatte ein Auge verloren. Mit dem Auge hatte Bobby nichts zu tun. Das glaubten sie ihm wohl auch. Dennoch musste er in den Bau.

»Das Schlimmste«, sagte er, »das Schlimmste ist, dass es hier keinen Stoff gibt.«

Und später: »Tausend kleine Tierchen krabbeln unter meiner Haut, legen Eier. Ich werde hier wahnsinnig, Ali, ich dreh durch.«

Da habe ich Bobby zum ersten Mal den Tränen nahe gesehen.

In den ersten Tagen, als Bobby weg war, ging mir kein Lächeln übers Gesicht. Die Scheißnazis trauten sich jetzt endgültig nicht mehr in die Gegend. Die Panthers hatten angekündigt, dass sie demnächst mal vorbeischauen würden. Aber das war mir egal. Ich pulte wieder das Piece aus den Löchern des VW-Sitzes im Keller, wieder die Füße gegen die Wand, Fenstergitter, völlig zugeraucht, vorbeilaufende Füße zählen.

War mir scheißegal, was die Kätzchen erzählten und ob sie kamen oder nicht. Ich blieb im Keller und rauchte einen Kopf nach dem anderen. Nachts lief ich über die Dächer und sprühte Bobbys Namen auf Hausfassaden. Manchmal setzten Hekim und ich uns auf das Dach des Zentrums Kreuzberg. Wir redeten nicht viel.

»Und jetzt?«, sagte Hekim, »was jetzt?«

»Ist doch egal«, sagte ich, »Bobby ist weg. Was soll jetzt schon sein. Drauf geschissen.«

»Dann lass uns doch abhauen. Wir gehen eben auch.«

»Wir kommen hier nie raus«, sagte ich zu Hekim.

»Doch«, sagte er, »ich will ein Album aufnehmen, und damit geht es nach New York.«

»Für uns gibt es nur das hier, Hekim, schnall das endlich, das hier oder den Knast oder abgeschoben werden, alles andere ist Lüge.«

»Ich mag diese Straßen«, sagte Hekim, »wer sagt denn, dass es woanders besser ist – und wenn wir in den Knast kommen, nehmen wir eben da ein Album auf.«

Ich sagte dazu nichts, schüttelte nur stumm den Kopf und merkte, wie Hekim zu mir schaute.

Und dann kamen wieder die Scheißjournalisten, aber diesmal verjagten wir sie.

»Weshalb kommuniziert ihr hauptsächlich über Gewalt?«

»Wir sind B-Boys, Alter, Tänzer, Maler, MCs. Mit Gewalt haben wir nichts am Hut. Nicht, wenns nicht sein muss ...«

»Und was sagst du zu ...«

»Wir wollen uns batteln mit Rhymes und Styles, nicht mit Fäusten, das wollten wir eigentlich nie.«

»Was sagst du zu der Sache mit den 15 Jugendlichen, die von euch schwer verletzt wurden?«

»Was soll denn der Scheiß jetzt. Das waren Nazis, Mann, Nazis. An dem Tag sind wir Brüder. Da halten wir zusammen. Wenn wir Nazis finden, gibt es Ärger.«

»Wer ist denn für dich Nazi?«

»Du bist Nazi, Alter, checkst du das. Nazis sind diese Gehirnamputierten, die dämliche Sprüche machen und so Bomberjacken mit aufgenähten Fahnen tragen, Glatzen halt.«

»Ich trage keine Bomberjacke.«

»Jetzt sei mal nicht so empfindlich, ja. Bist trotzdem ein Nazi.«

Hekim hatte angefangen, seine eigenen Beats zu produzieren, er war gar nicht so schlecht, machte sich. Ich schrieb dunkle Rhymes, und er fand Harmonien und Drums, die mir das Herz mit etwas ganz Schwerem, Dickflüssigem füllten, Lava oder so was, aber nicht heiß. Das mag komisch klingen, aber es tat gut, und wenn ich rappte, war es so, als würde die Zeit stehen bleiben. Auch die Schwestern kreuzten auf und sangen so Rasierklingenmelodien zwischen den Raps.

Irgendwie verstand ich jetzt mehr, was die Şimşekler an der Küfe-Bar fanden.

Seit Bobby im Knast war, schaute Maxim öfter vorbei bei uns. »Denkt an die Regeln des Hip-Hop«, sagte er, »kämpft mit Rhymes und Styles, nicht mit Fäusten und Messern.«

Biene organisierte uns Schallplattenspieler, Turntables, sogar einen Synthesizer. Und irgendwann sagte sie, sie müsse jetzt gehen, weil der Senat die Gelder kürze. »Was Senat? Sind wir in Rom, oder was?«, sagte ich. »Ist nicht so wichtig«, sagte sie, sie komme uns mal besuchen.

Bobby war schon ein Jahr oder so im Knast, wir hatten den ganzen Tag Musik gemacht in der Naunynstraße, es war Abend, und Hekim und ich wollten für einen Schlummerjoint in den Keller, da schnitt uns jemand den Weg ab.

»Na, wohin denn zu so später Stunde?«, grinste der Typ.

Ich drehte mich um. Hinter mir standen bestimmt zehn von ihnen. Sie zündeten sich ihre Zigaretten an und grinsten. Wir grinsten nicht. Ich nicht und Hekim auch nicht. Wir fragten auch nicht, was sie wollten, standen nur stumm da und starrten sie an.

»Heute ist Zahltag, Jungs.« Sie lachten. Nur einer von ihnen starrte uns mit zusammengezogenen Augenbrauen und der Faust in der Hand an. Eine Faust, die ich gleich im Gesicht spüren würde. Ich hörte schon mein Nasenbein knacken, da brach das Gelächter abrupt ab. Und auch ich staunte nicht schlecht, als eine E-Gitarre aufheulte. Sie schauten sich hektisch um: Wo kam die Musik her? Ich sah zu Hekim. Er hatte die Augen geschlossen. Auch die Lippen waren fast geschlossen, sie bewegten sich nur ganz leicht mit der Melodie auf und ab. Hekim war die Gitarre. Er hob die Hände zum Mund, der Handhöhlen-Lautsprecher, und legte einen Beat unter den Gitarrensound. Aus seinem Mund klang eine ganze Band. Tiefe Bässe, Schlagzeug und diese kreischende, in den Himmel heulende E-Gitarre.

NADINE AUS BARMBEK-SÜD

Ich hatte Fred gesagt, dass er hier auf keinen Fall auftauchen soll, aber Fred hat sich noch nie an Absprachen gehalten. Also hat er einfach geklingelt und so ganz auf doof gesagt: Na Hallo.

Ich war echt genervt und hab gesagt, nichts Hallo.

Zwanzig Minuten später waren wir in Freds klapprigem Polo auf dem Weg an die Ostsee und haben eine Flasche Crémant geköpft. Fred hatte behauptet, ich müsse unbedingt mitkommen. Morgen seien wir wieder zurück. Dieses Mal sei es *wirklich* wichtig.

Ich hatte also eine Unterhose, ein T-Shirt und ein paar Sachen in einen Jutebeutel gestopft und war eingestiegen, auch wenn mir eigentlich nicht nach Ausflügen zumute war. Ich war gerade mal wieder unglücklich und wollte einfach auf der Couch liegen bleiben und mich ein bisschen bemitleiden. Aber Fred hat gemeint, das Unglück sei ja morgen auch noch da.

Fred fuhr vergnügt über die Autobahn, kurbelte das Fenster runter und zündete sich eine Zigarette an. Der

Wind war irre laut, aber mir gefiel das Rauschen. Fred trug ein T-Shirt mit der Aufschrift JESUS, und ich erzählte ihm, dass ich gerade einen neuen Job ausprobiere.

Was ist es denn dieses Mal, hat Fred gefragt.

Eine Social-Media-Marketingagentur, habe ich geantwortet. Ein Praktikum. Aber immerhin bezahlt. Die Agentur heißt Schulze & Freunde. Es gibt dort nämlich einen Schulze, den Geschäftsführer. Freunde hatte ich bislang noch keine dort gefunden. Im Gegenteil. Man bekam eigentlich ständig gesagt, wie schlecht man seine Arbeit mache, und das, obwohl diese unfassbar sinnlos war.

Dann, sagte Fred, müsste die Agentur eigentlich Schulze & Feinde heißen.

Ich musste lachen und sagte, eh egal, der Job sei nichts für mich.

Fred hat gemeint, kein Job sei irgendwas für mich. Aber das stimmt so jetzt nicht. Ich habe vielleicht nur den, der zu mir passt, noch nicht gefunden.

Und ey, habe ich gesagt, du hast gut reden, du hast nicht mal einen Job.

Und in diesem Punkt, sagte Fred, würde ich mich irren. Er machte eine dramatische Pause. Ich schenkte mir Crémant nach und wartete auf Freds Antwort. Mit der er sich bewusst Zeit ließ.

Vor ein paar Jahren hatte Fred für sehr gute, aber sehr unerfolgreiche Bands wie Die sieben toten Eisbärinnenbabys oder Superworm auf Ketamin Promo gemacht. Der große Durchbruch blieb trotz Freds Bemühungen aus.

Fred sagte, wir wären quasi gerade auf dem Weg zu seiner neuen Arbeit. Er sei jetzt nämlich bei einer PR-Agentur angestellt.

Und für das Event, auf das wir jetzt fahren, nun ja, hatte Fred gesagt und so vielsagend geschaut. Nun ja.

Ja?

Für das sei er zuständig.

Echt jetzt?, habe ich gestaunt und mich ehrlich gefreut. Denn Fred ist normalerweise nie für etwas zuständig.

Was das denn für ein Event sei, habe ich ihn gefragt.

Ein Lesbenfestival. An der Ostsee. 6000 Frauen. Konzerte. Livemusik. Ramtamtam.

Aber Fred, habe ich gesagt, bist du denn dafür der Richtige?

Fred hat mit den Achseln gezuckt und gemeint, darum ginge es doch nicht. Denn was sei schließlich schon richtig oder falsch. Das seien ja am Ende auch nur Labels.

Ich habe Fred von der Seite angeguckt, und mir ist wieder eingefallen, was ich an Fred wirklich mag, und zwar, dass er vielen Dingen einfach eine Chance gibt.

Fred und ich haben uns vor zwölf Jahren in Bochum kennengelernt. Ich zerschmetterte Neonröhren an einer Litfaßsäule. Die Neonröhren hatten auf der Straße gelegen. Sie zersplitterten in tausend Teile. Fred war zufällig vorbeigekommen und stehen geblieben. Er hatte nichts gesagt, nur zugesehen, wie ich eine Röhre nach der anderen zerschlug. Dann hat er mich gefragt, wie ich heiße, und ich habe Mina geantwortet. Und dann sind wir in eine Kneipe gegangen, und seitdem sind wir Freunde.

Als ich Fred gefragt habe, worin seine Arbeit denn genau bestünde, hat er gesagt, wenn es Anfragen von Medien gebe, müsse er die beantworten. Und am Ende müsse er noch eine Pressemitteilung schreiben. Und als ich Instagram sagte, hat er abgewunken. Für Social Media sei jemand anders zuständig.

Fred hat direkt auf den Presseparkplätzen ganz vorne gehalten, dann haben wir so gelbe Bändchen und Aufkleber bekommen, auf denen ANSPRECHPARTNER PRESSE stand, und sind über das Gelände zum Hotel gelaufen. Überall sind uns fröhliche Frauen entgegengekommen, und ich habe ein ganz warmes Gefühl gespürt, aber das lag vielleicht auch am Crémant. Oder daran, dass ich woanders war und nicht mehr in dem Radius meiner gewohnten Lethargie.

Die Frau an der Rezeption hat uns die Schlüssel gegeben und gesagt: Bitte vorbei an der Hotelbar, rechts in den Fahrstuhl und dann in den 5. Stock.

Wir haben noch nicht mal das mit dem Fahrstuhl geschafft. Die Taschen haben wir neben die Bar gestellt und erst mal zwei Wodka Sour getrunken, und dann sind wir hoch, das Gepäck ablegen. Fred hat sich ein T-Shirt mit der Aufschrift FEMINIST angezogen, und dann sind wir sofort wieder runter und Richtung Festivalgelände.

Fred hat einen Anruf bekommen und die Ansage, dass das Urban Gardening morgen leider ausfallen werde. Nur damit er Bescheid wisse.

Wir sind dann erst mal zum Strand, weil gerade die Sonne unterging, und dort haben Frauen mit so leichten, langen blauen Tüchern zu »Like a Prayer« von Madonna getanzt, und ich schwöre, so was Schönes habe ich schon lange nicht mehr gesehen. Die Frauen hatten das wohl einstudiert oder waren eine Performance-Gruppe oder Freundinnen. Fred wusste das nicht. Der hatte nur die Info mit dem Urban Gardening.

Jetzt waren wir eben hier. Und es gefiel mir. Fred war der einzige Mann, bis auf ein paar Typen, die Bühnenequipment schleppten. Ich fand es großartig, dass hier alle Männer nur Statisten waren.

Wir sind dann vom Strand wieder weg und in ein großes Zelt, in dem Silbermond gespielt haben, und haben uns zwei Bier geholt und getanzt, und dann hat Fred eine Nachricht bekommen, dass wir zur Fundbörse kommen sollten, da würde eine queere Bloggerin namens Gina auf uns warten.

Wir sind dann also wieder raus und haben Gina abgeholt, die lilafarbene Haare und ein altmodisches Diktiergerät hatte und Fred fragte, ob sie ein Interview mit Silbermond führen könnte. Fred hat ein paar Anrufe gemacht und dann gesagt, dass das mit dem Silbermond-Interview leider nicht klappe. Macht nichts, hat Gina gesagt, wir könnten dann ja zumindest das Konzert anschauen. Fred schlug ihr noch vor, ein Feature über das Festival zu machen, aber darauf reagierte Gina nicht.

Wir sind also wieder rein in das Zelt, und Fred hat Gina und mir Bier gekauft und gemeint, dass sie eigentlich die Sängerin Pink haben wollten, aber die war teurer. Irgendwo in der Menge haben wir Gina verloren, und dann war das Konzert auch irgendwann vorbei, und wir mussten dringend aufs Klo. Wir sind dann zu den Toiletten. Und Fred ist hinter mir her und hat gemeint, er hätte jetzt voll das Problem. Die Männertoiletten seien mit Flatterband abgesperrt.

Ich habe ihn dann einfach auf die Damentoilette geschickt, und es hat auch niemanden interessiert. Als Fred wiederkam, wollte er in eine andere Area gehen. Ich habe ihn gefragt, ob er denn gar nicht mehr arbeiten müsse, und Fred hat auf sein Handy geschaut und geantwortet, es sei außer Gina ja leider niemand gekommen. Ich bin dann hinter Fred her durch all diese Gänge, vorbei an knutschenden Frauen, und ich habe mir eingebildet, dass ein bisschen was von ihrer Liebe auch auf mein unglückliches Leben abstrahlte.

Auf dem Weg zur anderen Area haben Feuerschluckerinnen Feuer geschluckt. Ich wollte gern ein bisschen stehen bleiben und zugucken, aber Fred wollte weiter, Bier trinken. Mit unserem Presse-Band bekamen wir überall umsonst Getränke, was natürlich herrlich war. Neben Freds Beinen kauerte eine Frau unter dem Barhocker. Die Frau war sehr klein und irgendwie in sich zusammengefaltet. Sie hatte braune, wahnsinnig lange

Haare und trug eine rote Hose. Ich beugte mich zu ihr und fragte: Alles ok?

Die Frau umklammerte mit ihren Armen den Barhocker und versuchte, sich daran hochzuziehen, aber es gelang ihr nicht. Sie sah in ihrer ganzen Hilflosigkeit sehr entschlossen aus. Ich zögerte kurz, half ihr aber dann aufzustehen. Sie stütze sich mit einer Hand auf den Barhocker, und mit der anderen Hand umfasste sie meinen Arm.

Hallo, sagte sie, ich bin Nadine aus Barmbek-Süd.

Fred stellte sich mit den beiden Bieren neben uns und rief der Barfrau zu, sie solle bitte noch eins machen. Ich sagte mit Blick auf Nadine aus Barmbek-Süd, dass wir eher eine Fanta bräuchten. Die Barfrau stellte die Fanta auf den Tresen. Ich ließ Nadine ganz kurz los, und sie geriet sofort ins Wanken.

Alles ok?

Alles superok, sagte Nadine aus Barmbek-Süd und schlug sofort wieder hin.

Ich sagte Fred, dass wir Nadine dringend zu den Sanitätern bringen sollten. Sie brauchte ja offenbar professionelle Hilfe.

Fred ignorierte mich, beugte sich zu Nadine hinab und fragte sehr laut: Wo sind denn deine Freundinnen?

Nadine zog sich daraufhin an meinem Hosenbein hoch und sagte: Hier. Das ist meine beste Freundin.

Ich habe überhaupt keinen Bock auf so was, sagte ich Fred. Ich sah ihm schon an, was er dachte. Nein, nein, steuerte ich direkt dagegen, wir würden Nadine jetzt nicht mitnehmen. Auf keinen Fall würden wir für diese wildfremde betrunkene Frau unnötige Verantwortung übernehmen. Ich hatte genug eigene Probleme, ich wollte keine Nadine. Doch, sagte Fred, er sei hier schließlich der Pressesprecher.

Olé, Olé, Olé, schrie Nadine und exte ihre Fanta weg. Dann fiel sie wieder um.

Ich ging beleidigt vor zur Bühne, auf der eine Coverband spielte. Als ich mich umdrehte, sah ich, wie sich Fred, Nadine stützend, näherte.

Die Musik und das Bier stimmten mich wieder versöhnlich. Während Fred und ich tanzten, saß Nadine auf dem Boden und klatschte in die Hände. Fred sagte zu mir, dass eine Welt voller Frauen womöglich die bessere sei. Als das Konzert vorüber war, gingen wir noch in eine Karaokebar. Nadine hatten wir mittlerweile noch zwei Cola eingeflößt, und sie machte wirklich eine ganz okaye Figur. Was bedeutete, sie konnte einigermaßen stabil geradeaus laufen.

Nadine erwähnte auf dem Weg zur Karaokebar, dass sie bisexuell sei, was Fred aufhorchen ließ. Und sie erzählte, dass sie ein Nagelstudio in Barmbek-Süd betreibe. Ich fragte sie, ob sie ihren Job mögen würde, und sie antwortete, ja, sehr.

Unsere Fragen, wie sie auf das Festival gekommen war, ließ sie unbeantwortet. Stattdessen fragte sie uns, ob wir Zigaretten hätten. Fred gab ihr eine. Sie hätte nämlich, erzählte Nadine, ihr Geld leider verloren. Genau wie ihr Smartphone.

In der Karaokebar angekommen, sagte Nadine, dass sie später gerne noch ins feministische Pornokino wolle. Fred meinte, das gebe es tatsächlich auf dem Gelände. Er wisse aber nicht genau, wo.

Ich sagte Nadine, dass Fred der Pressesprecher des Festivals sei. Sie sagte: Okay, und bat Fred, ihr noch einen Drink zu kaufen. Ich bestand auf Cola, Nadine auf Rum-Cola. Ich fragte Fred, ob er denn nicht noch arbeiten müsse, und er antwortete, er sei ja dabei. Wir setzten uns an den Tresen. Nadine in der Mitte. Auf der Bühne schrie eine Frau im Leopardenanzug: Viva la Vulva! Danach sang sie einen Song von Kylie Minogue.

Ich fragte Nadine, warum es ihr eigentlich so wichtig sei, dass sie aus Barmbek-Süd komme.

Weil Barmbek-Nord scheiße ist, antwortete Nadine. Sie nahm sich eine Zigarette aus einer Schachtel, die auf dem Tresen lag, zündete sie an und warf der Frau, der die Packung gehörte, einen Kussmund zu. Beim Rauchen konnte ich Nadines Nägel aus der Nähe betrachten. Sie waren schwarz, und darauf loderten, vom Nagelbett hoch, lackierte Flammen.

Wie heißt du, fragte Nadine mich.

Mina.

Und was machst du, Mina?

So ganz generell?

Ja!

Nichts. Ich lebe einfach. Setze einen Fuß vor den anderen. Mache so Jobs und so.

Supercool, schrie Nadine.

Dann stand sie auf, ging zur Frau an der Karaokemaschine und wünschte sich »Highway to Hell« von AC/DC. Die Karaokebar schrie vor Ekstase, als die Songauswahl verkündet wurde. Sie trugen Nadine aus Barmbek-Süd auf ihren Händen, und ihre Hose leuchtete wie eine Boje auf offener See. Schau dir das an, sagte Fred. Ich liebe es.

Während Nadine da oben auf der Bühne eine historische Performance inklusive Stagediving und Headbanging darbot, beneidete ich sie für ihre Unerschrocken-heit. Vor einer Stunde hatte sie noch unter dem Tresen gekauert. Jetzt war sie wiederauferstanden. Nadine aus Barmbek-Süd hatte keine Angst. Zum Frühstück ver-speiste sie einen Tiger, danach machte sie fünfzehn Paar Füßen Shellac.

Als Nadine von der Bühne kam, war sie ein Star und wir ihre Entourage. Frauen fragten mich nach Nadines Nummer, die ich selbst nicht besaß. In der Bar knutschten jetzt fast alle. Fremde Menschen umarm-ten mich. Eine Frau sagte mir, dass sie mich attraktiv finden würde, was mir schmeichelte. Fred fragte, ob wir nicht auch knutschen wollen. Ich winkte ab. Na-dine aus Barmbek-Süd nicht.

Wir haben dann noch sehr viele Biere getrunken und sehr viel geredet, und irgendwann sind wir auf das Dach der Karaokebar geklettert und haben uns inein-andergelegt und den Sonnenaufgang über der Ostsee angesehen, und Nadine hat mir den Kopf gestreichelt und erzählt, dass ihr Bruder Piranhas in der Bade-wanne halte und dass sie mir die Wimpern liften könne, wenn ich das möchte. Ich habe ihr gesagt, dass ich ihre Haare mag, und Nadine sagte, das seien Exten-sions Balayage.

Fred und Nadine sind dann zusammen aufs Klo und ziemlich lange nicht wiedergekommen, und ich bin natürlich nicht dumm. Vor allem aber war ich nicht traurig. Ich beschloss, am Strand entlang zurück zum Hotel zu gehen. Ich war einer der wenigen, die nicht paarweise den Rückweg antraten, aber ich fühlte mich nicht schlecht dabei.

Als ich im Hotelzimmer ankam, war es schon hell, und ich habe so lange geschlafen, bis Fred angeklopft hat und selbst die Sonntagsworkshops alle schon vorbei waren. Wir haben uns dann noch eine Pizza geholt, ins Meer gespuckt und sind wieder zurückgefahren. Fred hat gemeint, Nadine sei noch mit zu ihm aufs Zimmer gekommen und dann einfach verschwunden. Wahrscheinlich schlägt sie sich schon irgendwo mit der Machete Richtung Barmbek-Süd durch. Denn um Nadine, das wussten Fred und ich, mussten wir uns keine Sorgen machen.

Die Pressemitteilung darüber, dass das Festival »ein großer Erfolg« war, habe ich dann auf dem Rückweg in Freds Handy getippt und an den Presseverteiler und die Agenturen geschickt. Keine Agentur hat unsere Nachricht aufgegriffen, vielleicht weil sie so wahr gewesen ist.

Fred habe ich seit dem Wochenende leider nur selten gesehen. Ich glaube, er hat tatsächlich einen Weg gefunden, seiner Vergnügungssucht ein Ventil zu geben, für das er sogar bezahlt wird. Fred fehlt mir. Er ist einer der wenigen Menschen, die mich immer genauso mochten, wie ich bin.

Ich habe seit letzter Woche wieder einen neuen Job. An der Rezeption eines Brazilian-Waxing-Studios. Die Arbeit ist nicht besonders gut bezahlt, aber die Leute dort sind zumindest nicht meine Feinde. Manchmal frage ich mich, ob mir auch Extensions stehen würden. Extension Balayage. Und dann schäme ich mich sofort für so einen Gedanken.

Stattdessen versuche ich, etwas Wichtiges zu tun oder zu denken oder mich für irgendetwas Bedeutendes zu interessieren, aber es gelingt mir einfach nicht.

Wenn ich zurückdenke an etwas, was mich wirklich glücklich gemacht hat, sehe ich immer Freds dummes Grinsen vor mir und Nadine aus Barmbek-Süd auf der Bühne, und ich denke an die Frauen mit den Tüchern, die da so glücklich ums Feuer tanzten und »Life is a Mystery« sangen.

Einmal haben Fred und ich noch betrunken gescherzt, wir würden jetzt sofort mit dem Taxi nach Barmbek-Süd fahren und Nadine suchen. Aber dann haben wir das wieder verworfen. Warum, weiß ich gar nicht mehr.

LEANDER STEINKOPF

DIE ZEIT IM CAFÉ BLAU

1

Wir hatten uns die vier leeren Bierflaschen in die Jackentaschen gesteckt, Milo und ich, links und rechts, dann stießen wir mit den beiden verbliebenen an. Die Kronkorken hatte ich in einer Hosentasche gesammelt, die Pappverpackung gefaltet und in die andere Hosentasche geschoben. Eigentlich waren die beiden letzten Flaschen für Peter bestimmt, sein Anteil eines gerecht gedrittelten Sixpacks. Wir hätten sie an sein Kreuz lehnen oder auf die Erde davor ausleeren können, damit es zu ihm runtersickern würde. Aber wir trauten uns das eine genauso wenig wie das andere, trauten uns ja nicht mal, unser Leergut auf dem Friedhofsboden abzustellen.

Es war kein Wetter für kaltes Bier, schon vom Rumstehen waren wir durchgefroren. In der Nähe war kein Ort zum Aufwärmen, der Friedhof lag mitten im Industriegebiet, nur vorne an der vierspurigen Straße gab es einen McDonald's. Wir legten die leeren Flaschen behutsam in den nächsten Abfallkorb, hatten trotzdem noch das schlechte Gefühl, jemand könnte sie als Respektlosigkeit missdeuten.

Als ich die Friedhofspforte schloss, schaute ich noch einmal zum Grab. Wir hatten einander versprochen, dass wir uns jedes Jahr hier treffen würden, aber ich wusste schon, dass in einem Jahr er, im nächsten Jahr dann ich absagen würde und sich die ganze Sache so erledigt hätte. Eigentlich kannten wir uns kaum, wir hatten nur beide Peter gekannt.

Den Weg, den wir jetzt nahmen, war ich das letzte Mal vor einem Jahr gegangen, nur ein paar Hundert Meter, bevor mich ein anderer Trauergast im Auto mitgenommen hatte. Ein Professor war aus England gekommen, er nahm teil am Gottesdienst, an der Beerdigung, und dann saß er auch in der Kneipe zum Leichenschmaus. Er kannte hier niemanden, hatte nur den Toten gekannt, einen glänzenden Studenten aus seinem Seminar. Er hielt sich zurück, weil er sich als Fremder fühlte und keinen Fehler machen wollte, saß mit geradem Rücken und in den Schoß gelegten Händen da, und der Gastraum wirkte niedrig, wie sein Kopf herausragte über all die anderen Köpfe der übers Bier gebeugten Beerdigungsgäste. Die Eltern von Peter konnten kein Englisch und hatten nur genickt, als der Professor ihnen kondolierte, trotzdem lächelten sie kurz, wenn ihr hilfloser Blick beim Schweifen durch den Raum auf den Professor fiel. Ihr Sohn war zwar tot, aber er hatte es so weit gebracht, dass ein Professor aus England zu seiner Beerdigung kam. Es war, so schien es, ein neuer Stolz auf ihren Sohn, den sie so noch nicht empfunden hatten, denn bestimmt war er bei seinen Eltern genauso bescheiden und wortkarg gewesen, wie wir ihn kannten.

Milo und ich brauchten keinen Professor aus England, um Peters Begabung zu verstehen. Noch kurz vor seinem Tod waren wir überzeugt gewesen, dass es nur noch ein paar Jahre dauern würde, bis wir ihn Professor nennen würden. Natürlich übersetzten wir trotzdem alles, was der Professor aus England über Peter zu sagen hatte, setzten unser eigenes Lob hinzu für diesen schönen, schlauen, fleißigen Mann. Und den Eltern standen die Tränen in den Augen, doch sie lächelten, nicht weil ihr Sohn ihnen für den Moment lebendig wurde, sondern weil sie jetzt erst erfuhren, wie ihr Sohn in anderer Leute Augen gewesen war.

Heute denke ich mir, dass dies nur Eltern widerfährt, die ihr Kind in seinen erwartungsvollsten Jahren verlieren, dass sie nämlich von all den Hoffnungen erfahren, die andere in es setzten. Nie würde man die Freunde, Arbeitgeber, Geliebten und Verflossenen seines zwanzigjährigen Kindes einbestellen, um es in dessen Abwesenheit kennenzulernen. Nur ein früher Tod ist Anlass dafür. Und als ich völlig betrunken nach Hause ging, war ich eigentümlich stolz darauf, dass ich mich gegen Ende überhaupt nicht mehr beherrschen konnte, dass ich auch noch die Geschichten erzählt hatte, von denen erst das sechste Bier das Siegel der Verschwiegenheit löst. So viel vom Leben ihres Sohnes hätten die Eltern ihr ganzes Leben nicht erfahren, wenn ihr Kind sie verdammt noch mal überlebt hätte.

2

Andere hatten von ihren Eltern erklärt bekommen, wie ein Student zu leben hat, ich kannte nur die Infobroschüren der Universität. Als ich an der Uni ankam, wusste ich nicht, wie das geht, studieren, aber vor allem wusste ich nicht, wie das Studentenleben funktioniert. Ich nahm mir ein Zimmer im Studentenwohnheim, weil ich dachte, dass Studenten so leben. Ich dachte, die große Freiheit sei hier auf meinen zwei mal drei Metern gefunden, mit Blick aus dem Fenster über die Mauern der Justizvollzugsanstalt. Die Heizung ließ sich nicht regulieren, im Winter schlief ich bei offenem Fenster, und die Frau im Zimmer gegenüber, die ich manchmal im Morgenmantel sah, wenn ich ihr ein Paket brachte, das ich entgegengenommen hatte, redete kaum mit mir, sondern verbrachte ihre Zeit mit den vielen anderen Chinesen, die hier wohnten.

Das Einzige, was ich gleich für mich entdeckt hatte, ohne Vorbild und ohne Einweisung, war das Sitzen im Café. Ich war aus der Kleinstadt gekommen, und nun, in der Großstadt, hatte ich auf dem Caféstuhl meinen Platz gefunden: das Café am Morgen, um nach der Frühvorlesung endlich wach zu werden, das Café am Nachmittag, um die Zeit bis zur Dämmerung zu verplempern, das Café am Abend, wenn es langsam zur Kneipe wurde, in der ich dem Leben entgegenwartete, das ich mit Rotwein, Roman und Notizbuch an meinen Tisch zu locken glaubte.

Nie zuvor hatte ich ein Ziel mit solcher Ausdauer

verfolgt wie meine Suche nach dem richtigen Café. Für eine Weile hatte ich geglaubt, es wäre das Café im Obergeschoss des Buchladens, durch dessen Glasfassade man hinaus auf den Paradeplatz schaute. Der einzige Stammgast neben mir war ein verlotterter Mittfünfziger, der den Buchladen als öffentliche Bibliothek nutzte. Sein Lesezeichen wanderte durch die Neuerscheinungen, und ich blieb irgendwann weg, weil ich fürchtete, dass sein Lebenswandel ansteckend war. In einer anderen Phase besuchte ich täglich ein Café nahe der Uni, in dem südamerikanische Musik lief und der Kaffee aus fairem Handel stammte, aber die Kellnerin dort, die ich nach einer Weile endlich anzusprechen gewagt und die mich am folgenden Freitag zu einer Party begleitet hatte, war von dort mit einem Soldaten nach Hause gegangen. Und dann war da das Café Blau. Die Künstler hier lasen keine Theorie und wollten nicht nach Berlin, sie hatten keinen Kontakt zu Galeristen und Kuratoren, und wenn sie Kunst meinten, sagten sie »Kunscht«, denn sie sprachen den hiesigen Dialekt. Hier musste ich mich für mein Schreibzeug nicht schämen und blieb. Die Wirtin stellte meine Getränke sehr behutsam und in gebührendem Abstand zu meinem Notizbuch ab, als könnte jede Erschütterung die Gedanken stören, die ich darin festgehalten hatte. Ihr Mann, der ehemalige Ringer, überblickte derweil den Raum, wie ein Bär auf die Theke gestützt, den Kopf mehr zwischen als auf den Schultern.

Und als ich dann mein erstes richtiges WG-Zimmer bezog, wollte ich alles richtig machen, hatte auf den coolen Partys genau hingeschaut. An den Sperrmülltagen drehte ich mit dem Herzklopfen des Schnäppchenjägers meine Runde und füllte mein Zimmer langsam mit Sesseln, Stehlampen und kleinen Kommoden. Und einmal, ich war auf dem Weg in die Bibliothek, entdeckte ich diese Topfpflanze. Es war eine Art Kaktus mit vielen dünnen Armen, die weit aufragten, aber auch labberig und verschrumpelt schienen. Sie ragten nur auf, weil sie notdürftig mit Paketband verschnürt waren. Eigentlich war sie nicht ansehnlich, aber ich dachte nicht viel darüber nach, ich wollte diese Pflanze haben. Der Topf war riesig und viel zu schwer, um ihn allein zu tragen. Ich ging in die Bibliothek, wo ich Peter begegnete und um den Gefallen bat. Damals kannte ich ihn nur aus einem Seminar, das wir gemeinsam besuchten, aber er zögerte keine Sekunde. In der größten Mittagshitze hoben wir das Ding an, hatten nichts als den Schatten, den der Kaktus uns spendete, ächzten und schwitzten von dem Gewicht des Gewächses, doch nie auf dem weiten Weg zu mir nach Hause fragte er mich, ob ich das hässliche Ding tatsächlich in meiner Wohnung haben wollte, nie stellte er meinen Wunsch infrage, er war einfach da und half. Und tatsächlich habe ich das hässliche Ding nur behalten, weil es mich an dieses schöne Erlebnis erinnerte. Jeder, der mich besuchte, fragte, woher diese Pflanze kam, und jedem erzählte ich die Geschichte. Es war mein wertvollster Einrichtungsgegenstand.

Peter und ich hatten nicht viel gemeinsam, außer dass wir die Besten waren. Wenn im Seminar niemand mehr hinterherkam, blieb immer noch die Diskussion zwischen uns beiden, sein Durchdringen der besprochenen Theorien und Experimente und mein zwanghaftes Dagegensein. Jedes meiner Argumente empfing er mit einem strahlenden Lächeln, ja, meine Widerrede freute ihn. Ich war der knorrige Miesepeter und er ein Tennisspieler in strahlend weißer Kleidung, der meine Angriffe tänzelnd retournierte. Einmal, das war nach dem Seminar, als ich mich mal wieder über unser Studium beschwerte, sagte er allen Ernstes zu mir: »Lehrjahre sind keine Herrenjahre.« Ich bewunderte ihn für diese Einsicht in die Notwendigkeit, die Disziplin, zu der er fähig war. Ich ließ mich gehen und beklagte mich, er klagte nie und nahm alles in die Hand. Bis zu seinem Tod habe ich gedacht, dass er der Lebensfrohe von uns beiden war. Aber was haben wir auch besprochen außer Psychologie? Nach den Kriterien, die ich mittlerweile kenne, ist er vielleicht eher ein Arbeitskollege als ein Freund gewesen, aber heute weiß ich auch, dass das eine nicht geringer als das andere sein muss.

Er hat mich nie um Hilfe gebeten, selbst dann nicht, als er bei seinen Eltern auszog. Die Wohnung, die er sich mietete, lag Wand an Wand mit der psychologischen Bibliothek, ein Zimmer unter Dachschrägen, mit den alten Möbeln seines Jugendzimmers und einer angelieferten Sofalandschaft vollgestellt. Regale dienten als Raumteiler, erstreckten sich zwischen Küche und Wohnbereich, zwischen Wohnbereich und Bett. Peter bewegte sich in seiner Wohnung, indem er Stühle und Tische hin und her schob, je nachdem, wie sie gerade nicht störten. Ich war nur einmal bei ihm gewesen, aber was ich immer noch klar vor Augen habe, ist die Trophäensammlung leerer Jack-Daniel's-Flaschen, in Pyramidenform über die Regalfächer verteilt, und an der Wand daneben, über dem Bett, ein Poster mit einem Sinnspruch über Bier.

Und als er dann nach London gegangen war, an das beste psychologische Institut, weiß ich gar nicht, ob er die Wohnung aufgegeben hat, ob er die Jugendzimmermöbel zurück zu seinen Eltern gebracht hat, ob die riesige Couch einen anderen Besitzer gefunden hat, ob er die Jack-Daniel's-Flaschen ins Altglas geworfen hat oder ob er sie noch irgendwo verwahrte. Sein Wohnheimzimmer in England hatte ich nie gesehen, aber seit seinem Tod hatte ich ein Bild vor Augen, sah, wie dunkel es dort war hinter verknickten Jalousien, wie alle seine Sachen den Boden restlos bedeckten, Klamotten nicht von Abfall getrennt, wie er zuletzt mit seiner Wohnung verwahrlost war. Aber eigentlich weiß ich das gar nicht. Eigentlich weiß ich über seine Wohnung in England nur, dass sie ein Fenster hatte, an dem man einen Draht so gut befestigen konnte, dass er das Gewicht eines schlanken Mannes trug.

3

Erhängen, so erklärte mir später der dicke Doc im Café Blau, das sei keine einfache Sache, man müsste erst mal recherchieren, sich einarbeiten. Und als ich das hörte, musste ich kurz lächeln, denn das war Peter, wie ich ihn gekannt hatte, der scheute keine Mühe, der fuchste sich rein.

4

»Wie verlogen, erbärmlich und dumm ist diese Psychologie, wenn ein Mann, der nur von Psychologen und noch mehr Psychologen umgeben ist, doch ganz überraschend Selbstmord begehen kann«, sagte ich zu Milo, als wir uns mit den Tabletts in der Hand an einen Tisch setzten, von dem aus man durch bodentiefe Scheiben auf den Parkplatz und die Straße dahinter schauen konnte. »Verbrecherbande«, sagte Milo über seinem McFlurry, und wir schauten hinaus in die frühe Dämmerung und Dunkelheit, zu den Lichtern der Chemieanlagen, die hier den Sternenhimmel ersetzten. »Aber es ist ja kein Wunder«, setzte Milo an, indem er seinen Plastiklöffel in den Eisbecher steckte, »jemand, der Empathie hat und Menschenkenntnis, warum sollte so jemand Psychologie studieren? Das sind doch alles Leute, die ihre eigenen Empfindungen nicht verstehen und noch weniger die Gefühle von anderen. Die studieren Psychologie, weil sie hoffen, das da zu lernen. Aber natürlich kann man das nicht lernen, und wenn sie dann trotzdem einen Abschluss bekommen und sich Diplom-Psychologen nennen, ist das zumindest ein Warnhinweis.« Ich zog die Mundwinkel zu einem Lächeln hoch, das die Augen nicht einschloss, schaute hinab zu meiner Apfeltasche. Ich war auch gemeint mit dem, was er sagte, aber ich fühlte mich nicht getroffen, weil es stimmte. Wahrscheinlich konnte nur jemand wie Milo solche Menschenkenntnis haben, der Psychologie nach einem Semester abgebrochen hat.

»Weißt du, wie ich ihn kennengelernt habe?«, fragte Milo, und ich schüttelte den Kopf. Sie hatten ein gemeinsames Referat im ersten Semester, deshalb war Milo bei Peter gewesen, in dessen Jugendzimmer, das voll war mit Medaillen und Pokalen. Jack-Daniel's-Flaschen erwähnte er nicht. Und Milo hatte Peter gefragt, worin er denn all diese Preise gewonnen habe, woraufhin Peter nur etwas Unverständliches nuschelte. Milo hakte nach, und Peter wisperte: »Kickboxen«. Milo wurde aufgeregt und ungeduldig: »Und wie weit hast du es gebracht? Stadtmeister?« Peter stammelte irgendwas, und Milo hatte keine Geduld mit dem Genuschel, ging einfach hin zu dem größten und glänzendsten Pokal. »Deutscher Juniorenmeister« stand darauf.

Und damit war die Geschichte noch nicht zu Ende. Irgendwann, viel später, als Milo die Pokale längst vergessen hatte, waren sie beide in einer Kneipe im Jungbusch versackt und gingen danach grölend nach Hause. Ein paar Russen kamen ihnen entgegen und sagten, sie sollen verdammt noch mal die Fresse halten. Einer von ihnen stürzte sich gleich auf Peter, und schneller, als Milo schauen konnte, lag der Russe vor Peter auf dem Boden. Der Russe berappelte sich, schaute auf und sagte »Ach, Peter, du bist's« und umarmte ihn.

Und wie hatte ich Peter kennengelernt? Wir hatten uns immer nur im Seminar und in der Bibliothek getroffen. Und oft hat er mich sitzen sehen in den Cafés der Stadt, aber natürlich vor allem im Blau. Nicht, dass er sich auch nur einmal für einen Kaffee oder abends auf einen Rotwein zu mir gesetzt hätte, aber ich saß immer direkt am Fenster, und er schaute im Vorbeigehen hinein. Und es lag so eine Anerkennung in seinem Blick. Sein Blick sagte, dass ein Mensch wie ich zu Recht im Café saß, zu Recht seinen Gedanken nachhing, dass ein Mensch wie ich etwas Wertvolles tat, wenn er nur nachdachte. Der Blick, den er mir zuwarf, wenn er mich im Vorbeigehen in einem Café erkannte, war wohl der Blick, den ich mir von einer Frau erhofft hatte.

Ich bewunderte Peters Disziplin, und ich glaube, er bewunderte meine Nachdenklichkeit. Und weil er alles lernen wollte, versuchte er es auch damit. Nachdem er mich mehrmals mit einem Buch gesehen hatte, den »Aufzeichnungen aus dem Kellerloch«, bat er mich, es ihm zu leihen. Gleich am nächsten Tag gab er es mir gelesen zurück. Er sagte nichts Schlechtes über das Buch, denn »Lehrjahre sind keine Herrenjahre«, mit etwas Mühe würde er das schon zu schätzen lernen. Diese Kunst der Anpassung hatte er wohl von seinen Eltern gelernt, die hatten ihn, kaum in Deutschland, in Peter umbenannt, als Pjotr war er geboren.

5

Die Zurückhaltung und das Eingefügte hatte er von seinen Eltern, ansonsten wollte er anders sein als sie. Er lehnte Religion und Glauben mit einer Vehemenz ab, an der man seine katholische Herkunft erkennen konnte. Und schon allein, weil ich gern anderer Meinung war als er, hielt ich dagegen: Er zeterte von »Gotteswahn«, und ich vertrat den heiligen Vater und das ewige Leben. Ich hatte selten recht mit meinem reflexartigen Dagegensein, aber in den ersten Tagen nach der Nachricht von seinem Tod war es mir ein großer Trost. Wie ich manchmal abends im Café Blau saß, stellte ich mir vor, wie ich ihn im Himmel wiedertreffen würde und er eingestehen müsste, dass ich diesmal recht gehabt hätte. Ich hatte zuvor nie über den Himmel nachgedacht, aber der doppelte Trotz gegen seine Ansichten und gegen seinen Tod brachten mich auf diese guten Gedanken.

Ich glaube, durch seinen Tod bin ich ein besserer Mensch geworden. Vorher war ich immerzu melancholisch gewesen, ich hatte mir gefallen, wie ich durch Caféfensterscheiben in den Regen starrte, ich dachte, gitarrengezupfte Schmerzensmusik in den Ohren sei Ausdruck meiner Persönlichkeit, und, ja, ich hatte gehofft, dass sich eine Frau zu mir setzen würde, einfach so, die mich dafür liebt, dass ich das Leben genauso durchschaut habe wie sie. Nach seinem Tod verging mir die Melancholie, weil mir immer gleich die Tränen kamen. Ich fing an, die Sonne zu mögen, hörte auf, Musik zu hören, und von melancholischen Frauen hielt ich mich fern. Und wenn es mir doch mal schlecht ging, war ich in Gedanken schnell bei Peter und seinem Schicksal, und es tat mir so weh, dass ich meine eigenen Schmerzen vergaß.

Allerdings hörte ich nicht auf, ins Café Blau zu gehen. Doch statt dort für mich allein zu sitzen, vor mich hinzustarren, zu lesen und zu schreiben, kam ich nun mit den anderen Leuten ins Gespräch. Ich redete mit dem dicken Doc, der zur Sicherheit immer einen Dobermann bei sich hatte, denn im Viertel verantwortete er die Methadonausgabe. Ein schwarzer GI ließ es sich nicht nehmen, mich in seinem nagelneuen Pickup-Truck einmal durch die Stadt zu kutschieren. Und die Wirtin, eine Metzgerstochter, die das gekachelte Ladenlokal ihrer Eltern zum Café umgebaut hatte, wollte zu allem meine Meinung wissen und glaubte mir jedes Wort. Es passierte nichts von dem, was ich mir eigentlich gewünscht hatte, aber wenn ich dann fast betrunken über die Neckarbrücke zurück in mein Viertel wechselte, war ich auf eine Art glücklich, die mir erst geläufig wurde, als mich Peters Tod an das Leben erinnert hatte.

6

Nachdem ich von Peters Tod erfahren hatte, habe ich gleich Milo angerufen, weil ich wusste, dass es ihn am meisten betrifft. Vielleicht war es auch umgekehrt, und er hat mich angerufen, das weiß ich nicht mehr. Jedenfalls, auch wenn wir uns gar nicht so gut kannten, war es klar, dass wir uns durch den jeweils anderen in unserem Verlust am besten verstanden fühlen würden. Wir haben uns gleich im Café Blau getroffen und so viel getrunken, wie wir konnten. Man hat selten Gelegenheit einen ganzen Abend so intensiv über einen einzigen Menschen zu reden, über nichts anderes und niemand anders, eigentlich hat man die Gelegenheit nur, wenn jemand gestorben ist, und mehr noch, wenn er sich umgebracht hat. Tatsächlich erinnere ich mich an keinen anderen Abend, an kein anderes Gespräch, auf das dies zutrifft. Und an kein anderes Gespräch erinnere ich mich so gut wie an dieses. Eigentlich war mir Peter nie so lebendig gewesen wie in diesem Gespräch an diesem Abend, und wenn ich mich heute an ihn erinnere, ist dieser Abend mit diesem Gespräch der höchste Beweis für die Bedeutung, die er für mich hatte.

An diesem Abend erzählte mir Milo die Geschichte mit der Krankenschwester, wahrscheinlich weil ich ihm die Geschichte mit den Theaterkarten erzählt hatte. Es war nämlich so, dass Peter mich einmal ins Theater eingeladen hatte, Freitagabend, nur er und ich, und natürlich konnte etwas an der Sache nicht stimmen. Aber er sagte mir, dass ich doch schon häufiger ins Theater gegangen sei, er aber noch nie und dass er es jetzt für sich erschließen wolle. Und obgleich ich wusste, dass er sich zuvor schon ins Kunstmuseum und das Opernhaus gezwungen hatte, nur um dann schulterzuckend wieder auf die Straße zu treten, kaufte ich ihm die Sache nicht ab. Als wir auf unseren Plätzen saßen, schaute er sich nach allen Seiten um, als suchte er jemanden oder hätte Angst, entdeckt zu werden. »Also?«, fragte ich, und er sagte: »Ja, eigentlich wollte ich ein Mädchen mitnehmen.« Und damit gab ich mich zufrieden. Es war ein Stück von Frisch oder Dürrenmatt, viele alte Leute waren da und ein paar Schulklassen. In der Pause durchstreiften wir das Foyer auf einer chaotischen Route, die Peter vorgab, immer wieder die Richtung wechselnd, nachdem er sich nach allen Seiten umgeschaut hatte. Er stellte mir Fragen zum Stück, ließ mich reden und nickte. Dann lächelte er und winkte, ich schaute auf, und aus einer Gruppe von Oberstufenschülern winkte und lächelte ein zierliches Mädchen zurück. Er ging kurz zu ihr, wechselte ein paar Sätze, die ich nicht verstand, und drehte sich mit einem »Bis später!« wieder in meine Richtung. »Ist sie das?«, fragte ich und er errötete. Nach dem Stück unterhielten wir uns auf den Stufen vor dem Theater, nicht weit von ihr und dem Pulk ihrer Mitschüler entfernt. Als sich deren Gespräch auflöste, die anderen aufbrachen und nur sie stehen blieb, schaute Peter zu ihr hinüber, und ich verstummte. Er ging zu ihr, ich wartete noch eine Weile auf ihn, dann verschwand ich, ohne etwas zu sagen, fühlte mich schrecklich einsam auf meinem Weg nach Hause, war aber auch stolz auf mich, denn irgendwie schien mich Peter an diesem Abend für dieses Vorhaben gebraucht zu haben.

Milo musste lachen, als ich ihm die Geschichte erzählte. »Dieses Mädchen«, sagte er, »das ist doch die eine, die er beim Flatrate-Saufen im Hahnenkorb kennengelernt hat!« »Im Hahnenkorb?«, fragte ich, denn das hatte Peter nie erwähnt. »Ja, da war er doch jeden Freitag, völlig außer Kontrolle, wurde manchmal auf der Straße angesprochen von Frauen, die ihn von dort kannten, an die er sich aber nicht mehr erinnern konnte. Oder wollte.« Ich schluckte. Das erste Mal an diesem Abend, ohne dabei Bier im Mund zu haben. »Einmal hatte er sogar Probleme mit einer, der hatte er seine Nummer gegeben.« Und dann erzählte er mir die Geschichte mit der Krankenschwester, die ich seitdem schon vielen weitererzählt habe, die mich nach Peter gefragt haben, und die bei mir immer noch alle Gefühle hervorruft, die ich damals, beim Ersten-Mal-Hören im Blau, empfunden hatte, den Neid, die Schadenfreude und das Lachen. Peter bekam eine Zeit lang Anrufe von einer Frau, sie klingelte sogar bei ihm. Er ignorierte ihre Anrufe, und wenn sie bei ihm auftauchte, tat er so, als sei er nicht zu Hause. Die Anrufe wurden seltener, doch einmal, als er schon geglaubt hatte, sie seien vorüber, ging er unbedarft ans Telefon. Sie wolle ihn so bald wie möglich treffen, sagte sie, und er hustete dreimal neben die Sprechmuschel und sagte, er sei krank. Und, er konnte es kaum glauben, damit gab sie sich zufrieden. Etwas später läutete die Türglocke. Dort stand sie im knappen Krankenschwesterndress, keiner echten Arbeitskleidung, sondern jenem sexy Faschingslook, bei dem der weiße Kittel kaum an den Spitzensaum der Strapsstrümpfe reicht. Und was dann passiert war? Das wusste niemand.

Immer wenn ich diese Geschichte erzähle, schließe ich für einen Moment Frieden mit seinem Tod, weil ich überzeugt bin, dass der Sinn des Lebens diese Geschichten sind, nämlich jene, die man gar nicht so gerne von sich erwähnt, bei denen man verlegen zu Boden schaut, wenn jemand anders sie erzählt, aber die sich längst über Wege verbreitet haben, die man nicht nachvollziehen kann. Man hat diese Geschichten selbst erlebt, aber mittlerweile haben sie ihr eigenes Leben. Was will man mehr von seinem Hiersein erwarten, als die Welt in dieser Art zu bereichern?

7

Milo und ich machten dann auch bald unser Semester im Ausland, und da für das letzte Semester nur die Abschlussarbeit anstand, kamen wir nicht wieder. Das letzte Mal war ich in der Stadt, als ich im Prüfungsbüro mein Zeugnis abholte. Bloß drei Jahre hatte das Studium gedauert, aber es kam mir wie mehrere Leben vor. Die Stadt war so mit Erinnerungen übersättigt, dass mir schon auf kurzen Wegen übel wurde.

Ja, ich ging zum Friedhof, aber ich blieb vor der Pforte stehen. Ja, ich ging noch mal zum Café Blau, aber ich schaute bloß von der anderen Straßenseite durch die großen Scheiben hinein. Die Wirtin sah ich nicht, aber ihren Mann. Ein Schrank war er noch immer, nicht wegen seiner breiten Schultern, obgleich er die natürlich hatte, sondern weil sein Hals und Rücken steif geworden waren gegen Ende seiner Ringerkarriere. Er konnte den Kopf nicht drehen, sondern musste seinen massigen Körper wenden, um sich umzuschauen. Auf seinen Kellnergängen manövrierte er durch den engen Gastraum wie ein Massivholzmöbel, das von zwei Möbelpackern von Tisch zu Tisch gehievt wird. Ich ging nicht hinein, denn ich fürchtete, der Wirt und die Wirtin würden mich in die Arme schließen wie einen verlorenen Sohn.

MEIN VERLIEBTSEIN IN DARLENE CONNER

Ich hatte schlecht geschlafen und wahrscheinlich auch schlecht geträumt, war sehr früh morgens aufgewacht und fand nicht mehr zurück in den Schlaf. Es gab keine Position mehr, kein Liegen auf irgendeine Art, die noch angenehm gewesen wäre. Alles tat weh, jeder Körperteil nervte und war im Weg. Wo hatte ich sonst meine Arme hingetan, wenn ich mich hinlegte, um zu schlafen? Wie gelangte man eigentlich raus aus dem Bewusstsein, das sich doch ständig selbst beobachtete und vermeldete: schlafe noch nicht, bin noch da, bin nicht abzuschalten. Ohrwürmer quälten mich in ihren monotonen Endlosschleifen, mir war zu warm, und ich hatte Durst und gab also irgendwann, bevor die Sonne aufgegangen war, auf, erhob mich, trank Wasser aus dem Hahn im Bad, setzte mich auf den Balkon in ein kühles Zwielicht und schaute in das ebenfalls kühle Licht des Handys nach neuen E-Mails oder Kurznachrichten, die so früh am Morgen natürlich noch nicht eingetroffen waren. Keine andere verzweifelt wache Seele hatte Kontakt aufzunehmen versucht. Alles schlief.

Lediglich die verschiedenen Newsfeeds, die ich abonniert habe, hatten mir in der Zwischenzeit Neuigkeiten zugespielt, hatten die Nacht hindurch natürlich niemals aufgehört damit, mich zu bedenken und zu besenden. Mit stumpfem Geist wischte ich durch die Meldungen und sah erst mal gar nichts, nahm zumindest nichts wirklich wahr, obwohl ich auf den Bildschirm schaute. Nur das Leuchten und die kleinen schwarzen Kringel und Striche, die da aneinandergereiht waren zu Wörtern und Sätzen und Botschaften aus der weiten Welt. Der Bäcker im Nachbarhaus hatte noch nicht geöffnet, die Berufsschüler der Elektrikerinnung, die um die Ecke ihre Lehrgänge absolvierten, waren noch nicht unter dem Balkon hindurchgelaufen, um sich mit Schnitzelbrötchen und Eistee zu versorgen.

Die erste Meldung, die mein morgendlich müdes Bewusstsein dann doch erreichte und von ihm verarbeitet wurde, wenn auch nur sehr langsam und träge, lautete:
»*After explosive tweet: Roseanne cancelled*«
Die Nachricht hinter dieser Meldung war, dass die Stand-up-Komikerin, Schauspielerin, Produzentin und Autorin Roseanne Barr infolge eines rassistischen Kommentars, den sie frühmorgens müde und ohne Voraussicht auf die Folgen getwittert hatte, mit sofortiger Wirkung aus der nach ihr benannten Kultserie *Roseanne* ausgeschlossen worden sei. Um die Absetzung der gesamten Show zu verhindern, habe der Sender umgehend veranlasst, den plötzlichen Tod der Serienfigur Roseanne Conner in die Handlung hineinschreiben zu lassen. Zurück blieben daraufhin ihre Familie,

ihr Mann, ihre Schwester, ihre Kinder und Enkel, *The Conners*, die fortan unter neuem Titel und ohne die zentrale Mutter- und eigentliche Hauptfigur auf Sendung gehen würden.

Bevor ich an diesem frühen Morgen auf meinem Balkon von der Cancellation der öffentlichen Person Roseanne Barr und dem Serientod der fiktiven Figur Roseanne Conner las, hatte ich gar nicht gewusst, dass die Serie wiederaufgenommen worden war, gegenwärtig in dieser meiner Gegenwart produziert und ausgestrahlt wurde. Ich hatte sehr viele Jahre nicht an Roseanne und ihre Familie gedacht, nachdem die neunte Staffel am 20. Mai 1997 mit der 222sten Folge zu Ende gegangen war. Ich hatte mit den Conners, deren Zusammenleben in der fiktiven Kleinstadt Lanford ich jahrelang vor allem wegen Roseannes Tochter Darlene sehr treu und sehr regelmäßig verfolgt hatte, abgeschlossen.

Mit der Meldung vom rassistischen Tweet und seinen Folgen, der Erkenntnis, dass die Familie gegenwärtig auf Sendung war, wieder zusammenlebte in den mir vertrauten Räumen ihres Hauses in der Delaware Street 714, kamen sie alle, vor allem Darlene, als alte, fast vergessene Bekannte von früher zurück, kamen zu mir auf meinen Balkon im kühlen Morgenlicht, gesellten sich dazu, gealtert, gereift, gezeichnet, und brachten mit sich die Fragen, was ihnen in der Zwischenzeit widerfahren war, was sie aus ihren Leben gemacht hatten, welche Wege sie gegangen und welchen Schicksalen sie ausgesetzt waren.

Diese Fragen weckten in mir, als ich müde und kaputt von der Nacht auf meinem Balkon saß, zunächst aber gar nicht das naheliegende Interesse daran, wie die Autorinnen und Autoren der Serie wohl den Anschluss an die Geschichten aus den ersten neun Staffeln gefunden und plausibel in die Gegenwart eingebettet hatten. Ich suchte erst mal nicht nach Antworten in den Inhaltsangaben und Figurenbeschreibungen der jüngsten Staffeln und Folgen. Vielmehr überließ ich mich der Ankunft der Conners als Überraschungsbesuch aus der Vergangenheit, der in mir vor allem die Erinnerung an diese vergangene Zeit hervorholte, die gemeinsamen Jahre, die Hoffnungen und Wünsche und die noch sehr präsente Sehnsucht, die sich vor allem auf Roseanne Conners Tochter Darlene gerichtet hatte.

Die Person, die ich war, als ich die Schicksale der Familie Conner verfolgt hatte, kam mir fremd und fern vor, als wäre sie selbst ein alter Bekannter aus einer ganz anderen Zeit. Zugleich aber waren mir die Gefühle, die ich beim Schauen empfunden hatte, am Morgen des unerwarteten Besuchs der Conners wieder so unmittelbar präsent, als wären nicht Jahrzehnte vergangen, seit ich das letzte Mal an sie gedacht hatte. Und als wäre ich nicht selbst inzwischen ein ganz anderer geworden, der in ganz anderen Verhältnissen lebte.

Die Erinnerung, in die mich die Meldung am Handy morgens auf dem Balkon hineinstieß, setzt damit ein, dass wir uns gegenübersitzen. Darlene und ich. Auf unseren jeweiligen Seiten. Auf unseren jeweiligen Sofas. Vor unseren jeweiligen Fernsehern. Beziehungsweise auf den Sofas und vor den Fernsehern unserer Eltern, bei denen wir, minderjährig, wohnen. Ich bin ein dicker Junge in einer oberbayrischen Kleinstadt, jüngster Sohn einer deutschen Arbeiterfamilie, der zumindest für die Dauer des täglichen Intake vorm Fernseher seine eigene Körperlichkeit vergisst, das Überschüssige seines Leibes und die Stumpfheit seiner Tage. Darlene Conner ist das mittlere Kind einer amerikanischen Arbeiterfamilie, Außenseiterin und Weirdo in den Augen ihrer Schwester und der anderen Mädchen in der Schule, in einer fiktiven Kleinstadt im Mittleren Westen: Lanford, Illinois.

Das Wohnzimmer, in dem ich sitze, befindet sich in einer kleinen Mietwohnung im ersten Stock eines Mehrfamilienhauses vom selben Typ, mit dem in den 1950er- und 60er-Jahren die Peripherien deutscher Kleinstädte so weit aufgefüllt wurden, bis diese Peripherien den Großteil der Städte ausmachten und die historischen Vorkriegsbauten der Ortskerne weitläufig umschlossen. Die Möbel dieses Wohnzimmers sind auf den zentralen Fluchtpunkt des Fernsehers ausgerichtet, dessen statisch knisternde Bildröhre dem dicken Jungen, der ich damals war, jeden Tag aufs Neue verspricht, dass da noch andere Welten sind als die sogenannte wirkliche, als die Peripherie, die ihn umgibt und ihm zugleich nichts zu sagen hat.

Das Wohnzimmer, in dem Darlene dem dicken Jungen vor ihrem Fernseher auf ihrem Sofa gegenübersitzt, befindet sich im mehrfach mit Hypotheken belasteten Haus der Familie Conner. Links vom Sofa (aus Sicht des Fernsehers, in den sie schaut) geht eine Tür nach draußen auf die Veranda vorm Haus. Im Hintergrund ist linker Hand der Treppenaufgang in den oberen Stock zu sehen, hinten rechts der Flur zum Elternschlafzimmer und der breite Durchgang ins Esszimmer mit der offenen Küche, das mit beigefarbenem Kunststoffboden ausgelegt ist und ebenfalls einen Zugang nach draußen hat, der zur Garage und der rückseitigen Einfahrt aufs Grundstück der Conners führt.

Als die Erinnerung einsetzt, sitzt und liegt Darlene seit Tagen depressiv auf dem Sofa ihrer Eltern, geschwächt von niederdrückenden Sinnlosigkeitsempfindungen und ohne Antrieb, irgendetwas anderes zu tun, als fernzusehen. Ich sitze ihr auf dem Sofa meiner Eltern gegenüber und bemerke, dass ich in Darlene Conner verliebt bin wie in keinen echten Menschen.

Dunkle Schatten begleiten Darlene von Anfang an durch die Kulissen der Kleinstadt Lanford. Vor dem Moment, in dem ich bemerke, dass ich in sie verliebt bin, vor dem Ausbruch ihrer schwersten Depression, spielt Darlene noch in der Schulmannschaft Basketball und hat von den schnellen smarten Arbeiterkindern ihrer amerikanischen Arbeiterfamilie den schnellsten, smartesten und bösesten Witz. Es ist aber sehr früh schon klar, dass sie nicht dazugehört und nicht hineinpasst in die Kleinstadtwelt, vielleicht noch nicht mal in die größere Welt außerhalb der Kleinstadt. Dass sie sich nicht fügen kann in die verbrauchten Gesten und Floskeln, dass ihr das schon tausendmal von den anderen Gesagte nicht mehr einfach so und ohne Galle über die Lippen kommt.

Darlenes Familie ist besorgt. Es werden Versuche unternommen, sie zum Aufstehen und Rausgehen zu animieren, aber Darlene hat keine Lust, will nicht raus, erkennt an diesem Draußen nichts, was ihr etwas zu sagen hätte und wirklich sie damit meinen könnte.

Und ich sitze ihr gegenüber und bemerke, dass ich in sie verliebt bin, gerade weil sie auf diese Art antriebslos auf dem Sofa sitzt und mit der Außenwelt außerhalb ihres Wohnzimmers nichts anzufangen weiß. Weil ich denke, dass mir das entspricht, dass wir dieses Verhältnis zur Außenwelt teilen und dass uns das verbindet, dass ich mit der mich umgebenden Wirklichkeit der oberbayrischen Peripherie ebenso wenig anfangen kann wie Darlene mit dem Leben in der Kleinstadt Lanford. Dass ich doch auch die täglichen Inszenierungen der Menschen, die mir begegnen, als schlecht gespielte Rollen empfinde, als Falschheit und nachlässige Maskierung niederer Motive.

Der dicke Junge auf dem Sofa meiner Eltern sieht, wie sich in den Augen Darlenes das ganze Personal um sie herum ständig selbst disqualifiziert. Das Sprechen der Lehrkräfte, der Mitschüler, Freunde der Familie, wie ja auch bei mir, denkt der dicke Junge, scheint immer einen Subtext mit sich zu führen, der etwas ganz anderes sagt als das Ausgesprochene und der dadurch dieses Sprechen aushöhlt, entleert und entwertet und als verlogene Selbstinszenierung entblößt.

Ich sehe, als der dicke Junge auf dem Sofa meiner Eltern, in der mir gegenübersitzenden und gegenüberliegenden Darlene Conner vor allem eine, die in ihren Verhältnissen eine ebenso andere ist, wie ich in meinen Verhältnissen ein anderer bin. Unsere Möglichkeiten zum Umgang mit diesem Anderssein sind begrenzt. Vorerst bleibt uns nur, die Zeit abzusitzen, vor unseren Fernsehern, abgewandt von der scheinbar wirklichen Welt, die Tage verstreichen zu lassen, auf unsere Volljährigkeit, unsere offizielle Mündigkeit zur Gestaltung des eigenen Lebens zu warten.

Das aber könnten wir doch, denke ich, gemeinsam machen. Als Verbündete. Als Verbundene. Begleiter und Begleiterin, Beisitzer und Beisitzerin, Deprimierte und Deprimierter, Hungrige nach mehr als dem, was uns geboten wird. Als Paar eben.

Dass wir, Darlene und ich, dachte ich auf meinem Balkon im Licht des Morgens, das langsam kräftiger wurde, weniger blau und kühl, im Zuge dieses einander begleitenden Absitzens der Zeit verpassen, was an zwischenmenschlichem Austausch, an Liebe, Zweifel, Hoffnung um uns herum passiert – die ganze glorreiche Sitcom des Lebens in der Kleinstadt –, sind wir bereit zu akzeptieren. Oder besser: bin ich als der dicke Junge von damals wohl nicht zuletzt deshalb bereit zu akzeptieren, weil ich mir von der Außenwelt der oberbayrischen Kleinstadtperipherie nichts verspreche und weil ich ja weiterhin all die Szenen an all den anderen Schauplätzen in Lanford ansehen kann, die mir direkt ins Wohnzimmer meiner Eltern zugespielt werden, während ich auf dem Sofa sitze.

Die Straße unterhalb meines Balkons begann sich allmählich zu beleben. Der Bäcker zog die Rollos vor seinen Ladenfenstern hoch und trat mit einer weißen Metallstange nach draußen, um die Markisen hervorzukurbeln, die seine Außenmöbel beschatteten, sobald die Sonne voll über die Hausdächer gewandert war und unsere Straßenseite beschien. Menschen stiegen in ihre Autos und fuhren zur Arbeit. Ein orangefarbener Laster der Müllabfuhr tauchte am Ende der Straße auf, noch ein paar Kreuzungen entfernt. Bald würden die Berufsschüler der Elektrikerinnung in ihrer grauschwarzen Elektrikerarbeitskleidung um die Ecke kommen, um die für sie frisch belegten Schnitzelbrötchen abzuholen. Ich bemerkte, dass es auch in mir zu arbeiten begonnen hatte. Und dass ich wie jeden Tag die Tatsache genoss, von dieser selbstverständlichen urbanen Lebendigkeit umgeben zu sein, während ich die meiste Zeit zu Hause verbrachte und las und schrieb und nachdachte über die Vergangenheit und die Zukunft und die Spuren, die sie in unserem Leben hinterließen.

Die Kulissen der Kleinstadt Lanford, das Wohnzimmer, in dem Darlene sitzt, der Fernseher, in den sie schaut, das Haus der Conners und all die öffentlichen Orte, die Schule, die Arbeitsplätze, die Shoppingmall,

Diner, Bar, das Krankenhaus, befinden sich vollständig im fensterlosen Aufnahmestudio 2 des CBS Studio Center im San Fernando Valley, 4024 Radford Avenue, Studio City, Los Angeles. Jeder dieser Räume (auch der Hinterhof, in dem Darlene unter vermeintlich freiem Himmel mit ihrem Vater Dan Conner abends Basketball gespielt hat, bevor sie auch dafür zu müde wurde) war zwischen dem Ende der neunten Staffel 1997 und der Wiederaufnahme der Serie im Frühjahr 2018 zwanzig Jahre lang auseinandergebaut, in Kisten und Containern verpackt und in den Lagerstätten der Sendeanstalt verstaut.

Der dicke Junge, der jahrelang *Roseanne* geschaut und sich dabei in Darlene Conner verliebt hat, hat keine konkrete Vorstellung von Los Angeles, Kalifornien, dem Mittleren Westen, Illinois oder den USA. Sein Bild dieser Orte ist in der Hauptsache geprägt durch das Fernsehen dieser Zeit. Amerika, wie ich es mir damals vorstelle, dachte ich auf meinem Balkon im morgendlichen Licht, ist ein Land der Innenräume und der falschen Sonnen, die die Beleuchter durch die Fenster der Wohnzimmer hindurchleuchten lassen.

Wie ich mich an diesem Morgen an ihn erinnerte, bezweifelte ich, dass dem dicken Jungen von damals beim Schauen wirklich bewusst ist, dass all die Orte, an denen sich die Leben von Darlene und ihrer Familie abspielen, aus Stellwänden, Plastikpflanzen und Scheinwerfern aufgebaute Kulissen in dem immer selben fensterlosen, voll klimatisierten Aufnahmestudio an der Radford Avenue in Los Angeles sind. Künstlich-keit und Kulissenhaftigkeit sind allerdings auch die alltägliche Normalität der oberbayrischen Kleinstadt-peripherie: Waschbetongaragen, billige Funktionalitäts-ästhetik, Hauseingänge aus Plastik, in Niedlichkeit ge-trimmte Gärten voll wetterfestem Kitsch, in denen die Natur nicht nur niedergezwungen, sondern komplett negiert ist.

Ohne das bewusst so formulieren zu können, kom-men dem dicken Jungen die Orte seines Alltags wie Nachbauten einer Häuslichkeit vor, die in ihnen auf-kommen soll und sich doch nie wirklich einstellen will.

Darlene Conners Mutter Roseanne war und ist – so wurde es auch in den Artikeln dargestellt, die ihren ras-sistischen Tweet und die folgende Cancellation behan-delten –, allen verallgemeinernden, depressiven Verlo-genheitsunterstellungen ihrer Tochter zum Trotz, für Millionen faszinierte Zuschauerinnen und Zuschauer der nach ihr benannten Serie Repräsentantin eines wahrhaftigen Sprechens. Eines Aussprechens dessen, wie man die Wirklichkeit wirklich empfindet und nicht wie man glaubt, dass die anderen sie sehen oder hören wollen. Wahrscheinlich, dachte ich auf meinem Bal-kon, nachdem mir die Meldung von Roseanne Conners Serientod aufs Handy zugespielt wurde, war sie von Beginn an in der für sie geschaffenen Hauptrolle der Hauptheldin dieser amerikanischen Sitcom weniger als Fernsehfigur gedacht und gestaltet, sondern vielmehr als eine das Fernsehen und seine Konventionen kapernde unerhörte Sprechhaltung.

Neu und besonders und unerhört ist dieses wahrhaftige Sprechen Roseannes, als es Ende der 80er-Jahre zum ersten Mal im Fernsehen auf Sendung geht, vor allem deshalb, weil da eine schwer übergewichtige Frau aus der Arbeiterklasse vor laufenden Kameras das Wort ergreift, die nie eine Universität besucht hat und all ihre Selbstverwirklichungsträume und künstlerischen Ambitionen der Erziehung ihrer Kinder, ihrer Ehe, der Hausarbeit und schlecht bezahlten Scheißjobs unterordnet. Das Fernsehen, wie es bis dahin ausgestrahlt wurde, hatte dieser Position, der Schicht und Klasse, die Roseanne repräsentiert, keine Sendezeit eingeräumt, obwohl die Millionen, die täglich auf ihren Sofas die Serien schauen, in der Mehrheit aus Angehörigen dieser Schicht und Klasse bestehen. Der selbst erteilte Auftrag der übergewichtigen, schlecht bezahlten, mäßig gebildeten, überarbeiteten Mutterfigur ist es, mit der eigenen Stimme die eigenen Verhältnisse als das anzusprechen und zu benennen, was sie sind: Wirklichkeit für Millionen, für eine überwältigende lohnabhängige Mehrheit.

Die Kulissen der Kleinstadt Lanford sollen, dachte ich auf meinem Balkon, nicht der Inszenierung einer schönen Scheinwelt dienen, in der gut aussehende, zu Wohlstand gekommene Menschen ausreichend Zeit zur freien Verfügung haben, um sich kleinen Alltagsdramen und leicht aufzulösenden familiären Konflikten zu widmen. Vielmehr sollen sie den Konsequenzen des ungleich verteilten Wohlstands in den einkommensschwachen Familien, den Ausbeutungsverhältnissen, dem Sexismus und der Unterdrückung, wie sie für all diejenigen alltägliche Wirklichkeit sind, die zur Arbeit in die Fabriken und auf die Baustellen gehen, die billiges Essen essen und davon fett und krank werden und ihre anfallenden Rechnungen nur durch Hypotheken, Kredite und Schulden begleichen können, deren Kinder verhaltensauffällig, drogenabhängig oder depressiv werden, eine Bühne sein.

Es muss, dachte ich auf meinem Balkon, auch wenn dem dicken Jungen, der ich damals war, nichts davon wirklich bewusst ist, als er die Serie schaut und schließlich vor allem in die Figur der Tochter Darlene verliebt ist, bei *Roseanne* von Anfang an darum gegangen sein, dem Fernsehen eine skandalöse Anti-TV-Figur einzuschreiben, die diese Bühne nutzen würde, um von innen heraus, mit den Mitteln des Fernsehens, im Leitmedium der Lüge und des Fakes, die Wahrheit ihrer Verhältnisse zu verkünden. Und dabei die Verhinderung des sozialen Aufstiegs zum Thema zu machen, die Unerreichbarkeit dessen, was den Zuschauerinnen und Zuschauern von den anderen Formaten, die vor und nach der Serie ausgestrahlt werden, ständig versprochen wird: das andere, glamourösere Leben, Schönheit, Erfolg, Reichtum, Fame, Weltbürgertum.

Der dicke Junge auf dem Sofa meiner Eltern erkennt, daran glaubte ich mich sicher zu erinnern, auch wenn er es nicht ganz versteht, den Unterschied zwischen *Roseanne* und dem restlichen Fernsehprogramm, in das die Serie eingebettet ist. Er bewundert die Ermächtigung, die auftrumpfende Geste der Serienmutter, die laut und derb herausschreit, was los ist, anstatt es totzuschweigen – schnell, böse, witzig und ohne Angst. Er sieht und hört, vom Sofa aus, wie Roseanne Conner immer wieder aneckt, an ihren Arbeitsplätzen, auf den Ämtern, bei der Schuldnerberatung, in der Bank, im Krankenhaus, wie man ihr immer wieder sagt, dass sie sehr viel weniger Probleme haben würde, wenn sie sich nur benehmen und ihre laute Stimme im Zaum halten könnte. Und er kann unter dem Personal der oberbayrischen Kleinstadtperipherie, die er bewohnt, niemanden entdecken, der mit der Figur der laut wahrsprechenden Serienmutter vergleichbar wäre. Niemand spricht dort auf diese Weise, obwohl doch die Verhältnisse, denkt er, nicht weniger widersprüchlich sind, es ebenso wert wären, kritisiert und überwunden zu werden. Unzufriedenheit mit diesen Verhältnissen zu äußern wäre in derselben Lautstärke ebenso angebracht. Aber es gibt außerhalb des Fernsehens niemanden, der das ebenso klar und deutlich formuliert wie Darlene Conners Mutter Roseanne.

Warum, fragte ich mich auf meinem Balkon am Morgen der Meldung des Serientods der wiederaufgelegten Fernsehfigur Roseanne Conner, liegt Darlene dann eigentlich nur depressiv auf dem Sofa, während ihre

Mutter an allen möglichen Orten in Lanford deutlich die Ungerechtigkeiten der Verhältnisse anspricht? Und warum habe ich mich gerade zu dieser Zeit in Darlene verliebt, als sie dort liegt und nichts tut und nirgends an der Veränderung der Verhältnisse arbeitet, die von ihrer Mutter lautstark kritisiert werden?

Die Antwort auf beide Fragen, dachte ich, lautet: deswegen.

Das wahrhaftige Aussprechen der Verhältnisse, wie es dem dicken Jungen, der ich war, nirgendwo in seiner Kleinstadtperipherie begegnet außer im Fernsehen, in den Kulissen von Lanford, ist zwar skandalös und revolutionär im Kontext des Vorabendprogramms, in dem die Serie ausgestrahlt wird, aber noch längst nicht aktive Veränderung, wirkliche Aktion hin zur Schaffung anderer Verhältnisse.

Die Serienmutter Roseanne füllt ihre Mutterrolle, dachte ich, schließlich auf sehr traditionelle Weise aus, indem ihre laute Kritik ständig das eine sagt und fordert: Die Welt soll für unsere Kinder eine bessere sein. Und der Auftrag, der sich daraus ergibt, die Welt zu einer besseren zu machen, indem man dafür kämpft, die Verhältnisse ein wenig gerechter, ein wenig lebenswerter zu gestalten, wird traditionell von den Eltern an ihre Kinder weitergegeben: Macht es besser. Habt ein besseres Leben als wir. Sorgt dafür, dass eure Verhältnisse nicht ganz so beschissen sind wie die, in die wir euch hineingesetzt und in denen wir euch großgezogen haben.

Alles Wahrsprechen und Benennen der Verhältnisse, wie sie wirklich sind, reicht eben für sich allein noch nicht aus, um sie tatsächlich von Grund auf zu verändern oder endlich ganz aus ihnen herauszuführen. Dieser letzte Schritt wird immer weiter abgetreten an die jeweils nächste Generation – nicht selten in der stillen Hoffnung, sie möge ihn nicht tun, auf dass sich Eltern und Kinder nicht entfremden und über die Anklage der äußeren Umstände ein starkes Band im inneren Familienkreis knüpfen können. Schließlich stiftet auch die Gewöhnung an die Klage Gemeinschaftsgefühl und Verbundenheit.

Und das ist der Grund, dachte ich, weshalb Darlene wochenlang nur sitzt und liegt, auf dem Sofa vor dem Fernseher, und ich ihr auf dem Sofa vor dem Fernseher gegenübersitze und liege und mich in sie verliebe. Wenn kein lautes Wahrsprechen und kein Benennen, kein schneller, böser Witz diese Verhältnisse wirklich verändern können, wenn auch das alles nur Inszenierung ist und Selbstdarstellung, das Spielen der zugewiesenen Rollen, warum sollte man sich dann überhaupt die Mühe machen, sich mit diesen Verhältnissen zu befassen? Anstatt einfach die Zeit abzusitzen, bis man endlich alt genug ist, andere Verhältnisse an einem anderen Ort aufzuspüren, die weite Welt nach den Weiten ihrer Möglichkeiten, den möglichen auf ihr gelebten Leben abzusuchen?

Der elterliche Auftrag, so dachte ich, dämmert es dem dicken Jungen auf dem Sofa, die Verhältnisse zum

Besseren zu verändern, wenigstens ein bisschen, bevor man ihn an die eigenen Nachkommen weitergeben kann, ist doch aus diesen Verhältnissen heraus entstanden und formuliert. In Abhängigkeit und Unfreiheit. Was den Verhältnissen ja überhaupt erst Gültigkeit verleiht. Man müsste doch, denkt der dicke Junge damals vor dem Fernseher, selbst entscheiden, was einen wirklich betrifft und wogegen man ist (woraus sich vielleicht auch ergeben würde, wofür man sein könnte). Man müsste sich den eigenen Auftrag selbst erteilen und nicht den Auftrag derer ausführen, die vor einem an der Veränderung der Verhältnisse gescheitert waren. Man müsste selbst Autor oder Autorin dieses Auftrags sein.

Darlene Conner findet einen Weg. Und sie wird dafür von dem dicken Jungen, der ich damals war und der noch einige Zeit in der oberbayrischen Kleinstadtperipherie festsitzt, bevor er selbst aufbrechen kann, noch heftiger verehrt. Mein Verliebtsein in Darlene Conner wird umso stärker und fühlt sich umso richtiger und realer an, als sie über ein Stipendium einen Studienplatz für kreatives Schreiben an der Universität in Chicago angeboten bekommt, noch bevor sie die Highschool abgeschlossen hat.

Eine frühere Episode aus dem Leben in Lanford hatte bereits Darlenes Talent zu schreiben behandelt. Sie soll für den Englischunterricht ein Gedicht verfassen, sträubt sich erst, macht es dann doch und wird schließlich ausgewählt, dieses Gedicht auf einer Schulfeier vor Eltern und Mitschülern vorzulesen. Es ist ihr peinlich, und sie will nicht die Streberin mit dem besten Gedicht sein, will nicht auf eine Bühne steigen und sich schutzlos den stolzen und den neidischen Blicken, der Eingemeindung durch die Nerds und Musterschüler aussetzen müssen. Roseanne überredet sie schließlich unter Aufbietung all ihrer mütterlichen Autorität dazu, doch auf der Schulfeier aufzutreten und das Gedicht vorzulesen. Vor allem weil sie im Talent ihrer Tochter einen eigenen vernachlässigten Traum wiederentdeckt, den sie dem Familienleben in Lanford und dem Arbeiten in schlecht bezahlten Scheißjobs untergeordnet hat: Roseanne wollte eigentlich Autorin werden, hat selbst früher Gedichte geschrieben und sich Geschichten ausgedacht, aber nie wirklich den Schritt gewagt, sich für ein Stipendium zu bewerben, an die Universität zu gehen, die eigenen Texte irgendwo zu veröffentlichen.

An einem sehr beiläufig und fast beliebig wirkenden Punkt im Lauf der Jahre, die ich die Conners beobachtend begleitet habe, irgendwo zwischen Schulfeierlesung und Stipendienangebot aus Chicago, begegnet Darlene einem anderen Jungen in ihrem Alter in den Kulissen von Lanford. Genau genommen und bequemerweise auf dem Sofa im Wohnzimmer ihrer Eltern. Der Junge heißt David Healey und ist ein sehr talentierter Zeichner, der sich ebenso umgehend wie ich in die depressive Darlene auf ihrem Sofa verliebt. Die beiden nähern sich einander vorsichtig und langsam an. Vorerst arbeiten sie nur gemeinsam an verschiedenen

Comics und Graphic Novels, nachdem sie festgestellt haben, dass sie dieselben Bücher mögen und ein Hang zu Perversion und expliziter Gewalt in ihren Bildern und Geschichten sie verbindet. David ist von Anfang an an mehr als dieser Zusammenarbeit interessiert, muss aber zunächst noch Geduld aufbringen. Im Moment ihrer Begegnung ist allerdings schon klar, dass aus den beiden ein Paar werden wird. Darlene Conner und David Healey erscheinen unmittelbar als ein sehr gut füreinander erfundenes, ein gut geschriebenes und gezeichnetes Paar.

Der dicke Junge auf dem Sofa ist auf den jungen Zeichner David Healey überraschenderweise überhaupt nicht eifersüchtig. Eher gönnt er Darlene diesen auch physisch nahen Anderen, dessen Anteil an der Überwindung ihrer Depression und der Initiative, sich für das Stipendium in Chicago zu bewerben, ihm schließlich nicht entgeht. Mit und für David beziehungsweise für die gemeinsamen Projekte kann Darlene dem Schreiben nicht mehr nur heimlich nachgehen, kann sich bewerben und aus dem immer offensichtlicher hervortretenden Talent einen eigenen Traum entwickeln, dem sie entgegenleben möchte. Mit und für ihre Mutter Roseanne beziehungsweise deren nie ausgelebten Traum konnte diese Entwicklung nicht stattfinden, weil sie der zentralen Haltung Darlenes widersprochen hätte, sich gegen die Übernahme des elterlichen Auftrags zu wehren, sich dagegen zu entscheiden, den Rucksack auf die Schultern zu laden, den ihr die vorangegangenen Generationen geschnürt haben. Der Traum vom Schreiben muss zuerst als Darlenes eigener Traum empfunden werden, bevor er wirklich von ihr geträumt werden kann. Solange er noch Roseannes Traum ist, sperrt sie sich dagegen, überhaupt auch nur ihr Talent zum Schreiben öffentlich anzuerkennen. Gemeinsam mit David Healey kann Darlene nun aber entdecken, welche Macht im kreativen Schaffen liegt: Es eröffnet die Chance, tatsächlich aus den beschränkten Verhältnissen auszubrechen, Lanford hinter sich zu lassen und als erstes Mitglied der Familie Conner an einer Universität zu studieren.

Für den dicken Jungen auf dem Sofa, der ich damals war, ist die Message klar: Die Vorstellungskraft ist es, die uns am Ende rettet. Und sie kommt, zum Beispiel in Gestalt eines jungen Zeichners, der gerne mit einem schlafen möchte und überhaupt das restliche Leben teilen, als ausgesprochene Einladung direkt ans elterliche Sofa. Der Heißluftballon der Fiktion, der unterwegs in die schönere Welt noch einen Platz im Korb frei hat, lässt einem ein Seil aus zusammengeknoteten Bettlaken direkt über den Kopf baumeln, es muss nur ergriffen werden.

Für den dicken Jungen auf dem Sofa meiner Eltern in der oberbayrischen Kleinstadt bedeutet dieses Ergreifen zunächst einmal ein Sitzenbleiben, wo er ist, und ein Weiterschauen in den Fernseher, wo sich das Schicksal der Familie Conner, Roseannes und Darlenes und Davids und der anderen Figuren aus Lanford, weiter entfaltet. Es begegnet ihm in den Straßen der oberbayrischen Kleinstadt und im Wohnzimmer seiner Eltern zunächst niemand, der auf ähnliche Weise den eigenen Ausbruch befördern könnte, wie David Darlenes Ausbruch befördert. Der einzige bildende Künstler, der ihm bekannt ist, ist sein cholerischer, vom Unterricht völlig frustrierter Kunstlehrer, dessen Malereien im Kunsterziehungsklassenzimmer an den Wänden aufgeschichtet stehen und der sich hin und wieder ein Barett aufsetzt, um in einer Kleinstadtgalerie im historischen Ortskern als Künstler aufzutreten und seine Bilder auszustellen.

Dass das Schreiben eine Kunstform sein könnte, derer man sich selbst bedient, und nicht ein System aus Regeln und Begrifflichkeiten, aus vorgefertigten Bausätzen, die man anwenden sollte, um vorgefertigte Gedanken zu formulieren, wird weder im Deutschunterricht noch an einer anderen Stelle, die dem dicken Jungen zugänglich wäre, vermittelt. Die Tagträume, die er sich von einem anderen Leben macht, von der Ergreifung und Gestaltung des eigenen Lebens, sind Ermächtigungsträume, die bestenfalls in den Kulissen von Lanford, also im Bühnenraum, im Kunstlicht der Sitcom, realisiert werden könnten.

In den Straßen und Institutionen der oberbayrischen Kleinstadtperipherie scheint die durch Darlene gewonnene Einsicht in die Macht der Vorstellung nicht anwendbar. Niemand, der dem dicken Jungen dort begegnet, scheint für sich und für ihn auch nur im Ansatz so gut geschrieben und gezeichnet, wie Darlene und David füreinander geschrieben und gezeichnet sind. Die Vorstellungskraft des dicken Jungen findet, zumindest muss es ihm so vorgekommen sein, dachte ich auf meinem Balkon, während die ersten Mütter und Väter ihre Kleinkinder an den Händen den Bürgersteig entlangführten, um sie in der nahen Kita für den Vormittag abzugeben, in Lanford sehr viel mehr Anschluss als in der oberbayrischen Kleinstadtperipherie. Und er hat wahrscheinlich, dachte ich, während das Schreien einiger dieser Kinder, die wohl lieber zu Hause geblieben wären, die morgendliche Luft zerreißt, was die morgendlichen Gesichter der Eltern noch abgekämpfter und erschöpfter aussehen lässt, aus diesem Umstand die Überzeugung gewonnen, dass er etwas Besonderes sein muss. In dem Sinn, wie von besonders kreativen oder begabten oder einfühlsamen, genialen, sportlichen, hellsichtigen Menschen gesagt wird, dass sie etwas Besonderes seien. Er hatte ja bereits bemerkt, dass er sich von den anderen, die ihn umgeben, von ihrem Sprechen, ebenso unterscheidet wie Darlene von denen, die um sie herum auftreten und sprechen. Und er nimmt die Tatsache, dass er sich in Darlene verliebt hat (und nicht etwa in ihre Schwester Becky, die in der Schule sehr populär ist und nach gängigen Maßstäben gut aussehend, gut gekleidet, süß und mädchenhaft), als Beweis dafür, dass er in der Lage ist, das Besondere in einem anderen Menschen zu erkennen. Derjenige, der sich in die Besondere und nicht in die besonders Beliebte verliebt, muss selbst besonders sein.

Als ich auf meinem Balkon im morgendlichen Licht und dem morgendlichen Geschrei der Kleinkinder saß, das Handy in der Hand hielt und von den Figuren aus Lanford wiederbesucht wurde, an die ich über zwanzig Jahre lang nicht mehr gedacht hatte, hielt ich es für durchaus möglich, dass sich der dicke Junge, der ich damals war, viel mehr als in die fiktive Figur der zum Ausbruch talentierten Darlene in seine eigene Besonderheit und damit in das eigene Talent zum Ausbruch verliebt.

Die letzte der neun Staffeln *Roseanne* endet nach 222 Folgen am 20. Mai 1997 mit einem Twist.

Zu Beginn dieser letzten Staffel gewinnt die Familie Conner den Rekordjackpot der Staatslotterie von Illinois, 108 Millionen Dollar, und damit die plötzliche Freiheit von allen finanziellen Sorgen, für alle, für immer. Ein Tagtraum, den auch die Familie des dicken Jungen vorm Fernseher immer mal wieder träumt – nur ein paar Kreuze auf einem Lottoschein, ein lächerlich geringer Einsatz und plötzlich frei vom Joch, keine Vorgesetzten mehr, keine Überstunden, keine billigen Ersatzprodukte. Die Welt, die einem täglich vom Fernseher aus ins Wohnzimmer hineinversprochen wurde, öffnet sich mit einem Mal tatsächlich: Hier habt ihr ihn, den goldenen Schlüssel für das reich verzierte Tor des Wohlstands, hinter dem all die Freuden warten, die bis dahin noch den Privilegierten vorbehalten waren.

Die Conners begegnen ihrem plötzlichen Wohlstand erst mal sehr unbeholfen. Und die auf den Lottogewinn folgenden Szenen erzählen vor allem die Geschichte davon, wie die einfachen, ehrlichen Leute von unten erkennen, dass alles Geld der Welt auch nicht ersetzen kann, was sie als Reichtum ohnehin schon besessen haben: die Liebe zueinander und die Fähigkeit, klar und wahr und unverstellt sie selbst zu sein und so auch zu sprechen.

Darlene macht David am Ende der achten Staffel aus pragmatischen Gründen einen Heiratsantrag, weil sie, siebzehnjährig, von ihm schwanger ist und das Kind bekommen will, aber auch ihr Studium beenden und ganz legal zusammenleben und gemeinsam krankenversichert sein. Es gibt eine bescheidene Hochzeitsfeier, auf der Darlenes schwer übergewichtiger Vater Dan einen Herzinfarkt erleidet, den er nur knapp überlebt. Dan erholt sich, darf nach Hause zurück, das Leben der Conners wird durch den Lottogewinn auf den Kopf gestellt, und gleich darauf muss Darlene mit vorzeitigen Wehen ins Krankenhaus eingeliefert werden, entbindet viel zu früh und bekommt zunächst eine sehr schlechte Prognose für die Lebensfähigkeit ihres Kindes. Die Familie verbringt nach kurzer Erleichterung gleich schon wieder viele sorgenvolle Episoden in den Kulissen des Wartezimmers des Krankenhauses von Lanford, obwohl sie inzwischen sorglos superreich geworden ist, was die Zuschauer und was auch der dicke Junge auf dem Sofa meiner Eltern gleich als die Botschaft verstehen dürfen, die ihnen von der inzwischen auch im echten Leben an ihrem Serienruhm reich gewordenen Roseanne vermittelt werden soll: Auch als Millionäre bleiben wir sterblich, Todgeweihte, die wir von Geburt an sind.

Darlenes Kind überlebt und kann nach einigen Wochen von der Frühchenstation mit nach Hause genommen werden. Die jungen Eltern beschließen, erst mal wieder in der Delaware Street einzuziehen, bis sie und ihre Tochter aus dem Gröbsten raus sind.

Der finale Twist, mit dem die 222ste Folge und damit die ganze Serie zu Ende gebracht wird, ist dann schließlich, dass sich Roseanne all das, das Wunder des Überlebens des zu früh Geborenen, den Lottogewinn und plötzlichen Wohlstand, die Hochzeit, den glimpflichen Ausgang von Dans Herzinfarkt und eigentlich auch alles weitere, was in den neun Staffeln in den neun Jahren zuvor in den Kulissen von Lanford geschehen ist, die ganze Serienhandlung und ihren Verlauf, nur ausgedacht hat.

An einem Schreibtisch im Keller ihres Hauses beendet sie in dieser letzten Folge das Buch, an dem sie die ganze Zeit über geschrieben hat und das wir, der dicke Junge auf dem Sofa meiner Eltern und die Millionen anderen Zuschauer auf der ganzen Welt, als Serie angesehen haben, ohne zu wissen, dass es selbst im Rahmen dieser Fiktion nur Vorstellungen waren, Umschreibungen, Erfindungen, Ausgestaltungen der Hauptheldin und Mutterfigur. The story of her life als großer Serienroman, den sie uns schreibend erzählt hat im Medium des Vorabendfernsehens.

Am Ende ist Roseanne also doch die Autorin, die sie in ihrer Jugend immer sein wollte, dachte ich auf meinem Balkon, nach der Nacht, in der ich sehr schlecht geschlafen hatte. Es ist doch sie, die sich den Traum vom Schreiben als Niederschrift ihrer Geschichte erfüllt, ein Buch schreibt, in das hinein der dicke Junge und die Millionen anderen Zuschauer in gewisser Weise erwachen wie aus einer Täuschung, aus einem falschen Traum in die Richtigstellung der Verhältnisse, wie sie sich eigentlich vorgestellt werden müssen. Alle anderen Figuren der Serie werden zu Erfüllungsgehilfen dieser übergeordneten Einbildung, dachte ich, als ich von meinem Balkon aus die verschiedenen Mütter und Väter ohne Kinder an ihren Händen von der Kita zurücklaufen sah. Darlenes Talent und Stipendium, der Studienplatz in Chicago, das Überleben des Frühgeborenen lösen sich ebenso auf wie ihre Begegnung mit David, der Weg hinaus aus Kleinstadt und elterlichem Auftrag. Sie werden nachträglich – auf brutale Weise, wie ich fand – auf den Status von Vorstellungen und Traumfiguren herabgestuft. Dan ist seinem Herzinfarkt erlegen und gestorben, auch den Lottogewinn hat es nie gegeben, er war nur ein Exzess an herbeigeträumter Veränderung, um Tod und Trauer und Einsamkeit zu entfliehen. Alle anderen befinden sich wohl nach wie vor auf ihrem Platz, der ihnen durch Stand und Schicht von Geburt an zugewiesen ist, oder verschwinden als flüchtige Erfindungen im Nichts dieser finalen Enthüllung. Am Ende ist es nicht mehr möglich, eindeutig auseinanderzuhalten, welche Figuren und Ereignisse der vorangegangenen Episoden in welchem Ausmaß von Roseanne einfach imaginiert und in die Handlung hineingeschrieben wurden und wer oder was auch nach dieser Enthüllung noch Teil der Serienwirklichkeit ist.

Was die ganze Zeit über Fernsehkritik mit den Mitteln des Fernsehens war, dachte ich, allein auf meinem Balkon über der Straße sitzend, zieht sich plötzlich auf das Schreiben zurück. Als hätte sich die Hand, die durch die Geschichte der Familie Conner führte, am heißen Herd ihrer eigenen Ambitionen verbrannt und würde ganz am Ende in die größere Distanz der Literatur reflexhaft zurückgerissen. Das Wahrsprechen und das Herauskommen aus den Verhältnissen bleiben Illusionen, die die trauernde Witwe im Schreibkeller ihres mehrfach mit Hypotheken und Schulden belasteten Hauses erschafft.

Im letzten Bild der letzten Folge ist Roseanne die Stufen ins Wohnzimmer hochgestiegen und hat sich auf das Sofa gesetzt, auf dem mir die erfundene Darlene jahrelang gegenübergesessen hat (und von der ich beim Schauen dieser letzten Folge nicht mehr weiß, was von ihr nun übrig geblieben ist, ob mein Verliebtsein sich jetzt gleichermaßen auflösen muss, sich ein neues Besonderes suchen, an dem meine eigene Besonderheit sichtbar werden kann). Eine erhöhte Kameraperspektive wird eingenommen wie von einer entschwebenden Seele im Augenblick des Todes. Und dann wird ein Text von T. E. Lawrence eingeblendet, in dem es heißt:

»Those who dream by night, in the dusty recesses of their minds, wake in the day to find that all was vanity; but the dreamers of the day are dangerous men, for they may act their dream with open eyes, and make it possible.«

Ich hörte durch die geöffnete Balkontüre Geräusche des Aufstehens und Kaffeekochens aus dem Inneren der Wohnung. Ich las auf meinem Handy den Wortlaut des Tweets, den Roseanne Barr auf ihrem Twitterprofil @*therealroseanne* abgesetzt hatte, nachts, kaum hervorgekommen aus den *dusty recesses* ihrer Seele, und fragte mich, ob wir in diesen Stunden, die eigentlich dem Schlaf gehören, besonders anfällig sind für hässliche Gedanken.

Ich las außerdem, dass *Roseanne* vor allem auf Initiative der Darlene-Darstellerin Sarah Gilbert wiederaufgenommen worden war und dass die Autorinnen und Autoren die Handlung wohl ohne den finalen Twist der 222sten Folge weiterentwickelt hatten. Dan war noch beziehungsweise wieder am Leben, und die restlichen Figuren aus dem Familien- und Freundeskreis der Conners waren aus ihrer Auflösung in Illusionen ebenfalls zurückgeholt worden. Sie sollten sehr wahrscheinlich wieder wahrgenommen werden wie zuvor: als wahrhaftig sprechende, echte Leute, als die *real people*, als deren Repräsentantin und Sprachrohr sich die Haupt- und Mutterfigur Roseanne in den neun vorangegangenen Staffeln der Serie inszeniert hatte. Als amerikanische Arbeiterklasse im Amerika des 21. Jahrhunderts, unter der Präsidentschaft Donald Trumps, den sowohl Roseanne Barr als auch Roseanne Conner inzwischen unterstützten als einen, der wie sie den Mut dazu hatte, zu sagen, wie es ist.

Was in den Kulissen von Lanford, dachte ich, als wahrhaftiges Sprechen inszeniert werden konnte, als Aussprechen dessen, wie man die Wirklichkeit wirklich empfindet und nicht wie man glaubt, dass die anderen sie sehen oder hören wollen, war in der harten Realität der sozialen Medien bloße Verletzung und beleidigende Entgleisung geworden. Der selbst erteilte Auftrag der Sichtbarmachung der Verhältnisse enthüllte schließlich nur noch den eitlen Schein der Selbstinszenierung als laute, meinungsstarke, öffentliche Figur.

Darlene übernimmt im Nachfolgeformat *The Conners*, nach dem Tod der Serienfigur Roseanne, die Rolle der zentralen Mutterfigur in den Kulissen der Kleinstadt Lanford. Sie ist mit ihren beiden Kindern aus Chicago in ihr Elternhaus zurückgezogen und hat sich von David getrennt, kümmert sich um den Haushalt, arbeitet in schlecht bezahlten Scheißjobs und hat ihre kreativen Ambitionen, ihren Traum vom Schreiben weitestgehend aufgegeben.

Der Ausbruch aus den Verhältnissen, dachte ich, als ich frischen Kaffee aus der Wohnung zu riechen begann, aus den Zwängen des elterlichen Auftrags, der

Weg, den sie findet und geht, als ich Darlene Conner auf dem Sofa meiner Eltern beobachte und begleite, auf dem Höhepunkt meiner Verliebtheit, erweist sich als Illusion und ebenso unwirklich wie die plötzlichen Lottomillionen, die es nie gegeben hat.

Die Geschichte von *Roseanne* und *The Conners* ist die traurige Erzählung von ewiger Wiederholung, vom Verharren in den Verhältnissen und dem Zerbrechen der Einbildungen an den Härten der Wirklichkeit. Mein Verliebtsein in Darlene Conner war eines in die Verheißung, die in dieser traurigen Erzählung kurzzeitig aufscheinen konnte. In den Glauben, dass es die eigene Vorstellungskraft ist, die uns am Ende rettet. In eine Ausweitung des Möglichen über die eitle Selbstinszenierung als echte, wahrsprechende Stimme hinaus. In die Chance, den Kulissen von Lanford, der oberbayrischen Kleinstadtperipherie zu entkommen, ohne am Ende auf den vorbestimmten Platz zurückkehren zu müssen.

ANJA KAMPMANN

TIGERWÄSCHE

Sie trägt eine schwarze Kapuzenjacke, Jeans und weiße Turnschuhe und die Art von Pferdeschwanz, die die Kerle verrückt macht. Sie grinst, als würden sie sich schon lange kennen, und kommt auf Mekad zu. Setzt sich ihr gegenüber in den Vierersitz, federnd, mit einem Coffee to go in der Hand, und ihr Fuß wippt noch nach. Sie zieht die Augenbrauen hoch und strahlt Mekad an, als würden sie gemeinsam ins Kino fahren.

Da bin ich, sagt sie, wie versprochen.

Miriam, sagt die junge Frau und streckt Mekad die Hand entgegen. Wollen wir uns duzen?

Mekad ist sich sicher, dass die Frau sonst nicht diesen dicken Kajal trägt, die Turnschuhe sind weiß und unbenutzt, und ohne diesen hohen Pony würde man sofort sehen, dass sie viel älter ist.

Sie sollen heute niemanden anfeuern, sagt Mekad.

Vielleicht war es ein Fehler, in der Redaktion anzurufen. Am Telefon hat sie nur das Nötigste gesagt. Sie hatte ja selbst erst vor einer Woche davon erfahren, und es war zu spät, um es Marco noch auszureden, er war gerade achtzehn geworden, ich kann jetzt mit meinem Leben machen, was ich will, hatte er gesagt, und sie umarmt.

Mekad lächelt nicht. Sie sitzt Miriam gegenüber und strahlt eine Kühle aus, da ist kein Gefühl von Gemeinsamkeit oder als würden sie zusammen irgendwo hinfahren. Sie sind keine Freundinnen. Mekad hält den Rucksack auf dem Schoß, zählt die Stationen der Bahn, als ob es nicht eine Strecke wäre, die sie jeden Tag fährt.

Miriam würde gerne wissen, warum das Mädchen diese Arbeitsschuhe mit Stahlkappen trägt, den Arbeitsoverall, auf dessen Beinen Reflektorstreifen aufleuchten, ein khakigrüner Stoff mit Namenszug wie beim Militär über der Brusttasche. Mekad. Das Mädchen hat eine schwarze Teddyfelljacke über die Arbeitskleidung geworfen und das lange Haar zu einem schlichten Zopf gebunden. Ein Stück ihres Schienbeins schimmert dunkel über den Arbeitsstiefeln. Miriam würde gerne fragen, was sie macht, aber Mekad wirkt angespannt, und ihr Job tut jetzt nichts zur Sache. Miriam hat bisher nur ihre Stimme gehört, da war dieser nervöse Anruf vor zwei Tagen in der Redaktion.

Sie müssen kommen, hatte Mekad gesagt.

Sie hatte Miriam das Parkdeck beschrieben und die Höhe der Wetteinsätze, aber es gab einen Moment, an dem die Stimme des Mädchens mit einem Mal umschlug. Marco, hatte sie gesagt, und dann für einen Moment nicht weitergesprochen. Es ging um ihn. Nein, hatte sie auf Miriams Frage geantwortet, niemand zwingt ihn dazu. Dann, nach einer weiteren Pause, schien sie sich zu sammeln.

Illegale Kämpfe, hatte Mekad gesagt, ist das nichts für Sie? Es geht um alles für ihn, Sie werden sehen.

Miriam hatte allerdings nicht gedacht, dass das Mädchen so jung sein würde. Mekad. Ob das auf dem Anzug ihr richtiger Name ist? Auch das Mädchen mustert sie, den Kapuzenpullover, die Turnschuhe, etwas albern vielleicht, aber sie will dort nicht auffallen.

Vor den Fenstern große Parkplätze und die Entlüftungsanlagen eines Einkaufszentrums. Der November liegt seit Tagen wie eine Wolke über der Stadt, kalt und diesig, eine unbewegte traurige Luft.

Die Stimmung kocht. Bei illegalen Fights geht es um hohe Wetteinsätze, und die Klickzahlen sind schon am ersten Tag gigantisch. Kurzer Ruhm im Internet, schnelles Geld, teure Autos.

Eigentlich erwartet Miriam nicht viel. Der Anruf sagte wenig, und es ist möglich, dass das Mädchen sich bloß aufspielen wollte. Man muss achtgeben, um nicht ungewollt Werbung zu machen für alberne Treffs. Ein paar Sportler, Adrenalin, nur Jungs, die ihre bedeutungslosen Nachmittage aufplustern wollen mit einem übergroßen Bild von sich selbst. Aber das Mädchen wirkt seltsam ernst.

Berichten Sie live?, fragt Mekad plötzlich. Sie spricht leise und beugt sich vor. Schaut Miriams Tasche an, als suchte sie nach irgendetwas, das einen Hinweis auf eine Kamera geben könnte. Filmst du mit Handy?

Miriam folgt ihrem Blick, für einen Moment schauen sie beide auf das schwarze Leder.

Wie meinst du das, live? Wir filmen nicht, wir sind eine Zeitung.

Miriam sieht das Mädchen an, der letzte Schluck ist schon kalt, sie knetet den Kaffeebecher in den Händen.

Was hast du denn gedacht?, fragt sie, wir gehen nie live.

Für einen Moment ist es sehr ruhig. Die Bahn hält, die Türen öffnen sich, ein einzelner Mann steigt aus, aber niemand ein. Mekad?, sagt Miriam.

Da ist der Fuß mit dem Reflektorstreifen, der mit einem Mal wild zu wippen anfängt. Ein Zucken, als wäre der ganze Körper in Aufregung.

Aber du musst live gehen! Zumindest *musst* du das sagen!

Die Station ist ein Monster aus Beton. Kurz vor der Endhaltestelle prangt jener Name, der ab und zu in den Nachrichten auftaucht und von dem die meisten Leute nur wissen wollen, dass er weit weg von ihnen liegt. Hier aussteigen. Sie folgt Mekad, die vor ihr hergeht, als wollte sie sie nicht kennen. Statt der üblichen Blumen- und Bäckerläden wartet hier eine weiß gekachelte dreckige Unterführung, über den Haltestellen für den Fernbus prangen Überwachungskameras, von denen jeder, der hier wohnt, weiß, dass sie einen Dreck darum geben, was am Ende des ausgeleuchteten Bereichs geschieht. Nicht weit entfernt beginnt die Siedlung, der verwirrte Traum eines Architekten aus den 70er-Jahren, der wohl zu naiv gewesen war, sich vorzustellen, was passieren würde, wenn man Hunderte Menschen, die sich nicht dazu entschieden hatten, zusammenpferchte. Zwölf Etagen, die durch Treppen, Fahrstuhl und einen Müllschlucker verbunden sind, aus dessen Rachen zu jeder Jahreszeit ein grauenhafter Geruch aufsteigt.

Hier lang, Mekads Stimme ist fast tonlos, und sie sieht sich verstohlen um. Sie eilt Miriam voran durch die Unterführung und schaut stur geradeaus, als wäre es Zufall, dass der Pferdeschwanz hinter ihr geht. Am Treppenaufgang versucht eine alte Frau ihren Einkaufsrolli die Stufen hinaufzuziehen, die Rolltreppe steht still, sonst ist niemand zu sehen. Die Straße ist breit und führt stadtauswärts, ein Autobahnzubringer, vereinzelt Büsche, an denen noch ein paar letzte Blätter hängen. Vor einem hohen Bretterzaun biegt Mekad ab, eine schmale Gasse, ein paar verwitterte Garagen.

Hör zu, sagt sie und schiebt sich dicht neben Miriam an die Wand.

Hier ist es?

Nein, sagt Mekad. Hör zu. Sie blickt auf die Uhr. Du musst das verstehen.

Hast du geglaubt, dass ich ein Kamerateam dabeihabe? Miriam lacht trocken. Und dann rufst du bei der kleinsten Zeitung an, die es hier gibt?

Mekad sieht wütend aus, aber auch ängstlich.

Wozu hatte sie überhaupt mit ihr telefoniert?

Die Reporterin kennt sich hier nicht aus, sie hat hier nichts zu suchen. Aber Mekad braucht sie, gerade deshalb. Sie kommt vom anderen Ende der Stadt, wo Mieten und Kaffee unerschwinglich sind, wo es Waxing und Reformkost gibt statt Döner und Lotto und das Gebimmel der Spielcasinos. Da, wo ich wohne, sagt der Pferdeschwanz dieser Frau, führen keine vierspurigen Straßen zwischen den Wohnblöcken hindurch. Da verbringt man seine Abende in kleinen Cafés statt am 24-Stunden-Stopp der Esso.

Tigerwäsche. Das war das Schild, hinter dem Mekad an so vielen Abenden auf dem Bordstein gesessen hatte, ihre Freunde um sie herum, sie hörten Musik, hier hatte sie Marco das erste Mal gesehen. Sie tranken Wodka-Red-Bull und Kurze, bis sie kaum noch gehen konnten. Aber Tigerwäsche spielt keine Rolle mehr, seit Marco ernsthaft angefangen hatte zu trainieren.

Eigentlich weiß sie bis heute nicht, wofür das Wort überhaupt steht. Tigerwäsche.

Sie sieht, wie der Blick vom Pferdeschwanz über die Garagendächer zu dem großen Parkhaus gleitet.

Genau da, sagt Mekad. Es wird vier Kämpfe geben. Aber wenn sie Marco aufrufen, dann musst du unterbrechen.

Unterbrechen?

Alles. Ja. Sie werden sagen – *It's Real gegen Magic*

Marco. Du nimmst deine Kamera raus, oder was du eben hast, und rufst: Presse. Polizei. Irgendwas. Nimm einfach deine Kamera.

Miriam lacht auf.

Ist das dein Ernst? Nordwest Tageblatt? Wen soll das bitte beeindrucken?

Da sind der Kies vor den Garagen und die Sträucher mit den letzten paar Blättern. Es hat Nachtfrost gegeben, und der Himmel über der Stadt ist schon gegen fünf kaum mehr als ein dunkles Grau. Für einen Moment spürt Miriam den Blick des Mädchens auf sich.

Du hast doch keine Angst, oder? Mekad steht auf einmal nah vor ihr.

Oder du willst nur deine Story, sagt sie, und ihre Stimme bekommt etwas Verächtliches. Deine Story, und sonst willst du gar nichts hier.

Es ist kalt, vor den Mündern der Jungs sind kleine Wolken aus Atemluft zu sehen. Jungs, wie alt. Siebzehn? Achtzehn? Ein paar sicher älter, aber verdammt jung. Und angespannt. Hinten in der Ecke vom Parkdeck wärmen sie sich auf. Halten Pratzen auf Brust- und Kopfhöhe, ein paar Kombinationen, hart und schnell. Nicht besonders präzise, aber die Kraft steht hinter dem Schlag, es kommt was an. Dann das schmatzende Geräusch der Lowkicks.

Auf dem Parkdeck sind vielleicht siebzig Leute versammelt, genug, dass Miriam nicht auffällt. Irgendwo dringt Rapmusik aus einem Lautsprecher.

Garfield, hat sie gesagt, als die zwei Typen ihr am Eingang entgegensteuerten, Fleischberge in schwarzen T-Shirts. Garfield. Es war einer der zwei Namen, die Mekad ihr genannt hatte. Dann war sie weitergegangen.

Bauzäune begrenzen den Ring, wenn man es so nennen will, eine Fläche, ein unregelmäßiges Oval von vielleicht fünf Metern Durchmesser, hinter dem Gitter einige Scheinwerfer und Kameras.

Dadrinnen kenn ich dich nicht, hat Mekad zu ihr gesagt, bevor sie auf die Straße abbog, die zum Parkhaus führte.

Auf dem dritten Parkdeck soll alles stattfinden, hinten. Mekad steht jetzt in ihrer Teddyjacke inmitten einer Gruppe von anderen Mädchen und hat Miriam den Rücken zugedreht. Ein paar der Mädchen haben die Haare zu engen Zöpfen geflochten, glänzend wie schwarze Perlenschnüre. Zwei von ihnen tragen ein Kopftuch. Die Typen im Publikum mit Undercutfrisuren, dicken Turnschuhen, dunklen Sportklamotten. Benzingeruch und Asphalt, eine Wolke von 48-Stunden-Deo liegt über allem. Man begrüßt sich mit Handschlag, Schultern werden geklopft.

Da ist Mekad. Ihr Blick hängt an einem mittelgroßen jungen Typen, vielleicht 1,75 m, nicht schwer, aber schnell. Er macht sich hinten neben den Belüftungsschläuchen warm. Durch das offene Parkdeck zieht der Wind. Die Lichter der Stadt verschwimmen, es ist die

Art von Nieselregen, die durch jedes Knopfloch geht. Miriam sieht auf die Uhr. Das hier ist kein Spaß, auf dem Parkdeck weiter unten sind ihr einige hochgetunte Schlitten aufgefallen – Marke *Leckmich,* hier ist Geld im Umlauf, das sind keine Jugendlichen mit Langeweile.

Sie hört das dumpfe Geräusch, mit dem Schienbeine in Rippen und Oberschenkel wamsen. Sie hört auch das Geräusch des Ellenbogens, der auf ein Schlüsselbein kracht. Einmal ist fast gar nichts zu hören – einer der Kämpfer, mit einem blonden Wikingerzopf, kriegt seinen Gegner nicht zu fassen, er weicht zurück, nah an das Gitter, hinter dem Miriam steht, als suchte er einen Weg hinaus. Sie sieht seinen Kopf, den er im Reflex zurückzieht, und die zerbrechlich dünne Linie seines Unterkiefers. Und sie zwingt sich, nicht wegzusehen.

Mädchen können nicht mal 'nen Tierfilm drehen – ausgerechnet ihr schwammiger Redakteur musste ihr noch eine seiner Weisheiten mit auf den Weg geben. Können einfach nicht, hatte er gesagt, wollen noch den elendsten Büffel vor dem Löwen retten. Schaute Miriam bedeutungsvoll an dabei. Der Lokalredakteur ist zu fett, um überhaupt je in die Nähe eines Wasserlochs zu kommen. Er berichtet über Sparkassenfeste. Hatte sie losgeschickt, weil er sich von dem Ganzen nichts versprach. Eine Liebesgeschichte, mach du das mal, Mädchen. Als wäre es nur darum gegangen, dass Marco mit seiner Freundin zu wenig ins Kino ging. Sie schaut wieder zu den Jungs. Dünne Handschuhe, mit denen man auch greifen kann. Grappling statt normalem Boxen, es geht am Boden weiter, *immer weiter*. Das hat sie heute Nacht noch recherchiert.

Sie wird nicht dazwischengehen. Soll Mekad doch machen.

Garfield wird aufgerufen, der Moderator spricht von einem Tschetschenen, gegen den er kämpft, dessen Namen sie nicht versteht.

Die Lowkicks von Garfield sind so hart, dass der Tschetschene für einen Moment aussieht, als müsste er kotzen. Ein Geräusch, als würde man mit der Faust in einen Sack Streusand schlagen. Am Ende läuft er in einen von Garfields Haken, Uppercut, er fällt, und die fette Katze Garfield geht dem Tschetschenen hinterher, klammert ihn auf dem Betonboden des Parkdecks und wamst seine Faust auf den eh schon aufgeplatzten Mund. Die Schläge zählt sie nicht. Es wird spät unterbrochen, und für einen Moment schauen alle auf die glatte Fläche Beton. Der auf ihm sitzt, reißt beide Hände hoch, feuert seinen blutigen Mundschutz auf den Boden.

Hinter den Gittern fangen ein paar Kerle an zu johlen. Der kommt nicht noch mal hoch.

Glaskinn, hätte Miriams Vater das genannt. Trotz Lunge, trotz Schichtdienst war der Boxstall alles für ihn. Als er selbst nicht mehr konnte, saß er herum und

träumte davon, coachte die Jungs, Abtauchen, Bein-
arbeit. Sein bester Freund hatte ein schiefes Auge, das
war abgesackt, nachdem der Knochen zertrümmert
worden war. Sie kann das noch sehen, dieses eine
leuchtende Auge, die Anfeuerungsrufe, die Erschöp-
fung der Körper, das Husten und dass sie wieder andere wurden, jung, kaum dass sie in die Nähe des
Rings kamen, die Begeisterung und ihre plötzlich so
leichten Fäuste.

Sie stutzt. Der Tschetschene liegt am Boden, und zwei,
die aussehen, als wären sie seine Trainingskumpels,
beugen sich über ihn und versuchen, ihn aufzurichten.
Nirgendwo kann sie einen dieser silbernen Medizin-
koffer erkennen oder jemanden, der aussieht wie ein
Arzt oder Sani.
   Ich bin hier, um eine Story zu schreiben. Sie sieht
noch, wie sie den Tschetschenen wegtragen, als sie die
Stimme hört. *Magic Marco* wird aufgerufen, gegen
einen anderen, der sich sein Motörhead-T-Shirt über
den Kopf reißt. *It's Real.* Ein paar Männer rufen die
Namen. *Magic, Magic,* sie johlen, Pfiffe sind zu hören.
Draußen ist es inzwischen fast dunkel, Bauscheinwer-
fer beleuchten das Oval, die Schatten der Gitter kreu-
zen sich auf der Kampffläche. Marcos Gegner kommt
aus dem hinteren Teil des Parkdecks vorgelaufen. Ein
grober Kerl, vielleicht Ende dreißig, er sieht aus, als
bräuchte er das Geld, blaue Adern auf seinen merkwürdig blassen Armen. Die kantigen Ellbogen.

Marco, der nicht mehr aussieht wie das Kind, das in schmutzigen Klamotten zur Schule geschickt wird. Nicht mehr der Außenseiter aus dem Sportverein, kein dünner Hals. Er hat die rote Hose an. Dieselbe rote Hose, die unter der Woche über der Badewanne seiner Eltern trocknet, während er wie betäubt und mit Kopfschmerzen im schmalen Bett liegt. Über den Himmel weiß man viel, wenn man hier oben aufgewachsen ist. Man kann im 11. Stock wohnen, jeden Tag ans Fenster treten, und er beachtet einen nicht.

Vielleicht hatte er sich selbst lange nicht bemerkt. Mit vierzehn kam er zum Boxen. Seit ungefähr einem Jahr sparrt er dreimal die Woche in einer stinkenden Kickboxbude, Schweiß, durchschwitzte Bandagen und der Ring, Kopfschmerzen bis zum Erbrechen, und der Himmel hatte ihm mit einem Mal doch etwas zu sagen. Zumindest schien es nun möglich, dass mit seinem Leben etwas Größeres geschah. Er hatte Mekad kennengelernt. Er wollte all das hinter sich lassen, die Tankstelle, die sinnlosen Abende dort, und zwar mit ihr zusammen. Aber mit alldem ließ sich kein Geld verdienen. Wenn er hier gut abschnitt, könnten sie –

Er tänzelt heran. Ho!Ho!Ho! Handys werden in die Luft gehalten, und ein weiterer Scheinwerfer, der mit einer Autobatterie verbunden ist, leuchtet auf. *It's Real gegen Magic Marco.* Der Ansager läuft durch den Ring, blickt in alle Richtungen und heizt die Stimmung an. Einige rütteln an den Bauzäunen, und das Metall scheppert, als würde ein Hundekampf beginnen. Wo ist Mekad? Miriam meint ihren Blick fast zu spüren, der sich durch die Menge hindurchbohrt. Es ist der Kampf, von dem Mekad gesprochen hat. Verdammt noch mal. Mit einem Mal sieht sie die Teddyjacke und wie das Mädchen sie durch die Leute hindurch anstarrt. Mekad. Das Publikum drängt sich näher zusammen, und Miriam verliert sie aus dem Blick. Ho, Ho, Ho! Der Ansager ist noch nicht fertig, er zählt ein paar Amateurerfolge auf, sagt, woher die Jungs kommen, sie sieht Marco, der ein paar rasche Kombinationen in die Luft schlägt, hört die Rufe, die klingen wie beim Einlauf in ein gewaltiges Stadion.

Und da ist ihr Vater. Miriam kann ihn sehen, wie er müde seine Sporttasche in den Flur stellt. Sportsgeist hatte es geheißen. Respekt. Ein alter Arbeiterboxclub, der ihm alles bedeutete, sozial. Du lernst da fürs Leben, hatte er gesagt. Aber hier. Miriam hatte es deutlich gehört: Bleib liegen, du Sau! Die fette Katze Garfield hatte sich aufgespielt und sich dann über ihren Gegner gebeugt. Die Stimmung hier war tödlich. Mekad hatte recht.

Miriam hört die Rufe, sie sieht die aufgepeitschte Gruppe, die Gitter. Etwas in ihr ist sehr langsam. Sie hat Angst. Selbst wenn sie es täte, wie sollte sie noch irgendetwas aufhalten?

Sie muss pokern. Etwas vortäuschen. Polizei? Aber eine einzelne Beamtin?

Marco kommt immer näher. Tänzelt auf den Ring zu, schon bildet sich ein Spalier, um ihn einlaufen zu lassen.

Gladiatorenkämpfe der Jetztzeit. Während die Elite mit grünen Smoothies an einem möglichst störungsfreien Leben bastelt, entlädt sich die aufgestaute Wut der Jugend in illegalen Zweikämpfen ohne medizinische Versorgung – würde sie den Artikel wirklich schreiben? Mekad, denkt sie. Wenn's schlecht läuft, hatte Mekad gesagt, wird er nie mehr irgendwo kämpfen, auch nicht als Profi, in keinem Sport.

Und da ist Marco, leicht, tänzelnd, beinah zu elegant für dieses dreckige Parkdeck, das Gemurmel und Rufen um ihn herum. Wieder das metallene Schnarren der Bauzäune. Er hat es selbst entschieden. Er will da rein, wer sollte ihn hindern?

Aber etwas ist da noch, etwas irritiert sie. Seine Bewegungen sind fließend, er sieht auf den ersten Blick nicht so viel anders aus als die anderen Fighter. Aber da ist dieses Rot.

Sie spürt die Blicke Mekads, die nach ihr suchen, Marcos Gegner wirbelt sein Motörhead-T-Shirt über dem Kopf wie ein Lasso, er sieht betrunken aus, jedenfalls als wäre er selten nüchtern. Marco läuft in den Ring, die Gitter werden geschlossen. Das Rot.

Es ist dasselbe Rot. Miriam kann ihn noch vor sich sehen, ihren Vater, wie er in der Tür stand, die Sporttasche unter dem Arm, sie saß heulend auf dem Schoß ihrer Mutter, die zwischen ihren langen Fingernägeln eine halb aufgerauchte Zigarette hielt. Alles war verqualmt, und der Geruch des Nagellacks stach ihr zusätzlich in die Nase, nicht bewegen, hatte ihre Mutter geflüstert, damit der Lack richtig trocknet. Ihr Vater stand in der Tür, verschwitzt, blass, wie immer zu spät fürs Abendbrot.

Miriam, sagte er. Stand in der Tür und sah zwischen ihr und ihrer Mutter hin und her.

Was ist passiert?

Ihre Mutter zog mit gestreckten Fingern an der Zigarette und drückte dabei Miriam an sich, sie sah ihn herausfordernd an, das Kinn vorgestreckt, wie sie es immer tat, wenn sie Streit suchte.

Was ist?, fragt er noch mal. Miriam? Er hatte die Tasche fallen lassen, die Boxhandschuhe lagen auf dem Boden.

Was soll sein, sagte ihre Mutter forsch.

Sie weiß jetzt, was du jeden Abend machst.

Was? Sie konnte förmlich sehen, wie ihr Vater die Möglichkeiten durchging.

Was hast du ihr erzählt? Er stand in der Tür und sah groß und schmal aus.

Was meinst du?

Ihre Mutter ließ sich Zeit, und statt zu antworten, zeigte sie schließlich zum Fenster.

Genau vor unserer Tür, sagte sie. Dann drückte sie Miriam an sich. Willst du es ihm sagen?

Miriam wollte gar nichts sagen. Sie kannte das Gefühl, zwischen die Fronten geschoben zu werden, obwohl sie nicht ganz verstand, was hier vorging.

Ein kleiner Igel, sagte die Mutter fast triumphierend. Wir haben ihn gestern noch gesehen. Heute hat ihn eine Krähe zerfetzt. Wir kamen gerade vom Kindergarten, als sie ihm die Eingeweide aus der Seite zog.

Miriams Mutter fächerte ihre Hände auf und ab, der beißende Geruch von Lösungsmitteln hing in der Luft.

Ich habe ihr gerade erklärt, dass es genauso ist wie bei euch.

Miriam konnte sich erinnern, wie ihr Vater wortlos über die Tasche gestiegen war und zu ihr kam. Wie er sich hinhockte und es ein kleines Gerangel gab, bis ihre Mutter sie schließlich losließ, wie er über die roten Boxhandschuhe stieg und sie aus dem Raum und hinaus in die Nacht trug, mit ihr durch die Straßen lief und nicht aufhörte, sehr leise mit ihr zu reden, wie er ihr alles erklärte.

In dieser Nacht hatte er sie durch die Straßen getragen. Er hatte ihr erklärt, dass all das nicht stimmte, dass es Regeln gab, die jeden beschützten, und dass einer auf den andern aufpassen würde. Eine gebrochene Nase, ja, Schlimmeres würden sie nicht zulassen. Schließlich war sie zu seinem langsamen, verlässlichen Schritt eingeschlafen.

Er hatte ihr nicht gesagt, dass seine Frau an diesem Abend versucht hatte, ihm das Herz zu brechen.

Da ist Marco, hinter dem Bauzaun, Mekad sieht ihn durch das Scheinwerferlicht tänzeln, sieht seine rote Hose und das Muttermal auf dem Rippenbogen, kurz unterhalb der Achsel, niemand kennt es, nur sie kennt es, jetzt ist es für alle hier zu sehen. Ho! Ho! Ho! Die Kampfbörse ist über achttausend Euro an diesem Abend, mehr, als sie je besessen haben. Aber es gibt keine Regeln, nur Angriffe in die Weichteile sind verboten und Stiche in die Augen. Sein Gegner ist einen Kopf größer als Marco. Den schafft er, haben die anderen gesagt. Aber Mekad ist sich nicht so sicher.

Sie hört die Stimmen. It's Real, Magic. Ho! Ho!

Es gibt die Deckungsarbeit. Die verschiedenen Schläge. Das Abtauchen und Auspendeln. Alles muss so lange geschliffen werden, dass man noch aus der Nacht heraus kämpfen kann, aus dem Dunkel, Schläge, über die man schon längst nicht mehr selber entschied. Vielleicht war es das, was ihren Vater so fasziniert hatte. Miriam sieht ihn vor sich. Die blasse Haut, das Maschinenöl, das ihm in den Poren saß. Irgendwas in ihm war für Momente gewaltiger als Wohnstube und Westzigaretten. Vielleicht das Gefühl, für ein paar Runden aus alldem raus zu sein. Der Gong hatte viele der später Großen über schlechte Runden gerettet. Miriam sieht sich um. Es gibt keinen Gong, keine Regeln. Der Ansager verlässt den Ring. Es ist nur ein verdammtes Parkdeck und ein lausiger Winterabend, und Marco ist noch so verdammt jung. Vorsichtig zieht sie ihr Handy aus der Tasche.

Tragischer Fall in – Süd. Bei einem Ableger des illega-
len Kampfnetzes streetnet.com ist am Freitag ein junger
Mann schwer verletzt worden. Es ist derzeit noch nicht
klar, wie gravierend die durch eine Hirnblutung hervor-
gerufenen Schäden sein werden, so der Pressesprecher der
Klinik --------------------

Da! Im Ring steht Mekad. Mekad, gerade und aufrecht,
und ihr Zeigefinger zeigt auf sie. Da! Noch mal dringt
eine Stimme durch die Masse. Es ist Mekad, sie zeigt
auf sie.

Schlampe!

Was genau meinen die Stimmen? Irgendwer stößt
sie vorwärts, sie fühlt Körper um sich herum, Gerangel, Bitch, rufen sie, Fotze! Die Stimmen wie kleine
Messerstiche, die sie treffen, Rufe. Immer wieder, während sie ihr Handy aus der Tasche zieht, Kamera an.
Sie filmt. Ja!, ruft sie, Ja! Was auch immer man in ihr
sieht, es stimmt, da ist Mekad mit Tränen in den Augen
ihr gegenüber, sie brüllt nichts, steht nicht in der Mitte
des Rings, zeigt nicht auf Miriam, sie sieht nur zu
Marco, der seine Arme runtergenommen hat, und
Miriam, sie drängt sich vorwärts zur Mitte des Rings,
Miriam, sie schiebt sich vor, Halt! ruft sie, ruft eine
Stimme, die für alle hier klingen muss wie vom ande-
ren Ende der Stadt, Galao-Strich nennt man es, wo der
Kaffee dreimal so viel kostet und die Kleidung der
Damen ein einziger Code ist, Zugehörigkeit signali-
siert, zu was, egal, etwas, was hier nicht zählt. Und es

zählt auch nicht, dass Miriam diese winzige Einzimmerwohnung bezogen hat, dass sie seit zwei Jahren Scheiße frisst in dieser Lokalredaktion mit einem See-Elefanten von Chef, der ihr eines Abends auch noch sein Ding zeigen wollte, weil er so verflucht noch mal Gott-von-allem war. Die hier Schlampe brüllen, müssen denken, sie hätte alles immer nur geschenkt bekommen.

Das hatte ihr auch Mekad zu verstehen gegeben, ohne ein einziges Wort, nur durch die Art, wie sie sie ansah. Und dieser erhobene Zeigefinger vor den Garagen. Alles an Mekad war ein Vorwurf gewesen. Und für was? Ja, sie will die Story. Aber nicht zu jedem Preis. Wie zur Hölle kommt sie hier raus?

Kommt mir nicht zu nahe.

Systemfotze. Sie hört die Rufe. Verpiss dich!

Die Stadt ist ein fernes Rauschen. Ein Lichtermeer, das für sie alle auf Rot geschaltet hat.

Halt! Sie ruft. Wir sind live!

Mit einer Hand klappt sie den Presseausweis auf, ihre jüngste Errungenschaft, groß wie ein Führerschein. Sieht aber seriös aus. Wir sind live!, ruft sie noch einmal. Jeder hier ist erfasst!

Sie spürt den Blick von Mekad auf sich, und sie sieht Marco, der sich aufgewärmt hat wie für einen fairen Kampf, als wäre das hier nicht so ein verdammtes Wasserloch, der Dreck, von dem ihr Redakteur ständig faselt. Die Gruppe bewegt sich nicht, nur einige Typen drängen von den Gittern weg und auf den Ausgang zu.

Die Stimmen klingen mit einem Mal dumpf und belegt, als würden sie durch flüssiges Wachs zu ihr dringen. Als wäre alles sehr fern. Hure. Ein Schatten drängt von rechts auf sie zu, schreckt dann aber vor ihrem Handy zurück.

Wir sind live, die ganze Redaktion! Alles wird aufgezeichnet, wenn mir irgendwas passiert – wir haben eure Kennzeichen erfasst, wenn mir irgendwas passiert ...

Sie hat Probleme mit der Luft. Warum ist das Atmen so schwer. Sie leuchtet mit dem Telefon im Kreis um sich herum. *Warum tue ich das? Ich kenne diese beiden kaum.*

Das hier ..., ruft sie und schluckt. Den Verlierer aus dem letzten Kampf wird man in eins der Autos geschmissen haben, im besten Falle haben sie ihn anonym bei der Notaufnahme abgegeben.

Wer verdient an euch? Sie möchte brüllen, aber ihre Stimme gibt nach. All die Unruhe um sie herum, der große Kerl vom Einlass, der noch abzuwarten scheint, was die anderen tun.

Wir sind live, sie versucht es noch mal, sie ruft, und da ist die Stimme ihres Vaters, der sie im Dunkeln an sich drückt. Wenn Menschen so etwas tun, dann darfst du nie zögern.

Der Kampf ist aus!

Wenn es nicht sofort aufhört, verständigt meine Redaktion ...

Ruhig, Mann. Ruhig!

Ein wenig kommt sie sich vor wie ein Höhlenforscher, vor dessen Licht die Tiere zurückweichen. Aber sie kennt nur die Schaben, die von Bett und Fußboden zurückwichen, sobald sie das Licht anknipste. Das war, als sie schon allein mit ihrer Mutter und den Stangen Westzigaretten wohnte, unter Wolken, die in weiter Ferne über die Häuser zogen. Aber es hatte diese Stimme gegeben, diesen Spaziergang in der Nacht. Dazwischengehen.

Sofort!, ruft sie jetzt.

Der Bauzaun wurde mit einiger Verzögerung gefunden, auf einem Parkdeck in Etage drei, durch das ein seltsam warmer Wind strich, als man die Gitter abbaute. Einmal hörte sie noch von Mekad. Ein Zeitungsartikel, der mit der Post kam, auf dessen Rand man mit Kugelschreiber ein Ausrufezeichen gemalt hatte. Das war, als Marco bei der DM der Amateurboxer im Mittelgewicht Zweiter wurde. Als ihr Chef sie zu Wochenbeginn gefragt hatte, was aus der Recherche geworden sei, verdrehte sie nur die Augen. Eine Liebesgeschichte, sagte sie, was junge Frauen halt so erzählen.

DMITRIJ KAPITELMAN

DANKSAGUNG AN MEINEN ERSTEN MANNESLEHRER – DEN FAHRRAD-DRACHEN

Die Ankunft des Drachens in einem chinesischen Karton

Ich erinnere mich, dass der Tag, an dem du in unser Haus stießt, ein sonniger war. Ich würde allerdings nicht so weit gehen zu sagen, dass die Sonne an jenem Tag lachte. Doch, vielleicht würde ich sogar das behaupten. Aber dann müsste es wohl eher heißen, dass die Sonne an jenem Tag in das schrecklich schallende Lachen eines Superschurken verfiel. Der Vater wollte Geld sparen. Und da es sehr schwer sein kann, Geld zu verdienen, hielt es der Vater für eine leichte List, dich billig aus China zu bestellen. Mein erstes eigenes Fahrrad solltest du ursprünglich werden. Zu unser aller Leidwesen bedachte der Vater dabei nicht, dass Fahrräder nicht einfach aus China zu einem herüberrollen. Dass kein netter chinesischer Onkel aus Peking damit gefahren kommt, absteigt, klingelt, den Hut zum Gruß zieht und einen dann behutsam auf den vorgewärmten Sattel setzt. Stattdessen stand nur ein ölbeschmierter, abgegriffener Karton mit chinesischen Schriftzeichen beim Postamt. Und ein Sohn vor dem Vater, flehende Kinderblicke in seine Augen schraubend, dass er dich doch schnellstmöglich zusammenbauen möge.

Der Vater war ein guter, ein warmer Mann. Hand aufs Herz dafür, und die zweite Hand auch aufs zweite Herz dafür. Also ging der gutwarme Vater mit dir zum Fahrradabstellraum, gleich neben unserem Hauseingang. Dieser Abstellraum, ein grober, halb hoher Zementquader war das, sah eigentlich eher einem Bombenbunker ähnlich. Mit hochkonzentrierter Miene legte der Vater dich Stück für Stück vor sich aus. Und da sah ich dich, den feuerspeienden chinesischen Fahrraddrachen, zum ersten Mal, an der Stange unter dem Sattel. Golden und rot und auch ein wenig edelgrün. Gnadenlos und wunderhübsch. Woher sollte ich wissen, dass mein erstes Fahrrad, mein erster chinesischer Drache, so viel Leid verursachen würde? Dass du den Stolz so vieler Männer verkohlen und dabei eine Erkenntnis für mein künftiges Leben entzünden könntest? Wer konnte außerdem ahnen, dass ein so jähes und brutales Ende in der Dunkelheit der Preis dafür sein würde.

Der Vater ging ans Werk. Noch einmal minutiös alle Einzelteile durchzählend und sie anschließend hin- und herschiebend, als müssten sie sich noch etwas beschnuppern. Einige Stunden vergingen. Befragt, wie er mit dir vorankomme, lächelte der Vater nach diesen Stunden sehr unschön. In diesem Lächeln stand geschrieben, wenn nicht sogar geschmiert: Junge, auch du wirst eines Tages Spermien produzieren. Die türmen sich irgendwann fast zwangsläufig zu einem Kind. Und dieses Kind wird dir bald genug Tausende Hoffnungen in die Augen schrauben, sodass du schwitzend chinesischen Schrott zusammenbauen musst, anstatt in Ruhe Limonade zu schlürfen.

Weitere Hundertschaften von Minuten zogen vorbei, und mit ihnen wurde es nicht besser um die Schriftzüge im Gesicht des Vaters.

Jahre später erzählte ein recht arbeitsscheuer Professor dem Sohn, was die griechischen Philosophen unter Natürlichkeit verstehen. Mit lustloser Stimme dozierte dieser Professor: »Wenn Häuser und, sagen wir, Fahrräder natürlich aus dem Boden wachsen würden, sie sähen fast genauso aus wie die Häuser und Fahrräder, die wir bauen. Verstehen Sie, Herrschaften? Weil man nicht gegen die Gesetze der Natur konstruieren kann. Nur mit ihnen.«

Du und der Vater, ihr wart an jenem Tag Beweis und Gegenbeweis zugleich dafür.

Die Sonne ging leuchtend rot zurück nach China, der Abend räusperte sich, wir aßen und schliefen und wachten wieder auf. Die verschraubte Kindeshoffnung zwickte nach wie vor am Selbstbild des Vaters. Er nahm also seinen Werkzeugkasten und schritt wieder zum Fahrradabstellraum, der wie ein Bombenbunker anmutete, das sage ich auch nicht ohne Grund. Dabei musterte der Vater den Werkzeugkasten kurz so, wie man einen Dolmetscher mustert, dem man nicht mehr vertraut, dass er einem auch wirklich das Gesagte übersetzt.

Schon fast in der vorabendlichen Stille, wenn die Sonne sich schlappgelacht am Boden anlehnen muss, rief mich der Vater endlich zu sich. Und der Blitz soll mich auf der Stelle treffen, wenn nicht das hübscheste Fahrrad weit und breit vor mir stand! Geheimnisvoll schwarz, bis auf dich, exotischer rot-goldener, edelgrüner Drache an der Stange. Die Schnurrbarthaare wild in alle Richtungen wallend, wie ich nun bemerkte. Ganz kompromisslos und mit festem Strich waren sie gezogen. Und ich fragte mich, warum der Mensch oder Gott, der sich so etwas Furchteinflößendes wie Drachen ausgedacht hat, ihnen etwas derart Albernes wie Schnurrbarthaare dazudichtete.

Auch egal, freudig sprang ich auf mein erstes eigenes Fahrrad. Bei der Fahrradprüfung in der Schule plagte ich mich noch mit einem geliehenen Klapprad ab. Und ein Klapprad nennt man bekanntlich Klapprad, weil es klapprig ist. Was haben Peter Stenzel, Felix

Seiferth und Toni Borsitz gespottet. Sie hatten gut lachen, ihre Räder rollten ja so royal, man hätte meinen können, dass die Erde aufhörte, sich zu drehen, sobald sie nicht mehr in ihre mächtigen Pedale treten. Doch nun war ein chinesischer Drache mein Diener! Ganze drei Meter weit – dann stockte das Hinterrad und sank schlagartig ab. Und ein Quietschen wurde laut, dass die Vögel sich beleidigt fühlten und die Kirschbäume sich bis nach Spanien krümmten. Harsch befahl der Vater abzusteigen und begann, den vermaledeiten Fehler zu suchen. Aber sein von Schweiß triefendes Gesicht besehend, in dem nun eine ganze Bibliothek der Erbostheit stand, wusste ich: Der arme Vater sucht schon gar nicht mehr den eigentlichen Fehler. Er sucht bereits insgeheim nach einem beschlageneren Bekannten, den er bitten könnte, den Fehler zu finden und zu beheben. Überfordert und traurig rollten wir dich also wieder in den angebauten Fahrradabstellraum am Haus, der für ganz anderes bestimmt zu sein schien.

Towbins Wangen verlieren ihre Befehlsröte

Ich erinnere mich an den Tag, als Towbin zu uns stieß, um auf dich zu stoßen. Der Sonne saß immer noch ein sengender Schalk im Nacken. Dieser Towbin, ein bärenkräftiger Mann war dieser Towbin. Was er selbst nur zu gut wusste. Die Adern auf Towbins gewaltigen Oberarmen versteckten sich vor absolut niemandem. Es hieß, Towbins Oberarmadern und die Chinesische Mauer seien das Einzige, was man vom Weltraum aus auf der Erde erkennen kann! Towbins kurzes schwarzes Borstenhaar stand so fest in der Landschaft wie ein Nadelwald. Und seine Wangen schienen immer nur so kräftig rot zu sein, weil Towbin es ihnen befohlen hatte und keine Widerrede duldete. Fast unnötig zu erwähnen, dass die Autos, die Towbin reparierte, das war sein Job als Mechaniker, fuhren und fuhren und fuhren. Lange Räder, kurzer Sinn: Towbin war eine Gebirgskette von Mann, der sich ganz sicher nicht von einem chinesischen Kinderfahrrad mit Drachengekritzel in die Knie zwingen lassen würde. Und so redete Towbin dann auch: »Deinen kleinen Chinabrenner haben wir gleich!«

Der Junge, der ich war, holte zwei weitere Sehnsuchtsschrauben aus der Seele und befestigte sie mit klebrigem Kinderblick an Towbin. Nur so zur Sicherheit.

Gesagt, getan, kniete Towbin einige Sommerstunden vor dir. Mit seinen Bartstoppeln, die wie Kakteen herausragten, direkt auf Höhe deiner Schnurrbarthaare. Zuerst verdüsterten sich Towbins Hände mit deinem schwarzen Öl, danach verdüsterte sich seine Miene. Selbst das Rot der Wangen blich nun zu einem blassen Beige aus. Fertig mit dir wurde er an diesem Tag nicht.

Die Sonne setzte sich ab, Towbin ging nach Hause, aß schlecht, schlief schlecht und wachte am nächsten Morgen zu früh wieder auf. Schnappte seinen Werkzeugkoffer und wartete Punkt neun Uhr ungeduldig vor dem Fahrradabstellraum auf uns. Den Werkzeugkoffer dabei skeptisch musternd, so wie man einen Rettungsschwimmer mustert, den man in Verdacht hat, sich heimlich auf seinem Aussichtsposten zu betrinken. Ein wenig schien Towbin sogar schon an der Tür gerüttelt zu haben vor lauter Tatendrang. Als ich aus dem Fahrstuhl kam, habe ich so was gehört, glaub ich. Aber da dieser Fahrradabstellraum genetisch von einem Bombenbunker abstammte, hielt die Tür natürlich.

Mit frischer Kraft dauerte es glücklicherweise sowieso nicht lang, bis Towbin dich Drachen eingespannt hatte. Ganz der Mechaniker, ließ er noch mal beide Räder durchdrehen, studierte aufmerksam ihren Lauf und hielt die Ohren dabei spitzer als spitz. Dann wischte Towbin sich zufrieden die Hände an einem weißen Tuch ab und rief mit seiner tiefen Stimme: »Na los, steig auf! Dein Drache ist jetzt brav wie ein Pudel!« Ich stieg auf. Und wie! In die Lüfte stieg ich auf mit dir, Drache! Towbin hatte es tatsächlich geschafft! Dieser Teufelskerl! Immer weiter Drachen-Lichtgeschwindigkeit aufnehmend, sah ich aus dem Augenwinkel, wie Towbin dem Vater ebenso gestenreich wie gönnerhaft auseinandersetzte, worin das Problem gelegen hatte. Mit einer Hand zeigte er eine waagerechte Linie, und neben ihr rotierte sein grober Heldenfinger, der wohl die Drehung des Rades veranschaulichen sollte. Mitten in die allgemeine Euphorie aber schnitt wieder jenes Quietschen deines Hinterrads, das einem die Vögel nur so schwer verzeihen konnten und das die Kirschen bis nach Marokko in Fliegenpilze verwandelte. Und dann sackte es wieder so ab, als würde es sich in eine nur Drachen offen stehende Unterwelt zurückziehen. Towbin, dieser unerschütterliche Hüne, der das Rot seiner Wangen wie eine Armee umherbefahl, verlor in diesem Moment so ganz die Farbe. Und sein Haar, sonst standhaft wie ein Nadelwald, lag plötzlich da wie feuchtes Heu. Der Vater hingegen, er schien ein ganz klein wenig Strahlkraft zurückzugewinnen in diesem Augenblick. Wobei ich all meine drei Hände auf all meine drei Herzen legen würde, dass diesem Vater Schadenfreude fremder als fremd war.

Towbin ging schreiend wortkarg weg. Und für eine ganze Weile hörten wir nichts mehr von ihm. Vielleicht sogar nie wieder etwas. Die Drachenlegenden besagen, dass Towbins Wangen nie wieder so rot geworden sind.

Valentins alte Wahrheiten

Ich erinnere mich an den Tag, an dem Valentin zu uns stieß, nachdem du Towbin einen saftigen Stoß in den Wahnsinn verpasst hattest. Die Sonne kam immer noch morgens kichernd an und schlurfte abends genauso belustigt wieder weiter. Valentin, ein schon etwas älterer Herr, schien körperlich nicht besonders kräftig zu sein. Dafür strahlte er eine ganz andere Art von Stärke aus. Die Stärke eines glaubhaft in sich ruhenden Menschen. Dieser Mittfünfziger verkörperte die Ausgeglichenheit eines erfahrenen Mannes, der alles mit seinen eigenen Händen schaffen konnte und auch schon mindestens einmal geschafft hatte. Weil er den Kopf dabei benutzte. Schutzwalle hatte Valentin schon gebaut, Eisenbahnen hatte Valentin schon gebaut, den Kommunismus hatte Valentin schon gebaut (und wieder abgebaut), Strandhäuser hatte Valentin schon gebaut. Die Hände immer mit dem Kopf benutzend. Dieses schmale Männlein konnte eigentlich die ganze Welt einmal nachbauen, wenn es wollte. Das ist keine Übertreibung. Zumindest keine allzu übertriebene. Dieser Valentin, mit dem schon kahl werdenden Kopf voller goldener Altersfleckentupfer. Und den wenn nicht listig, dann zumindest schelmisch verkniffenen kleinen Augen – das war einer! Den würdest du nicht einfach so mit deinen Schnurrbarthaaren fesseln und peitschen können, Drache! Valentin war ja sogar stark genug, sich meine kindlichen Sehnsuchtsschrauben nicht andrehen zu lassen. Stattdessen fragte er in bester erzieherischer Absicht:

»Hast du denn schon mal selbst versucht, dein Fahrrad zu reparieren?«

»Nein.«

»Aha. Interessiert dich denn gar nicht, wie die Dinge um dich herum funktionieren? Warum das Rad sich dreht und der Apfel nicht nach oben fällt und wie die Flugzeuge fliegen?«

»Nein, eigentlich nicht. Ich möchte nur, dass mein Fahrrad endlich fährt.«

»Aha, ich verstehe. Komisch«, sagte Valentin ein wenig entgeistert, dabei jedoch nichts von seiner Souveränität einbüßend.

»Also mich hat das in deinem Alter immer faszi-
niert. Denn vergiss nicht, mein Junge, so wie eine
Sache funktioniert, so funktionieren auch alle anderen.
Nur eben auf ihre eigene Weise. Das ist mit deinem
Fahrrad aus China nicht anders. Da verpasst du eine
große Lektion.«

Und mit diesen weisen Worten wandte Valentin
sich um und begann, dich in die große Gesetzmäßig-
keit des Kosmos einzugliedern, Drache. Der Vater war
raufgegangen, für seine gutwarmen Verhältnisse recht
reizbar an diesem Tag. Valentin werkelte allein im
Fahrradraum, der trotz seines friedlich erleuchteten
Geistes die Aura eines Bombenbunkers behielt. Dennoch, je länger und entnervender die Arbeit an dir geriet, desto überzeugter schien Valentin zu lächeln. Je
größer die Schwierigkeit, desto größer der Lohn und
wertvoller die Erkenntnis, so schien er das alles zu
sehen. Und stürzte sich, ja, in seinem Fall kann man
das guten Gewissens so sagen, stürzte sich immer be-
reitwilliger in das Unglück, das du für ihn bereithieltst.

Nicht mal die Sonne war so standhaft wie Valentin und
erbat sich irgendwann einige Stunden Einkehr. Als Valentin am nächsten Tag wiederkam, da musterte er seinen Werkzeugkasten wie einen Gott, dessen Wege un-
ergründlich bleiben. Auf den er aber dennoch weiter
bauen wollte. Und tatsächlich schaffte es Valentin, dass
du, Drache, bis zu den Mülltonnen an der Ecke flogst.
Fast dreißig Meter. Das hatte keiner vor ihm und das

sollte auch keiner der Drachendreher nach ihm schaffen. Ich sah Valentin gerade beseelt über die Wahrhaftigkeit alle Mechanik lächeln, an der wir Menschen teilhaben können – als jenes Quietschen einsetzte, das den Vögeln Bauchweh beschert und das die Kirschen bis Grönland vergammeln lässt. Und als Valentin das vernahm, sah er schlagartig sehr alt aus. So alt konnte man in einer einzigen Sekunde doch gar nicht werden! Aber ja, so alt sah Valentin nun mal ohne seine Wahrheiten aus. Plötzlich war sich Valentin nicht mehr sicher, ob die Schutzwälle, die er einst gebaut hatte, noch stehen. Fürchtete, dass die Eisenbahnen, die er als junger Mann schweißte, sich nicht mehr in den Schienen hielten. Wusste nicht mehr, ob er den Kommunismus nicht doch irgendwo falsch verlötet hatte und ob seine Strandhäuser inzwischen nicht alle in den Sand gesackt waren. Als wir den Drachen ein weiteres Mal in den Bombenabstellraum verfrachteten, da schien Valentin ungeheuer lange mit den Augen am Schloss der Tür hängen zu bleiben.

Die Schandtat

Es war eine dieser launischen Sommernächte, in denen die Sonne kurz ihre Lachtränen trocknet, als jemand die Tür des Bombenbunkers zu dir aufstieß. Aufknackte, sollte man sagen. Heimlich und bösartig, um in deinem Blut zu baden! Von jämmerlicher Rachsucht getrieben, brach man den Bann deiner Schnurrbarthaare. Und niemand hörte es in der alles erstickenden Stille des

Bombenbunkers. Der Vater und ich schliefen ja. Wobei ich damals natürlich gar keinen Grund hatte, daran zu zweifeln, dass der Vater auch wirklich schlief. Und nicht nachgesehen habe in dieser Nacht, ob er woanders war. Wir hatten jedenfalls schon seit einer Weile nicht mehr von dir gesprochen. Nein, das stimmt so nicht. Wir schwiegen seit einer Weile beharrlich über dein Drachenleben im Abstellraum. Ein paarmal habe ich versucht, dich ins Gespräch zu bringen, aber da wurde der gutwarme Vater immer seltsam schlechtkalt. Eines Morgens also, es regnete, fanden wir dich völlig kaputt geschlagen vor. Regelrecht hingerichtet! Dein Rahmen völlig deformiert, die Reifen zerrissen, die Lichter zerbrochen und die Drachenzeichnung derart zerkratzt, wie es eigentlich nur mit einem massiven Mördermesser möglich ist. Es sah aus, als hätte eine Bombe in meinen Drachen eingeschlagen, während er im Bunker schlief. Und ich will ehrlich sein, damals habe ich dir keine einzige Träne nachgeweint. Für eine ganze Weile wollte ich nicht mal mehr ein Fahrrad haben.

Danksagung an meinen dysfunktionalen Drachen, den hohen Manneslehrer

Mein lieber Fahrraddrache aus China,
mein erster großer Manneslehrer,
ich weiß nicht, wo Du nach all den Jahren sein könntest. Ob Du überhaupt noch etwas bist. Was Du bist und wozu Du womöglich weiterverarbeitet wurdest. Ob ein Stückchen Deines Stahls später zu einem Fisch-

haken geschmolzen wurde. Oder ein Partikelchen von Dir inzwischen in einem billigen Lockenwickler steckt, der sich zu schnell erhitzt. Vielleicht dienst Du noch heute als treuer Saboteur in einem scheppernden Radiogehäuse, einem brummenden Kühlschrank, einem überheblichen Gabelstapler? Unter Umständen bist Du inzwischen aber auch vollkommen aus der Welt verschwunden, als hätte es Dich nie gegeben. Ich kann es nicht wissen. Umso mehr möchte ich Dich und die Welt etwas wissen lassen. Wo Du auch sein magst, ein kleines Stückchen von Dir ist für immer in mir verblieben. Schließlich hast Du mich so vieles über das Leben gelehrt. Dass Drachen nun mal Schnurbarthaare haben zum Beispiel. Ganz egal, wie widersinnig man das findet. Und dass manche Drachen trotz ihres omnipotenten Schurrbarthaars nicht fliegen können. Das ist wichtig. Denn es gibt Männer, die schleichen nachts lieber in einen Bunker und morden, als zu akzeptieren, dass sie einen Fahrraddrachen aus China einfach nicht zum Fliegen kriegen. Gutwarme, bärenstarke, scheinbar weise, milde Männer, sie alle. Sie weigern sich strikt zu akzeptieren, dass sie etwas nicht können. Ganz egal, ob das jetzt wirklich ihre Schuld ist oder die von sehr billig produzierenden chinesischen Fahrraddrachen-Fabriken. Und weil so furchtbar viele Männer manches über sich nicht eingestehen können, geschieht wahnsinnig viel Unglück in der Welt. Du warst der erste Manneslehrer, der mir das vor Augen geführt hat. Ich danke Dir sehr dafür, Drache.

JAN WILM ANTEDILUVIANISCH

Dann würdest du alle Mühsal vergessen
und so wenig daran denken wie an Wasser,
das verrinnt.
— HIOB

Eigentlich hatte er geglaubt, er habe die Schule zeitlebens gehasst. Bis zu jenem Tag war die Erinnerung an Schultage in ihn eingeschnitten wie eine nicht verheilte, infizierte Wunde, die alltagsenge Tristesse von damals, Tage voller Entwertung und Ekel. Einmal hatte ihm jemand gesagt, letztendlich sei Hass nichts als ein Spiegel, der nach innen lenke. Doch eigentlich glaubte er das nicht, nicht bis zu jenem Tag, als die Zeit noch einmal unbarmherzig in die Vergangenheit hinüberstrich wie der unerbittliche Rückfluss einer Welle vom Ufer, dessen Sand an der Luft längst die Farbe gewechselt hat, bevor das Wasser gänzlich verschwunden ist.

Lange hatte er sich bloß als einen der zahllosen Menschen betrachtet, die das Verwittern und Verwelken durch die Zeit nur zu gerne in Kauf nahmen, solange dies bedeutete, nicht noch einmal herzklopfend über einer Klassenarbeit zu sitzen oder an verregneten Morgen hinter beschlagenen Schulbusscheiben durch dunkle Regenstraßen fahren zu müssen.

Er hasste alles an der Schule, selbst wenn er sich

nicht oft erlaubte, an seine Schulzeit zurückzudenken. An die verpestete Mundatmerluft in den Klassenräumen, die pissbeißenden Toilettensteine in den Klos, die feuchtsäuerliche Wärme in der Umkleidekabine und den Tafelschwammmief in seinen Kreidebrackwassereimern. Doch am allermeisten hasste er, mit einer nachhaltig vehementen Leidenschaft, die ihm selbst, die selbst ihm, manchmal sonderbar erschien, am allermeisten hasste er eines: Klassenfahrten. Das Wort donnerte noch immer wie ein Gottesurteil über ihm.

In einer Erinnerung sah er seine Mutter, wie sie kleine Namensschilder in seine T-Shirts nähte, woraufhin er von solch panischer Angst gepackt war, dass er weinen musste, obwohl doch gar keine Klassenfahrt bevorstand, oder? Es schüttelte ihn bis heute bei dem Gedanken an die Übelkeit in der letzten Reihe des Reisebusses, an die karierte, holzhart gestärkte Bettwäsche, die man in der Wäscherei des Landschulheims eigens abholen musste, als wäre man im Gefängnis angekommen, hätte gerade die Entlausung hinter sich gebracht, Schnürsenkel und Gürtel weg und ab in die Zelle. Wie manche Mitschülerinnen und Mitschüler diese Entbehrungsexkursionen an die deprimierendsten Orte des Landes als Sexualkundepraktikum angesehen hatten, machte ihn traurig. Dass sich die körperlichen Erstkontakte, die kostbaren ersten Berührungen mancher Jugendlicher in quietschenden Stockbetten vollzogen, die von zahllosen anderen Kindern, von Hippies auf Selbstfindungstrips oder Bauarbeitern auf

Montage vollgeschnarcht und vollgefurzt wurden – wie ernüchternd.

Auf der ersten Klassenfahrt im Gymnasium, es war die erste, an die er sich erinnern wollte, die zweite Klassenreise seines Kinderlebens, als er noch glaubte, dass er unschuldig war, hatte er zu Hause angerufen, von einem Münztelefon aus, das im Landschulheim wie ein einarmiger Bandit an der Wand vor der Kantine hing. Als er die Stimme seiner Mutter hörte, schien es ihm, dass er durchs Telefon den Flur des Hauses sehen konnte, wo genau zu dieser Nachmittagszeit immer die tief stehende Sonne messinggelb den Raum flutete, eine sich warm ins Haus krängende Leuchtstele, in deren Vorabendglanz die Staubkörnchen tanzten wie aufgeregte Glühwürmchen. Und einen Lidschlag lang hatte er geglaubt, dass alles das verschwinden würde, das Haus, das Licht, seine Mutter und schließlich er selbst, dass alles aus der Welt gesaugt würde, immer wie die eine große Flutwelle, die sich nach ihrer Verausgabung vom Ufer entfernte, wie ein ganzer davontreibender Kontinent im Sterben der Jahrtausende.

Er hatte geglaubt, dieses klassenfahrende Fortsein von zu Hause sei nichts als ein bitterer Vorgeschmack auf das, was ihm noch bevorstand, was es noch zu verlieren galt. Damals geisterte, gastierte der Tod längst in jedem seiner Tage, ohne dass er zu jeder Zeit wusste oder wissen wollte, warum.

Er hatte aufgelegt und sofort zu weinen begonnen, hatte sich noch angestrengt, seine Tränenstimme nicht vor Mama bloßzulegen, sie hätte sich Sorgen gemacht. Neben dem Münztelefon war ein Pinnbrett für Bekanntmachungen angebracht. Ein gelber Zettel stach ihm ins Auge, er sah ihn bis heute vor sich. Darauf war eine Mausefalle zu sehen und darunter die Worte: »Der Mensch erfand die Atombombe, doch keine Maus der Welt würde eine Mausefalle konstruieren.« Heute schien ihm diese Erinnerung mit einer Bedeutung aufgeladen, die der Zettel damals noch nicht für ihn besessen hatte. Nachdem sich die Zeit zerstreut hatte, die Menschen seines Lebens sich atomisiert hatten, schmerzte ihn diese Erinnerung, als sagte dieser Zettel von damals speziell etwas über ihn aus, als läge darin eine Anschuldigung. Jedem denkenden Wesen ist der Tod eines anderen Wesens verständlicher als der eigene Tod.

Die anderen Kinder sahen seine roten Augen, als er vom Telefonieren zurück ins Zimmer kam, wo anspruchslose Musik gehört und so getan wurde, als wäre man frei, nur weil man nicht zu Hause war. Wo sein Zuhause doch seine Freiheit war, seine Sicherheit, sein Zufluchtsort, seine Ruhestätte. Nichts dergleichen war hier zu finden, in diesem grauen, grausigen, holzvertäfelten Landschulheim mit den orange lackierten Stühlen in der Kantine, in diesem Kinderexil an seinem ganz eigenen Schwarzen Meer mit dem scheußlichen Spaßprogramm; wo es ihm zu Hause doch an nichts mangelte, wo es Bücher gab und einen Garten voller Gras, das im Sommer an den Füßen kitzelte, und eine freundliche Gruppe von Birken, die silbern im Sonnenlicht wie im Mondenschein blinzelten, wenn der Wind kam und noch in der Nacht etwas zu murmeln wusste, was nicht allein von Angst und Alleinsein erzählte.

Ein Mädchen mit semmelblondem Haar aus der Parallelklasse, in das er sich später verliebte, hatte ihn auf der Klassenfahrt getröstet, doch ihren Namen hatte er nicht in die Erinnerung retten können. Es redete ihm gut zu, mit einer frühmütterlichen Fürsorge und einer ebenso mütterlichen Frustration über das untröstliche Kind. Anfangs lachten die anderen über ihn, bis sie ihn schließlich mieden, als trüge er eine Infektion in sich, als umgäbe ihn die miasmische Aura einer Krankheit, die viel zu ernst war für das plumpe Ballspiel auf dem abgegrasten Bolzplatz und die Besichtigung des zweiraumgroßen Puppenmuseums.

Eine frühere Partnerin, die selbst Lehrerin war, hatte ihn einmal gefragt, warum er so aggressiv von Klassenfahrten sprach. Er hatte einen Witz gemacht, um von etwas anderem reden zu können. Doch sie hatte erwidert: *Wenn ein Kind nicht auf Klassenfahrt mitwill oder dort Heimweh hat, dann hat das meistens damit zu tun, dass zu Hause was nicht stimmt, und das Kind will zu Hause bleiben und kontrollieren, dass es der Mutter oder dem Vater gut geht.*

Trotz der Banalität dieser Worte – und ihrer Beziehung – hatte ihn die Aussage dieser Frau bis heute nicht verlassen, auch wenn er diese Frau irgendwann verließ, damit sie heiraten und Kinder kriegen konnte.

Rückblickend war ein großer Teil seiner Beziehung zu ihr im Klett-Schulbuchverlag erschienen. Ständig lernte er ungefragt neue Dinge über die Schulzeit und über sich selbst während dieser Beziehungslektionen. Ein Lernen durch Osmose, ein Wissen, mit dem er bis heute vollgesogen war. Vielleicht hätte er wissen sollen, dass aus den beiden nichts hatte werden können, doch vielleicht war die Beziehung zur späteren Studienrätin auch nichts als ein unbewusster Versuch, das Vergangene zu überschreiben, zu korrigieren. Allein um das Vergangene zu überschreiben, müsste man das Vergangene wenn nicht verstehen, so doch zumindest lesen können. Große Teile seiner Kinderzeit und Schulzeit waren jedoch durchfressen von großen weißen Löchern, in deren Nichts er hinabzufallen drohte, wenn er sich zu ihren Rändern hindachte.

Dass zu Hause was nicht stimmt – ihre Worte hallten bis heute häufig in ihm nach, selbst wenn es dieses Zuhause schon lange nicht mehr gab. In welchem Zuhause stimmte denn überhaupt alles? In Wahrheit ist doch das Anna-Karenina-Prinzip eine Lüge – *Alle glücklichen Familien gleichen einander, jede unglückliche Familie ist unglücklich auf ihre eigene Weise* –, da es in Wahrheit keine glücklichen Familien gibt. Und wie konnte dann irgendjemand getrost und gelassen auf Klassenfahrt fahren?

Er wünschte, er könnte sagen, dass er das, was er an jenem Tag, an dem sich sein Leben veränderte, über seine Vergangenheit erfahren hatte, bereits auf eine dunkle Weise gewusst hatte, bevor die Erinnerung aus den Sedimenten der Vergangenheit herausbrach wie ein plötzliches Fossil aus gespaltenen Gesteinsschichten. Vielleicht wäre er ein aufrichtigerer Mensch gewesen, wenn er an seine Schulzeit mit etwas anderem gedacht hätte als mit Hass. Wenn ihm klar gewesen wäre, dass sein Hass für diese Zeit ein Ausdruck der Verkapselung war, der Art und Weise, wie er das Damals hinter einer Hülle der distanzierenden Verachtung verbarg, vielleicht wäre es ihm dann auch möglich gewesen, gründlicher, analytischer in seiner Vergangenheit zu lesen. Eine andere Freundin hatte ihm einmal gesagt, es sei erstaunlich, dass jemand, der sich so manisch mit sich selbst beschäftigte, so wenig von sich wusste.

Das Schleusentor begann sich zu öffnen, als er für eine lästige Erbangelegenheit auf ein langweiliges Amt in seinen ereignislosen Geburtsort bestellt wurde. Als er in dem für einen Vorfrühlingstag viel zu überheizten Amtsbüro saß und die hängenden marmorierten Pflanzen in ihrem rostrotbraunen Pflanzgranulat anstarrte, beschloss er, zum Waldsee zu fahren, in dem er als Kind manchmal schwimmen gegangen war. Er war seit Jahren nicht mehr schwimmen gewesen – er hatte kein Interesse daran. *Was soll mir das bringen?*, hatte er mit einem schelmischen Lachen seine Frau gefragt, als sie vorschlug, man könne doch auch einmal einen ganz spießigen Badeurlaub machen.

Die kühle Zeit, bevor der Frühling die Äste mit Blättchen betupfte und die Knospen öffnete, als arbeitete das Jahr an einem pointillistischen Gemälde, diese Zeit war für ihn immer die schönste Zeit, die einzig erträgliche Zeit an diesem Ort gewesen, wenn sich am Waldsee noch kaum Menschen befanden und man genügsam und gedankenlos übers Wasser träumen konnte. Unter manchen Bäumen am Waldrand blühten milkafarbene Krokusse, gerade so dicht, als malten sie den Baumschatten bunt aus wie Flächen in einem Kindermalbuch. Er liebte den würzigen, sumpfigen Duft des Schilfgrases am Ufer und wie darin unsichtbare Tiere raschelten und ins Wasser plumpsten. Er genoss diesen Augenblick der Einsamkeit, auch wenn er den Eindruck hatte, beobachtet zu werden. Seltsamerweise war dies kein ganz unangenehmes Gefühl, es ließ ihn aufrecht stehen und den nachdenklichen Menschen am Wasser mimen, eine Rolle, die ihm, wie er meinte, nicht schlecht stand.

Doch sein kontemplativer Caspar-David-Friedrich-Moment wurde durch ein Knistern im dichten Wald in seinem Rücken beendet. Erschreckt sah er sich um, ohne die Geräuschursache ausmachen zu können. Bis in das Knistern bald ein fahrendes Rauschen hineinspielte, als rollte ein motorloser Wagen über eine Sandfläche. Ein kurzer Schauer der Angst wischte über den Moment wie der Schatten eines tief fliegenden Vogels.

Dann sah er sie. Mit einem sinkenden Gefühl erkannte er die beiden sofort. Der Tag zitterte mit seinem frischen Wind. Maren, die einmal ein schüchternes, mit Sommersprossen besprenkeltes Mädchen gewesen war, schob einen Kinderwagen, und Christian, der als Junge einmal unverschämt hübsch ausgesehen hatte, stapfte neben ihr, als wäre sein schwerer Gang ironisch. Er war es nicht. Es deprimierte ihn zu sehen, wie Menschen sich gehen ließen, wie die Zeit die Menschen gehen, aufgehen ließ. Aus dem kleinen Christian mit den langen dunklen Wimpern und dem leuchtenden Lächeln war ein hoodietragender Mann geworden, der ausschaute wie ein kräftiger Computerprogrammierer, der sich ganz bestimmt einen Neckbeard wachsen ließe, wenn es die Testosteron-Ressourcen erlaubt hätten.

Es fiel ihm ein, wie wenig er die beiden früher gemocht hatte, und trotzdem fand er es rührend, dass diese Menschen, die schon in den gleichen Kindergartenräumen gewesen waren, heute zueinandergefunden hatten, den biologischen Zwang in ihren Zellen nicht infrage gestellt und ein Kind ans Leben hergeschenkt hatten, ein kinderwagenschlafendes Baby, dem die grauenhafte Schulzeit und die permanenten Möglichkeiten für Chaos und Tragik in der verwundbaren Kinderzeit noch bevorstanden. Es war ihm immer unverständlich, unmöglich erschienen, einen Menschen zu lieben, den man schon als Kind gekannt hatte. Nein, das war nicht richtig: Es war ihm immer unmöglich, unverständlich erschienen, dass jemand ihn lieben könnte, sofern dieser Mensch ihn als Kind gekannt hätte.

Niemand in seinem heutigen Leben hatte ihn als Kind gekannt. Das Kind, das er gewesen war, war in ihm verschwunden, UNTERGEGANGEN war das Wort, das ihm durch den Kopf ging, ohne dass er es denken wollte. Selbst in den üblichen Vergangenheitserzählungen einer Ehe beließ er seine Kindheit größtenteils unberührt. Kinderfotos musste seine Frau sich allein ansehen. Sie störte sich nicht daran, dass seine Schulzeit ein schwarzer Fleck auf der Landkarte seines Lebens war. Terra incognita. Hic sunt dracones.

Auch Maren und Christian erkannten ihn gleich, als sie zu ihm vors Schilf ans Seeufer kamen, und als sie bei ihm waren, raste ein Haubentaucher raschelnd aus dem Schilfrohr über das Wasser davon und durchwellte die Baumspiegelungen. Eine Woge der Scham schwappte durch ihn hindurch, als ihm klar wurde, wie viel diese beiden früheren Bekannten über das Kind wussten, das er einmal gewesen war. Doch sie wussten noch mehr, als er ahnen wollte, und er lief ihnen ins Messer. Christian sprach mit ihm, als wären sie befreundet, und seine Augen lächelten mit aufrichtiger Freude, als ließe sich an eine Zeit anknüpfen, die längst verschwommen war. Leichtmütig und weiterhin lächelnd fing er an zu erzählen, mit wem von früher er noch Kontakt hatte, wer im Ort wohnen geblieben war, eingezogen ins Haus der Eltern, die verstorben oder fortgezogen waren, um für ihre Kinder Platz zu machen, zunächst im Haus und dann im Leben.

Manche der Namen sagten ihm etwas, manche passten vage zu einem Gesicht, das langsam auftauchte wie eine Fotografie im Entwicklungsbad, im Erinnerungsbad, nur um sogleich wieder im Schlick des Vergangenen zu versinken. Wie flüssig und fern die Vergangenheit war, und wie seltsam bekannt ihm dabei alles erschien, wenn es schließlich in der Erinnerung aufblitzte. Wie sehr er glaubte, er sei der Besitzer seiner Kindheit, obwohl er selbst ein Fremdling dort war, allenfalls ein trüber Gast in einem unvorstellbaren Haus. Es fiel ihm schwer, aufmerksam zuzuhören, während nun auch Maren einige Namen wie beim Gefangenenappell abfeuerte. Seine Gedanken gerieten aus der Spur, wie wenn man glaubte, etwas vergessen zu haben, nachdem man von zu Hause aufgebrochen war, und in Gedanken ziellos durch die Räume des Hauses streifte, um zu finden, wovon man keine klare Vorstellung hatte.

Und dann, und dann, und dann. Dann tauchte ein Name in seinem Geist auf wie ein Gespenst. Ein leichter Wind kräuselte die Oberfläche des Waldsees, und er dachte gerade an seine Eltern, mit denen er hier manchmal spazieren gegangen war, daran, wie sie ihn zwischen sich genommen und an seinen ausgestreckten Ärmchen hoch und immer höher gezogen hatten, als sei er eine Schaukel, *Engelchen, Engelchen, flieg,* und es war ihm, als hörte er das Kind, das er nicht mehr war, noch einmal hier lachen, ein flatterndes, gedämpftes Echo, das durch eine Leere hallte, und während er in Gedanken ganz woanders war, sagte er abwesend: *Was ist denn eigentlich aus dieser Rosanna geworden?*

Die beiden sahen sich erstarrt an, und es schien, als hätte sich der sonnenleichte Nachmittag mit einem Mal verfinstert. Wenn er aus Papier gewesen wäre, wäre etwas zusammengefaltet oder zerknüllt worden, und dieser kleine Moment mit diesen beiden erwachsenen Kindern aus seiner Schulzeit hätte sich am untersten Boden einer Falte befunden. In der Stille, die sich zwischen ihnen ausdehnte, wuchs Unbehaglichkeit, und nach einem Atemzug stürzte in seinem Kopf etwas zusammen. Wie konnte ihm das passieren? Marens Augen schienen etwas größer geworden zu sein, und so, als suchte er Hilfe, blickte Christian kurz in den Wagen, wo sein Kind unter einer geschwollenen Decke schlief. Das Schilfgras flüsterte seine Betretenheit in den Nachmittag.

Dann war es Maren, die mit Härte in der Stimme sagte: *Sie ist doch tot. Das musst du doch wissen.* Was ihn mehr traf als ihre Worte, war ihr leichtes, kaum wahrnehmbares Kopfschütteln, in dem er meinte auch Verachtung und Erschütterung zu erkennen, und durch das sich eine noch größere Distanz zwischen ihnen aufspannte.

Und damit begann die Zeit danach, die ihn zurückbrachte in die Zeit davor, in die Zeit vor der Flut, vor dem Unfall, in die Zeit, bevor sein kleines Leben von den Gestaden der Kindheit aufs offene Meer der Wirklichkeit getragen wurde, wo er seit Jahrzehnten ruhelos umhertrieb wie der verwilderte Jäger Gracchus auf seiner Barke, ungestraft und allein.

So wie er die Menschen seiner Kindheit, die Marens und Christians und all die anderen aus seinem Leben gestrichen hatte, so hatte er auch diesen Unfall während der ersten Klassenfahrt aus seinem Leben gewaschen. Er wusste immer, dass es diesen Unfall gegeben hatte, wie eine Ahnung, wie eine aufkommende Erinnerung, doch bewusst dachte er niemals daran. Immer gelang es ihm, eine Armlänge Abstand zu dieser Erinnerung zu halten, auch wenn ihm heute wieder konkrete Einzelheiten dieses verlorenen Tags so deutlich im Gedächtnis brannten, als stünde er noch einmal unter dem blau gebleichten Himmel, in dem die großen Wolken wie Wale über sie hinwegzogen und die Sonne auf sie hinunterstarrte wie eine Richterin. Der Duft des Salzwassers. Seine kleinen Finger schälten den roten Lack des Bootes herunter, wo die Farbe vom verwitterten Holz blätterte und die kleinen Lackschalen selbst wie blutrote Schiffchen, winzige Blutbarken, auf den glitzernden Wellen davonwippten, auf denselben Wellen, die das Mädchen verschluckt hatten, das er untergetaucht, *getunkt*, hatte.

Es war nur ein Spiel gewesen, hatte er danach so oft zu seiner Mutter gesagt, in den Tagen, nachdem er und drei weitere Kinder von ihren Eltern aus dem Landschulheim abgeholt worden waren. *Es war nur ein Spiel gewesen.* Es waren Worte, die er nicht aussprechen konnte, ohne in Tränen auszubrechen, und seine Mutter hatte ihm immer zugehört und etwas gesagt wie: *Es war ein Unfall,* oder: *Es war nicht eure Schuld,* oder: *Das habt ihr nicht gewollt.* Bis sich allmählich, aber endgültig ein großes Schweigen über alles niedersenkte, eine Nacht, die diesen Tag für immer in der Vergangenheit verschloss.

Seine Dissoziationsfähigkeiten waren ausgereift genug und hatten ausgereicht, um nichts von damals bewusst an die Oberfläche steigen zu lassen. Doch in den verstörenden Wochen nach dem Treffen mit Maren und Christian fragte er sich häufig, warum es nur eines einzigen unbedachten Moments bedurfte, um alles zurückzubringen, alles hervorzuholen.

Es war ihm früher schon manchmal aufgefallen, dass er von den Toten in seinem Leben mitunter nicht als Tote dachte, dass er sie vor sich sah wie ewig Auferstandene und dass er sich bisweilen fragte, wenngleich nicht länger als das Ticken einer Sekunde, was jetzt gerade, jetzt in diesem Moment, dieser oder jener Mensch, den er seit Jahren nicht mehr gesehen hatte, machte, dachte oder tat. Bis die Wahrheit in ihn zurückfloss, war eine Welt vergangen, und für diesen einen Augenblick war der Tod gelöscht. Gleichzeitig war der toten Person jedoch auch etwas wie Gewalt zugefügt worden, sie war als Tote verraten, brutal in eine Welt zurückgezerrt, in der sie nichts mehr verloren hatte, in der sie verloren wäre.

Als die beiden nach jener kurzen Plauderei wieder fort waren, war auch der Haubentaucher längst verschwunden, irgendwo in dem Unterwasserwald seiner Unterwasserwelt verborgen wie ein geheimes Märchentier. Die Sonne hatte sich verzogen, und mit einem Mal wurde es windiger. Das Schilf neigte sich zur Seite, und er sah das Kind wieder genau so vor sich wie damals, so deutlich und klar war das Mädchengesicht hinter dem sirupdicken Salzwasser, das ganz kurz aussah wie eine Glückshaube, die seinen Kopf bedeckte, wenn es auftauchte. Ein spritzendes, feinnebliges Ausatmen und dann ihr Lachen, das wie Möwenschreie über die Meeresleere platzte, ihr nasses Haar, strähnig wie Schlingpflanzen über ihren lächelnden Augen.

Er hatte sich diese Bilder seit Jahren nicht zugestanden, sich versichert, es hätte sie seit Jahren gar nicht gegeben, und er war am Leben, während das Mädchen für immer in seinen sechs Jahren gefangen blieb. Er sah, wie sie ein letztes Mal die Augen schloss, als er sich mit beiden Händen auf ihren kleinen Kopf stützte, sein Oberkörper stieß sich etwas über die Wellen hinaus an die kühle Luft, bis seine Hände mit dem Mädchen unter die Oberfläche des Meeres sanken.

TUNKEN war kein Wort, das er gerne verwendete, und wenn er es verwenden musste, bog er in ein Synonym ab, als wäre jedes Wort einem anderen gleich. Doch das Wort blieb immer da, wie auch vom damaligen Tag alles geblieben war, wenn auch niemals als Erzählung, niemals als chronologische Abfolge schlüssiger Geschehnisse, die ein Leben beendet hatten. *Es war nur ein Spiel gewesen.*

In den darauffolgenden Wochen flackerten, flatterten Worte der Anschuldigung durch ihn hindurch, wehende Fahnen, die einmal die eine Seite, dann die andere Seite zeigten, und auf der einen Seite war zu lesen: *Wie konnte ich das vergessen?* Und auf der anderen Seite stand: *Wie konnte das geschehen?* Doch immer ärgerte er sich über die telenovela-triviale erste Frage – denn er hatte überhaupt nichts vergessen, er hatte erfolgreich gelernt zu verkapseln, sein Leben zu kompartmentalisieren, hatte kleine Fächer in seinem Geist geschaffen, deren Inhalte sich nicht mischten. Er litt nicht an Amnesie und glaubte zu wenig an die Psychologie, um der lebenslangen Verdrängung eines Traumas ernsthaft Bedeutung beizumessen. Nein, er wusste genau, was geschehen war, jeden Augenblick hatte er es gewusst, sich jedoch stumm entschieden, als ein anderer weiterzuleben, als ein neuer Mensch, der geboren wurde, als das Mädchen von einer Rippströmung davongerissen wurde und unter dem roten Holzboot verschwand, bevor das endlose Meer es verschluckte und nie wieder hergab.

Du fühlst dich anders an, sagte seine Frau zu ihm, als sie im Bett lagen und sie ihn von hinten umarmte. Eine Mondlichtbox lag silberleicht auf dem Boden vor dem Schlafzimmerfenster. Dieses Mondlichtquadrat verwandelte sich vor seinen Augen in ein Behältnis voller Wasser, silbernes Mondwasser, von oben gesehen, und in der Mitte bildete sich streichholzschachtelgroß ein kleines rotes Boot, eine winzige Barke, um die herum Kinder ins Silberwasser gesprenkelt waren, kaum größer als die Sorgenpüppchen, die er als Junge einmal von seiner Mutter geschenkt bekommen hatte. Er glaubte sich zu erinnern, dass man sie am Abend vor dem Einschlafen unters Kopfkissen legen, gedanklich eine Sorge in ein Püppchen hineinsagen musste, um es dann am Morgen, wenn sich das kleine Stoffpüppchen über Nacht mit der Sorge vollgesogen hatte, irgendwo zu begraben, zu entsorgen.

Langsam bewegte sich das kleine, halb geträumte Boot über dem Mondlicht des Bodens, friedlich und sorglos besehen aus einer Himmelsferne, wo Kinder die Götter und die Toten vermuten. Doch das fantasierte Bootchen verschwand im Silberlichtquadrat, so schnell, wie es gekommen war. *Ja, ich glaube, ich habe vielleicht irgendwas in mir*, sagte er und wollte noch nachschieben, *was nicht so ganz rauskommt*, sagte aber bloß: *irgendeinen Infekt*, und er starrte auf das leere Mondlicht.

Er verbrachte Nachmittage damit, nachzulesen, wie er sich befreien könnte von einer Schuld, die er bis vor zwei Wochen nicht einmal lokalisieren, geschweige denn benennen wollte. Die Erfahrung war für ihn, den Mann mittleren Alters, gänzlich neu. Er verhielt sich wie ein pubertierender Teenager, der zum ersten Mal masturbieren wollte, er lauschte verstohlen, ob seine Frau gerade am Telefon war, bevor er herzklopfend (in Anführungszeichen) »Überlebensschuld« googelte. Er schloss sich im Bad ein, um ein Forum zu lesen, in dem Personen schrieben, die durch einen Unfall für den Tod eines Menschen verantwortlich waren, ohne eines Mordes oder eines Totschlags schuldig zu sein. Verantwortung ohne Schuld. Ihm genügte das nicht. Es überraschte ihn, wie wenig die Bibliothek des Web über Menschen wie ihn wusste, wie wenig Selbsthilfeangebote es gab für Menschen wie ihn, die sich selbst keine Hilfe waren. Keine spezialisierten Psychologinnen, kein *PTSD for Dummies* – nur dieses Forum auf einer Webseite, die aussah wie von 1992, und ein Subreddit mit dem Titel u/TIC, die Abkürzung für *Today I Confess*, wo User sich in Form einer weltlichen Beichte etwas Schreckliches von der Seele schreiben, aus der Seele schneiden konnten, das sie seit Jahren zerfraß.

Er las sich durch Berichte und Beichten von Menschen, die ein Kind überfahren hatten, weil eine SMS nicht warten konnte oder sie am Autoradio spielten, weil ein Chartsong sie störte. Von Menschen, die durch einen Jagdunfall einen Freund verloren hatten, weil es früher dunkel geworden war als geplant. Von Menschen, die einen Menschen und immer sich selbst verloren hatten. Er las all dies mit einem plötzlichen, merkwürdigen Interesse, ergriffen und entsetzt zugleich, und er war überrascht, dass er kein einziges Mal einen Bericht von einem Bootsunfall fand. *Es war nur ein Spiel gewesen.*

Obwohl es ihm gelang, die Inhalte der Erfahrungsberichte mit einer interessierten Distanz zu lesen, waren die Online-Recherche über unbeabsichtigte Todesfälle und das tägliche Forendurchforsten zu Ritualen geworden, in denen er sich gefangen fand. Die Zeit verflüssigte sich, während er über Menschen las, denen etwas Ähnliches passiert war, durch die etwas Ähnliches passiert war. Und trotz seiner Distanziertheit, *ich lese hier nicht über mich, ich lese über andere arme Menschen, die ich bemitleide*, erfuhr er unbeabsichtigt weit mehr, als er wollte, über sich selbst.

Es fiel ihm auf, dass er die Erfahrungsberichte von schuldlos Schuldigen – wie er sie nannte und wozu er sich heimlich längst zählte –, dass er diese neuen Erkenntnisse rückblendend auf sein eigenes Leben projizierte. Plötzlich ergab vieles einen ungelegenen Sinn. Die langlebigen Selbstzweifel. Die lebenslange Selbstverkennung. Das unauslöschliche Misstrauen gegen die Wege von Systemen und Schicksalen. Die unauflösliche Abwehrhaltung gegen Menschen, die drohten, ihm und seinem Innern zu nahezukommen. Seine Entscheidung, keine Kinder zu haben.

Es deprimierte ihn, dass so vieles auf ein einziges Erlebnis zurückzuführen war, und mitunter versuchte er, sich dieser Einsicht zu verweigern. Und nebenbei sträubte er sich gegen die Erleichterung, die ihm dieses neue anonyme Verständnis durch die schuldlos Schuldigen einbrachte. Er wollte Befreiung, selbst wenn er glaubte, er verdiene keine Erlösung.

Es bedrückte ihn, dass etwas Geheimes in ihm gelegen haben konnte, ohne dass es ihm je wirklich bewusst war, und dass das Geheimnis doch so vieles in seinem Leben geprägt und gelenkt hatte.

Es schmerzte ihn, dass das Material der Erinnerung, das unbedacht in ihm lag, wie ein vorausgeworfener Schatten zu wirken vermochte, in dessen Kern sich ein ganzes Leben verdunkeln konnte, und einen Menschen, einen Charakter, vielleicht sogar eine Seele, wenn es eine Seele denn gab, zu etwas summierte, ohne dass man sich über die Einzelheiten der Zusammensetzung oder über jeden Rechenschritt auf dem Weg zu dem, was man war, im Klaren sein konnte oder musste.

Und es erschien ihm verhängnisvoll, dass man Kinder, verletzliche, prägbare Seelen, auf Exkursionen wie Klassenfahrten und allgemeiner in Institutionen wie Schulen in unvertraute, vertrauenslose Hände gab, dass man sorglos hinnahm, wie viel Schmerzendes und Störendes und Schreckliches auf das Wesen eines Kindes einprasselte, als wäre dieser kleine Mensch ein neugeborener, unschuldiger Planet, dessen Umlaufbahn zufällig einen verheerenden Asteroidengürtel streifte und einem Steininferno ausgesetzt war, nach dessen Niedergang diese junge Welt so vernarbt und veraltet aussah wie unsere eigene verletzte Erde mit ihren Milliarden versehrten Seelen.

Er wusste, dass er nichts vergessen hatte. Er wusste, wie viel Zeit nach dem Unfall vergangen war, wie sehr die Menschen in seinem Leben, die ihm geblieben waren, anschließend oft wie Tote wirkten, wie die Toten der Zukunft, weil der Tod ihn so früh in der Kindheit berührt hatte, als er das letzte Mal Rosannas Körper berührte, als ihr kleiner Kopf mit dem blonden Haar unter dem Holzboot verschwand, als hätte das Mädchen dort ein Versteck entdeckt, einen Zufluchtsort, dessen auf dieser Welt, dieser Welt der engen Wirklichkeiten, niemand würdig war außer Göttinnen, außer den Toten.

Die Zeit verging sehr schnell. Seiner Frau wuchs Sorge in Blick und Stimme, wenn sie zusammen waren. Manchmal merkte er erst sehr spät, dass sie ihn dabei beobachtete, wie er abwesend war, wie abwesend er war. Einmal sagte sie beim Essen zu ihm: *Bist du jetzt wieder da?* Sie lächelte traurig, aber stets ohne Anschuldigung. Manchmal hätte er ihr gern davon erzählt, vielleicht war sie die eine Person, die verstanden hätte, doch fürchtete er sich auch vor Erlösung, davor, alles zur Erzählung zu machen und all dem einen Rahmen zu geben, was er für nicht mehr und nicht weniger als das Leben hielt: das Chaos.

Er hatte einmal gehört, dass die ersten zehn oder fünfzehn Jahre der Kindheit und also die Schulzeit mit ihren Klassenfahrten, ihren ständigen Erniedrigungen und Niederungen, mit ihren ernüchternden Möglichkeiten zur Gefahr, dass diese erste Zeit im Bewusstsein eines so kleinen Menschen einen ebenso groß empfundenen Zeitraum einnahm wie die gesamten folgenden Jahrzehnte des Lebens. Es ist nicht verwunderlich, dass die erste Zeit prägender ist als die spätere. Die erste

Berührung ist die erste Berührung, alle darauffolgenden Berührungen sind immer auch Berührungen dieser ersten Berührung.

Als ihm dieser Gedanke über die Ungleichheit der empfundenen Zeiten eines Lebens wieder ins Bewusstsein stieg, brachte er ihn beinahe an den Rand der Verzweiflung. Denn er spürte bald kein Davor mehr. Sein Leben, das sich langsam wie eine voranrollende Welle von diesem damaligen Moment wegbewegte, schob ihn in eine Zukunft, in der sein Fehler, seine Tat von damals, immer vorhanden sein und immer nur noch mehr Bedeutung angesammelt haben würde, da jeder neu erlebte Moment, jede neue Erinnerung eine weitere Schicht auf diesem damaligen Tag bedeuteten, ein weiteres Sediment, das jedoch nichts mehr zudeckte und stattdessen nur noch stärker und deutlicher den Störkörper dieses ewigen Tages zum Vorschein brachte, so wie die zwanzig Matratzen und zwanzig Decken auf die eine Erbse hindeuten.

Es dauerte sehr lange, bis er weinte. Doch als die Tränen schließlich kamen – er schaute gerade einen Film mit seiner Frau und beobachtete sie, wie sie einen Apfel schälte, und im blauen Schein des Fernsehflackerns sprühte ein taufeiner Nebel beim Schnitt mit dem Messer unter die gesprenkelte Schale ins Licht und kräuselte sich einen Lidschlag lang wie ein verflüchtigendes Gespenst –, als die Tränen kamen, wusste er, dass sich die Wellen nun zurückzogen und mit einem gurgelnden, kiesraschelnden Rauschen die leere Zeit zum Vorschein brachten. Und so, gerade so, glaubte er, musste für einen Toten der Tod aussehen.

LUCIAN

1

Ich hatte mir an Lucian die Zähne ausgebissen. Damit meine ich: wirklich die Zähne ausgebissen, denn mir fehlte seit dem Tag, an dem Lucian mein Verhalten »absurd, unverständlich und fast schon ein bisschen geistesgestört« nannte, ein Stück meines linken Schneidezahnes. Lucian hatte (bevor ich das Stück Schneidezahn verlor) gesagt, dass es jetzt wohl besser sei, wenn wir uns eine Weile nicht mehr sehen würden, und dabei hatte er knapp an mir vorbeigesehen und ein bisschen gezuckt mit einem Lid, und er hatte die Arme vor sich verschränkt und wie ein Türsteher ausgesehen. Ich sagte, dass ich nie damit gerechnet hätte, dass etwas, was so schön angefangen hatte, so enden würde, mit diesen verschränkten Armen und mit gemeinen und banalen Floskeln, und ich wurde wütend, und dann habe ich meine Tasse genommen, übrigens so eine superschöne aus handgetöpferter, schwarzblau glasierter Keramik aus Tel Aviv oder Lissabon, und die Tasse habe ich einfach fallen lassen, keine Ahnung, wieso. Als ich sie in der Hand hatte, kam es mir ein bisschen dumm und abgenudelt vor, sie an die Wand zu werfen, aber auf den Tisch zurückstellen konnte ich sie auch nicht mehr.

Dann lief ich aus Lucians Wohnung, und in sei-

nem Stiegenhaus stolperte ich: weil die Stufen im Alt-
bau immer gleichzeitig zu hoch und zu niedrig waren
und ich mich nicht richtig entschlossen hatte, ob ich
eine oder zwei Stufen auf einmal nehmen wollte. Zwischen dem dritten und dem zweiten Stock erwischte es
mich also, und ich geriet mit meiner rechten Gesichts-
hälfte an das Fensterbrett aus Marmor. Ein bisschen
Blut gelangte auf die Wand, die zweifarbig gestrichen
war, allerdings nur der untere blaue Teil mit abwisch-
barer Latexfarbe, ein bisschen Blut spritzte aber auch
auf den Teil der Wand, der weiß getüncht war. Wer hat
sich hier geprügelt? Hat hier jemand ein Lamm ge-
schlachtet?, würden sich die Nachbarn fragen, wenn
sie keuchend ihre Einkaufstüten in den dritten Stock
trugen, dachte ich. Und dann hatte ich noch weitere,
ein bisschen peinliche selbstzerstörerische Gedanken,
denn sobald man sich selbst auch nur ein bisschen
leidtut, kommen sie einfach. So war es zumindest bei
mir. Also dachte ich: Bald würde mein Blut an der
Wand nur ein kleiner Hinweis auf die erlittene Verletzung eines lebenden Organismus sein, so wie die
Überreste der überfahrenen Stadttauben auf der Fraun-
hoferstraße, die keiner mehr vom Asphalt kratzte und
in den Mülleimer warf und von denen man nur noch
ein bisschen Weiß und ein bisschen Rot erkennen
konnte. Ich hatte meine dummen Gedanken schon
satt, stattdessen wurde ich wieder wütend, und die Pas-
santen, die gerade aus dem Penny kamen, sahen mich
ein bisschen verstört an. Das Taschentuch, das ich mir

an den Kiefer hielt, hatte sich schon längst rot verfärbt, und ich machte dazu einen Gesichtsausdruck, der mir passend erschien, und niemand bot mir seine Hilfe an.

An Lucian habe ich mir die Zähne ausgebissen, sagte ich am nächsten Morgen in der Küche zu meiner Mitbewohnerin Elisa. Sie lehnte an der Küchentheke und rieb sich die Augen und gähnte, und ich fuhr mir den Rest des Tages mit der Zunge über die scharfe Kante und überlegte, was ich Gabi erzählen sollte. Gabi war mein Freund (dachte er) oder mein Ex-Freund (dachte ich). Letzten Sommer hatte ich ihm in einem romantischen Anfall meinen zweiten Haustürschlüssel gegeben, seitdem kam er manchmal zu uns, manchmal übernachtete er auch noch bei mir. Von meinen Ausflügen zu Lucian bekam Gabi nur das Allernötigste mit, eigentlich nur, wie ich das Haus verließ, immer sorgfältig zurechtgemacht, aber auch gleichzeitig ein bisschen nachlässig. So auch dieses Mal: Meine Haare waren superglatt und glänzten wie Autolack, meine Nägel waren schwarz lackiert, aber meine Jeans war oversized und hatte tausend Löcher. Gabi saß auf der Couch, als ich aus dem Badezimmer kam, vor sich einen Stapel Bücher und eine Kanne Tee. Er sah mich aufmerksam an. Ich hatte immer ein schlechtes Gewissen, dabei schuldete ich ihm eigentlich nichts. Ich hatte ein schlechtes Gewissen, weil Gabi netter zu mir war als die anderen, glaube ich. Manchmal lächelte Gabi, wenn er mich so sah, und sagte, mach doch, was du willst, du bist ja alt genug, und ich hab immer an Freud geglaubt (das stimmte nicht, er las erst seit seiner Immatrikulation vor zwei Jahren Freud), und einmal hatte er noch irgendwas mit Begierden, denen wir hilflos ausgesetzt seien, gesagt und dann noch etwas mit Vätern, aber wenn ich nach meinen Treffen mit Lucian acht Stunden später nach Hause kam, klang er ganz anders: Wieso sind deine Wangen so rot? Wieso redest du so schnell? Wieso hast du gute Laune? Ich schüttelte mich und lächelte, ich lachte einfach über seine Verdächtigungen, das kam mir wie die beste Antwort vor, und wenn ich abgeschminkt aus dem Bad kam, versuchte ich fröhlich zu sein auf eine Weise, die ihm nicht verdächtig sein sollte: Ich kochte ihm mitten in der Nacht Pasta und sprach dabei die Namen der Gewürze mit einem Akzent wie meine Mutter, ich machte nach, wie Elisa am Telefon irgendeinen Verehrer beleidigte, und dann erzählte ich noch etwas aus meiner Kindheit, und spätestens dann brach er in Lachen aus und schien beinahe versöhnt.

2

Später, ein paar Wochen später, als ich längst wieder einen Zahn hatte, für den mein Vater aus der Kleinstadt, in der er seit 1991 wohnte, mir ein paar Scheine und einige Flüche und Verwünschungen geschickt hatte, setzte ich meine wöchentlichen, halb heimlichen Treffen mit Lucian fort. Während dieser Treffen saßen wir in seinem Zimmer, ich auf seinem roten 50er-

Jahre-Daybed, er auf einem Stuhl am Kopfteil, ich legte mich auf die Seite und ließ meine runden Arme, hoffentlich sinnlich, etwas maniert über dem Boden pendeln, Lucian auf dem Stuhl, schön, elegant, lachend, so redeten wir. Lucian hatte immer etwas zu erzählen: Immer berichtete er mir von Leuten, die er ganz zufällig kennengelernt hatte, an der Kasse in einem Sportgeschäft oder vor einem Amt oder auch beim Blutspenden. Das waren Leute wie Vladimir Verlinsky, irgendein fünfzigjähriger Mann, der in einem Elektrogeschäft oder so arbeitete und immer wusste, in welcher Schublade die richtigen Lüsterklemmen und Ladegeräte waren, und über den Lucian an diesem Tag, als er ein Verlängerungskabel gekauft hatte, innerhalb einer Stunde alles erfahren hatte: seine Träume, seine verlorenen Illusionen, seine Kindheit, sein ganzes Leben. Lucian hatte das größte Vergnügen daran, diese Geschichten stundenlang zu erzählen und auszuschmücken. Aber jetzt kommt das Besondere, rief er, und dann erzählte er mir von Vladimir Verlinskys Tochter, die gar nicht seine Tochter war, und von Verlinskys traurigen Besuchen bei irgendeiner Hure in Obersendling – Lucian wusste wirklich jedes Detail aus dem Leben der Leute, die er nur zufällig getroffen hatte, und ich stellte ihm viele Fragen, und er streifte sich mit den Handflächen die Wangen nach hinten und lachte. So verbrachten wir viele Nachmittage miteinander, seit wir uns kennengelernt hatten (an einem Fahrkartenautomaten).

Ich weiß nicht mehr genau, was ich gesagt hatte, aber Lucian antwortete mir an diesem Tag, übrigens ganz ruhig, gar nicht erschreckt, nur ein bisschen amüsiert: Wir zwei? Wir wissen alles übereinander! Wir würden uns binnen drei Stunden gegenseitig zerfleischen, und das wäre sehr schade um unsere guten Gene! Dann lachte er, so als hätte er etwas sehr Lustiges gesagt, und ich schloss die Augen und lachte auch ein wenig. Später sollte er sagen: Du hast doch schon einen Freund. Und noch später: Du spinnst. Dann fiel mir ein, was Gabi mal gesagt hat, nämlich dass es kein Wunder sei, dass Lucian nichts von mir wissen wolle, zumindest solange ich solche unmöglichen Pullover trage, und damit meinte er natürlich die riesigen abscheulichen Pullover, die ich einmal in einem großen schwarzen Sack auf der Straße gefunden hatte. Das erzählte ich jetzt Lucian und lachte, weil ich eigentlich einen Scherz machen wollte (und wirklich einen sehr hässlichen Pullover trug). Lucian schaute mich an, und seine Mundwinkel gingen jetzt ein bisschen weiter nach unten, und die Falte zwischen Nase und Mund, die dafür sorgte, dass Lucian immer ein bisschen älter aussah, als er eigentlich war, und die ich so liebte (weil sie mir schon den Weg nach unten wies?), wurde tiefer. Wie soll ich mit dir nur ernsthaft reden, fragte er mich und rieb sich die großen Hände, die er sich nicht richtig gewaschen hatte, ich sah überall weiße Farbspritzer. Dann sagte er, ohne mich wäre sein Leben wahrscheinlich ein bisschen einsamer. Ich sagte, ein bisschen ist nicht viel. Er sah mich an, seine Mundwinkel waren immer noch ganz weit unten, er sah aus, als würde er mich auslachen, aber ich kannte dieses Gesicht natürlich schon.

Und trotzdem wollte er, dass ich blieb und dass ich wiederkomme. Ich weiß nicht, ob es daran lag, dass ich immer Zeit hatte, denn ich ging fast nie in die Uni. Als ich mich an diesem Tag aufsetzte, mich streckte und nach Hause gehen wollte, sprang er auch auf und sagte, komm, es ist noch zu früh! Dann nahm er mich am Handgelenk und zog mich in die Küche. Wir saßen auf niedrigen Schemeln, und Lucian machte mir ein Brot mit Honig und sagte, probier mal, den habe ich von da unten. Und dann kochte er mir einen Kaffee und noch einen, und ich betrachtete, wie meine Finger mit den schwarzen Nägeln die Tasse umfassten, und ich verstand gar nichts mehr. Eine kurze Weile kam es mir so vor, als müsste ich ab jetzt ganz grundsätzlich an meinem Verstand zweifeln: Der Himmel (zumindest das Stück, das ich aus dem schrägen Fenster sehen konnte) hatte ein anderes Blau, die Zeit verging plötzlich langsam, die Sonne blieb über Stunden im Zenit stehen, als hätte sie es sich ganz plötzlich bequem dort eingerichtet, dabei hatte der Sommer fast aufgegeben, und abends windete es, die Bäume wippten mit den Köpfen, und ich dachte, sie verspotteten mich. Ich konnte nachts nicht einschlafen, und wenn ich mein Licht anknipste und Gabis Hand nahm, fühlte ich, dass seine Fingernägel ganz kurz waren und versuchten, in mein Fleisch zu drücken. Da beschloss ich, alles anders zu machen. Ich versuchte, Lucian weniger zu sehen, und ich vertrieb mir die Zeit nach der Uni mit meinen Freundinnen, meinen Büchern, manchmal mit Gabi. Ich ging sogar wieder in die Universität und lernte alles über den Dreißigjährigen Krieg.

3

Ich erzählte Lucian einmal von den Nachmittagen meiner Kindheit. Unser Vater nahm mich und meine Schwester oft mit zu seiner Mutter, die damals noch lebte und eine Dreizimmerwohnung in Netanya hatte, die aussah wie jede andere Verwandtenwohnung: braun gestrichene Fensterrahmen, hässliche Kunstdrucke, große klebrige Töpfe. Wir hatten nie Lust, mit ihr zu reden, obwohl wir wussten, dass sie etwas erlebt hatte, was sie uns vielleicht hätte erzählen wollen. Manchmal versuchte unser Vater, uns ihre Geschichte näherzubringen, und er pries sie dabei an wie die Händler auf dem Markt nachmittags ihre Waren, hartnäckig, aber auch schon halbherzig und müde. Wir hörten nie zu. Unser Vater war schwach, wie es die Söhne der Leute, die Grauenvolles erlebt haben, sind. Übrigens kam uns unser eigenes Leben nicht weniger grauenvoll vor: Unsere Mutter war verschwunden mit einem Typen, der einen Soul Patch trug und ein großes Auto hatte, und wir blieben bei unserem traurigen Vater zurück. Nachts konnte unser Vater nicht schla-

fen, er ging in der Wohnung herum und suchte irgendetwas und hustete. Meine Schwester und ich waren
bösartige Geschöpfe: Manchmal machten wir ihn nach,
wenn wir aus der Schule kamen und er noch nicht zu
Hause war. Wir stopften das Essen, das er abends in
den Kühlschrank gestellt hatte, in uns hinein (manchmal warfen wir es auch weg), dann legten wir wie auf
Kommando das Besteck zur Seite und geisterten durch
die Wohnung und husteten. Ansonsten waren wir ganz
stumm, denn die Erste von uns, die zu lachen begann,
verlor das Spiel. Wir erlangten eine gewisse Meister-
schaft darin, unseren traurigen, hustenden Vater zu
imitieren, aber irgendwann brachen wir immer in Lachen aus. Manchmal kam unser Vater noch während
des Spiels nach Hause, dann beachteten wir ihn kaum,
und er verstand nichts.

In der Wohnung unserer Großmutter schliefen wir zu
dritt in ihrem Schlafzimmer, denn seit sie so alt war,
bewegte sie sich nur noch zwischen Wohnzimmer und
Küche. Unser Vater machte allerlei Besorgungen und
stand oft auf, während wir noch schliefen. Wir blieben
lange mit geschlossenen Augen in diesem Zimmer,
weil wir noch ein bisschen warten wollten, bis wir wieder zu unserem Vater und unserer Großmutter stießen, um Tee zu trinken und auf die klebrigen Töpfe zu
starren. Meine Schwester reizte diese Morgen immer
bis aufs Letzte aus, sie blieb liegen, während ich schon
las, mich ankleidete und dann wieder umzog, mich vor

den Spiegel stellte, mein Shirt hob und meine Wangen einsog. Du bist ein bisschen fett, das hast du von der Mama, sagte meine Schwester einmal. Sie war übrigens klein und mager wie ein Kätzchen. Ich ließ meine Wangen los und sah sie an.

4

Lucian ist so ein Typ; ich sitze mit ihm am Weißenburger Platz und trinke ein alkoholfreies Bier, er erzählt etwas Neues von Vladimir Verlinsky, und erst beschweren sich alle grauhaarigen intellektuellen Haidhauserinnen darüber, dass wir zu laut lachen, dann lacht er noch lauter, und wenn ich dann auch lache, sagt er sehr laut: Du musst aufhören, so laut zu lachen, du belästigst die ganzen Haidhauserinnen mit deinem unkontrollierten Gelächter! Dann sagt er, er muss schnell aufs Klo, und er geht in irgendein Lokal, und dann kommt er raus und sagt, stell dir vor, die wollen 50 Cent von mir, nur weil ich aufs Klo gegangen bin, aber ganz ehrlich, die können doch froh sein, dass ich in ihren Laden gehe, hey, schau mal, wie ich aussehe, ich sehe verdammt gut aus, ich ziehe Kundschaft an. Und wie jeder seiner Witze ist auch dieser Witz nur zur Hälfte unernst. Er meinte es so, wie meine große Cousine Shira es meint, wenn sie auf die Frage nach ihrem Alter antwortet: 40. Dabei ist sie erst 26, und die Antwort ist ein Witz, und sie ist auch todernst.

Die Sonne schien, und wir saßen am Brunnen. Ich krempelte meine Hosenbeine hoch und hielt meine

Füße hinein, und am liebsten hätte ich mich im knie-
hohen warmen Wasser ertränkt, auch wenn das lächerlich war. Ich sagte etwas, und Lucian schüttelte den
Kopf und tat so, als würde er nichts verstehen. Wir trieben uns noch ein paar Stunden herum, denn in seiner
Dachkammer war es im Sommer zu heiß. Wir waren
beide irgendwie deprimiert, aber wir taten so, als wäre
nichts, und ich wusste: Das war heute einer der letzten
Tage für uns. Wir würden uns noch ein paarmal sehen,
aber nicht mehr oft, und es würde nie mehr werden
wie am Anfang.

Und dann in der Trambahn zurück nach Hause
dachte ich nach langer Zeit wieder an Lina, das war
eine der Dozentinnen an der Uni, die mit uns wie mit
Freundinnen redete und superbeliebt war, weil sie su-
perschlau und superfleißig, gleichzeitig aber auch sehr
hilfsbereit und nur halb attraktiv war. Lina hatte es sich
schwer gemacht, und schon mit 27 war sie promoviert,
und sie hatte uns zu der Feier in ihr Unibüro eingeladen. Wir standen etwas unbehaglich um sie und die
Prüfungskommission herum und sagten kein Wort
und hielten Plastikbecher in der Hand. Lina hatte blass
ausgesehen in ihrem gelben Zara-Blazer, und ihre
Hände zitterten, und ich fürchtete sogar, dass sie bald
in Tränen ausbrechen würde, aber das Schlimmste
war, dass keiner das zu bemerken schien, alle umarm-
ten sie und lobten sie, als hätte sie etwas gewonnen. In
den Monaten danach ging es Lina immer schlechter,
und dann kapierte auch der Letzte, dass sie magersüch-

tig war, und zuerst hatten ihre mikadodürren Ärmchen uns noch erschreckt, aber bald waren wir einfach nur noch genervt und auch verärgert, Lina, was soll dieser Scheißperfektionismus? Lina, was willst du vom Leben?

5

Es war spät im Oktober, es war schon kalt, und die Dunkelheit fiel uns auf die Köpfe wie eine marode Zimmerdecke: Gerade hatten wir noch im Gras gesessen und die Wespen mit dem Handrücken vertrieben und uns über unsere schönen gebräunten Finger gefreut, wir hatten die billigen Ringe hochgeschoben, um zu sehen, wie braun selbst unsere Fingerglieder geworden waren; und schon saßen wir in unserer dunklen Wohnung, hüllten uns in Decken und rieben uns die roten Hände. Wir gähnten und bewegten uns mit hochgezogenen Schultern über den kalten Boden. Elisa drehte immer wieder am Rädchen, das die Heizung regulierte, egal, wie oft man ihr sagte, dass sie schon auf höchster Stufe laufe. Sie fror und schimpfte über Yossi, der sie sitzen gelassen hatte, nachdem sie sich ihm im Sommer, wie sie das halb pathetisch und halb ironisch ausdrückte, hingegeben hatte. In Wirklichkeit hatte Elisa ihn während ihres zweiwöchigen Urlaubs in Israel, für den sie die ganzen Semesterferien im Eiscafé Venezia geschuftet hatte, irgendwo am Strand aufgegabelt. Wer nimmt so eine Sache ernst? Elisa nimmt so eine Sache ernst. Du redest wie eine alte Jungfer aus den 50er-Jahren, sagte ich. Yossi ist ein Arschloch, sagte ich auch noch. Ja schon, sagte sie. Und dann begann sie wieder, wie eine Demenzkranke die Stationen dieser Liebe aufzuzählen: das Café Lala am Strand, zwischendurch ein Snack bei Doktor Shawarma, dann das Café Albi bis spät in die Nacht. So ging das zwei Wochen, bis Elisa zurückmusste nach München. Erst meldete sich Yossi jeden Tag und dann nach ein paar Wochen nur noch ganz selten. Dann fing sie an, ihn tagelang im Internet zu stalken, bis sie natürlich herausbekam, dass Yossi nun mit einer blondierten Konvertitin aus Rheinland-Pfalz verkehrte. Sie hatte ein Bild gefunden, das sie, nachdem ich auf ihr Rufen hin aus meinem Zimmer in das ihre gekommen war, schon minutenlang anstarrte. Sie hatte übrigens auch schon sämtliche Familienmitglieder, sowohl die der Konvertitin als auch die von Yossi, gefunden (und das war nicht leicht, denn Yossi hatte einen sehr verbreiteten Nachnamen und fünf Brüder, und Elisa musste jeden einzelnen mit Yossi vergleichen und dann anhand der großen feuchten Augen und der übergroßen Hände identifizieren). Wir sahen: Yossi und seine neue Freundin mit zwei koscheren Frozen Joghurts in der Hand auf dem Zionsplatz. Ich konnte das kaum fassen, Yossi hatte seine kleine Kippa gegen eine große Kippa eingetauscht (ich kannte ja auch alle Bilder), und seine neue Freundin hatte das arglose blumengleiche Gesicht ihrer bäuerlichen Ahnen, und sie trug lange Ärmel, und alles war aus Polyester. Yossi sah neben ihr aus wie ein großer Geländewagen von BMW, aggressiv und mächtig und ein wenig lächerlich. Denkst du, was ich denke, sagte Elisa. Ich denke, sie ist jetzt an der Reihe, sich Yossi hinzugeben, antwortete ich, und Elisa wurde sehr wütend, nicht nur wegen des Bildes, sondern auch, weil sie immer wütend wurde, wenn ich so gestelzt sprach wie sie. Du verstehst überhaupt nichts!, rief sie. Lucian hat ganz richtig daran getan, dir deinen dummen Schneidezahn auszuschlagen! Und wenn du so weitermachst, hau ich dir den anderen auch noch weg! Was für ein Theater das mit euch ist. Seit einem Jahr! Ich meine, ihr beide habt ja noch nicht einmal gefickt.

Ich grinste, und dann ging ich in die Küche und machte uns eine Kanne Kaffee, ich wusste ja, dass sie sich bald zu mir setzen würde. So kam es dann auch, sie lehnte sich in den Türrahmen, der lockige Pony fiel ihr über die Stirn, und sie trug zwei Kapuzenpullover übereinander und sogar solche Handschuhe, die die Finger aussparten. Wir tranken unseren Kaffee und schwiegen den Rest des Abends und tippten auf unseren Handys herum, bis die Erste von uns in ihr Zimmer ging. Am nächsten Morgen stand Elisa früh auf und weckte mich mit ihrem Herumgeklapper in der Küche. Ich zog mir einen Kapuzenpullover über und folgte ihr, dann umarmte ich sie lange und strich ihr über die Haare, bis sie zu schluchzen begann.

6

Lucian zeigte mir am Handy irgendwelche Fliesen, die er in der kleinen, gemeinen Hütte irgendwo im Nichts, nicht in den Bergen und nicht am Meer, verlegt hatte. Die Hütte hatte er gerade von seinem Großvater geerbt. Er legte Wert darauf, dass sein Großvater ein Schwein war, der immer wie ein Schwein gelebt und wie ein Schwein die Kinder verprügelt hat. Seiner Theorie nach war sein Vater deswegen besonders gelungen: Sein Vater war ein Gentleman, der seinen Schal zu einer Schlaufe band und der den Damen die Tür aufhielt. Die Söhne der Schweine werden besonders feine Menschen, sagte er. Bist du nach deinem Großvater oder deinem Vater geraten?, fragte ich Lucian. Lucian legte das Handy auf sein Knie und strich sich mit den Handflächen über die Wangen. Meine Mutter sagt, nach dem Großvater, sagte Lucian und lachte. Dann nahm er wieder sein Handy. Diese Fliesen hat mein Vater auf der Baustelle gestohlen, sagte Lucian, und er erwartete, dass ich irgendwie erstaunt war, aber meine Schwester und ich haben früher unseren halben Hausrat zusammengeklaut, deswegen war ich nicht sehr erstaunt und sagte nur: schön. Ich hatte keine Lust, ihn zu fragen, woher er weiß, wie man Fliesen legt. Lucian kann alles. Dann zeigte er mir auf seinem Handy den Balkon, den er angebaut, und die Wand, die er gekalkt hatte, und er sagte: Mein Großvater war so eine Sau, er hat hier immer gegen das Haus gepisst, aber jetzt habe ich einen Kanal gelegt. Dann sagte er: Wir haben ihn alle gehasst, wir waren froh, als er tot war.

Ich wollte nicht, dass er mir wieder von seinen Eltern erzählte. Er hatte mir einmal, das war ziemlich am Anfang, die Wohnung gezeigt, auf die er gerade aufgepasst hatte, weil seine Eltern weg waren. Ich sagte: Sind sie runtergefahren, weil ich wusste, dass er das mit dem Runterfahren lustig finden würde, so sagten das nämlich immer die Deutschen, und er lachte und lachte und sagte Ja, die sind runtergefahren und machen da unten deutsche Vita. Dann erzählte er mir alles über die Wohnung: Zuerst waren wir im Flüchtlingsheim, sagte er, dort bin ich geboren, meine Mutter war nämlich schwanger, als sie floh. Dann haben meine Eltern diese Wohnung gefunden. Er zeigte mir alle Zimmer, es roch nach Rauch, denn er rauchte sogar im Badezimmer, solange seine Eltern da unten waren. Dann gingen wir in das ehemalige Kinderzimmer. Ich erfuhr an diesem Tag, dass er drei Geschwister hatte. Er schaltete das Licht an und machte weite Bewegungen mit den Armen und sagte: Da haben wir zu viert geschlafen, aber manchmal haben meine Eltern hier noch Freunde versteckt, die haben auch bei uns Kindern geschlafen. Ich verstand nicht, wieso man die Freunde hatte verstecken müssen, aber ich fragte nicht. Er sagte: Verstehst du, jetzt will ich meine Ruhe. Neben mir darf nicht mal der Hund schlafen. Dann machte er das Licht wieder aus, und wir setzten uns in die Küche, die mich irgendwie rührte, weil sie alt und scheußlich war, aber sauber und ordentlich.

Er sprach heute nicht von der Wohnung und seinen Eltern, sondern nur von seinem Großvater: Jetzt ist mir das alles egal, sagte er, jetzt habe ich mein eigenes Haus mit Kanal und Balkon, und bald werde ich ganz dorthin ziehen.

Ganz egal, wie oft Lucian von seinem komischen Haus schwärmte: Darin wurde es ihm immer schnell langweilig, und er begann, sich mit den Nachbarn zu verabreden, mich anzurufen und mir wieder von den Leuten zu erzählen, die er in den Elektrogeschäften und vor den Ämtern kennenlernte, und immer öfter in die nächste Stadt zu fahren, und spätestens nach zwei Wochen kehrte er wieder zurück in das Dachgeschoss, um sich ein bisschen über die hässliche Stadt, den Lärm oder seine Arbeit zu beklagen und allen zu erzählen, dass er wieder abhauen müsse. Nie war er zufrieden, und nie war es schlimm.

7

Lucians Eltern haben immer, wenn er sich geärgert oder sich ungerecht behandelt gefühlt hat, zu ihm gesagt: Das ist nicht schlimm, bei uns war es schlimmer! Seitdem ist nichts mehr schlimm bei ihm, aber bei mir war alles schlimm. Überhaupt war ich gereizt, und das hing damit zusammen, dass Lucian seit ein paar Tagen anders war. Ich hätte gewettet, den meisten wäre es nicht aufgefallen, aber ich habe es sofort bemerkt, zumindest

auf den zweiten Blick. Lucian grinste immer noch
schief, wenn ich ihn nach der Arbeit an der Tramhalte-
stelle traf, so schief grinsend, kam er auf mich zu, ich
sah dann viel Zahnfleisch und ordentlich aneinander-
gereihte Zähne, ich war jedes Mal überrascht, dass ein
so großer Mann so kleine Zähne hatte, er trug noch
immer diese Carhartt-Jacke aus Canvas und eine Mütze,
und seine Hände hatte er in den Hosentaschen, und ich
hörte, wie seine kräftigen rosigen Finger die Geldscheine zerknitterten. Lucian hätte nie so ein schwarzes, hässliches schweinsledernes Portemonnaie in der
sogenannten Gesäßtasche getragen, um dann das
kleine, mit einem Druckknopf geschlossene Münzfach
zu öffnen und einem Kellner angewidert ein paar Münzen zu reichen. Lucian hatte überhaupt keine Münzen.
Das war alles schon immer so, aber neu war: Lucian
hatte seit ein paar Tagen diesen unmöglichen Gang,
den Männer bekommen, wenn eine Frau überraschenderweise zustimmt, mit ihnen zu schlafen. Ich hasste
diesen Gang. An den Männern wird alles ganz breit, sie
gehen plötzlich wie Fußballspieler, ihre Oberarme halten sie in ein paar Zentimetern Distanz zum Oberkörper, sie sind wahrscheinlich auch ein bisschen größer
als sonst, aber das fiel mir nicht auf, weil ich Lucian
höchstens bis zur Schulter reichte. Es fehlte wirklich
nur noch, dass Lucian wie ein räudiger Kater seine geschwollenen Hoden aus der Hose baumeln ließ. Mich
ärgerte das, denn Lucian ging natürlich nicht wegen
mir so, sondern wegen so einer schwarz angezogenen

Provinzmaus von der Kunstakademie, und die ganze Sache roch für mich schon schlecht, als er mir vor ein paar Wochen davon erzählt hatte, natürlich schief grinsend und zwischendurch immer abwesend mit seiner Zunge an den rissigen Mundwinkeln herumspielend und mit den Handflächen über die Wangen streichend, nach oben schielend wie ein Heiliger in Ekstase. Aber wie gesagt, ekstatisch wurde er nicht wegen mir. Die geht mir nicht aus dem Kopf, hatte er nachdenklich zu mir gesagt und wieder mit den Geldscheinen geknistert. Er sah mir ins Gesicht, dann sagte er: Ich kann ja nicht immer an deiner Seite bleiben. Ich antwortete: Du warst nie an meiner Seite. Er sagte: Du bist so ein Bauer. Komm, sagte er, wir gehen irgendwohin. Ich nehme dich in ein Café mit, da arbeiten nur Romamädchen, sagte er. Wir gingen in das Café, aus irgendwelchen Gründen gingen wir immer in die hässlichsten Läden, die wir finden konnten, das waren dann entweder Bäckereiketten, Tchibofilialen oder Dönerstände, heute gingen wir in so ein abscheuliches 80er-Jahre-Café, Lucian bestellte auch immer irgendwelchen Mist, er bestellte ein Bier und einen Kaffee mit Milch und dazu einen Eisbecher Harmonie mit Ananas aus der Dose und Papierschirmchen. Die Bedienungen trugen enge Jeans und bauchfreie Tops. Lucian fand es lustig, dass nichts schmeckte, er ließ mich alles probieren und war verzückt, als ich auch fand, dass nichts davon irgendeinen Geschmack hatte. Aber sonst redete er nicht, er erzählte mir nicht von seinen Begegnungen und drohte mir auch nicht, in das Haus mit dem Balkon und dem Kanal abzuhauen, und so saßen wir nebeneinander und sagten nichts, und dann zog er seine knisternden Geldscheine aus der Hosentasche und ließ die Münzen verschwinden. Ich langte noch einmal in sein Eis, ich wusste, dass er das hasste, wenn man nicht fragte, wegen seiner Geschwister, aber er ließ mich trotzdem. Ich sagte schließlich etwas Hundsgemeines über unsere Bedienung, und Lucian bekam einen Lachanfall, aber einen aus Erleichterung, weil es ganz kurz weniger still war und fast so aussah, als wäre alles in Ordnung.

Ich sorgte dafür, dass wir immer nebeneinandersaßen, nie gegenüber, ich dachte nämlich, ich sähe von rechts im Profil ein bisschen besser aus, außerdem wollte ich Lucians Oberschenkel an meinem spüren und sein Parfum riechen. Das mit dem Parfum war so eine Marotte von ihm, er kam manchmal von der Schwarzarbeit und hatte überall Farbspritzer, weil er zu faul war, sie sich von den Armen zu reiben, außerdem sagte er immer: Schau, ich tue mir nur Olivenöl auf die Haut, ich benutze nie Seife, fass mal an. Aber dann sprühte er sich trotzdem mit Guerlain ein und roch wie ein Zuhälter und schaute aus wie ein Bauarbeiter. Und das Dumme war: Nicht nur die blöde Kuh aus Bamberg fiel darauf herein, ich fiel darauf auch herein. Alle sagten zu mir: Du spinnst. Elisa schrieb: Vergiss ihn! Es gelang mir immer so für zwei Minuten, dann dachte ich an seine kleinen Zähne und die Farbspritzer.

8

Ich lehnte an der Wand, Lucian stand vor mir, lächerlicherweise hatte er einen großen roten Rollkoffer dabei. Er war ein paar Wochen in seinem Haus gewesen, dann hatte er wieder einmal Sehnsucht nach der Stadt und der Dachgeschosswohnung und den Leuten aus den Elektrogeschäften bekommen und mich angerufen, da habe ich ihn abgeholt. Wir standen auf dem Bürgersteig und schauten zwei Backpackerinnen nach. Er sagte: Ich könnte mit einer Frau, die mit so einem großen Rucksack durch die Gegend läuft, nie Sex haben. Schau mal, wir fahren alle nur in Städte, überall gibt es Asphalt. Ich dachte kurz: Wie merkwürdig ist es, dass alle unsere Städte und fast die ganze Welt von einer Schicht aus Asphalt überzogen sind. Konserviert sie das Leben darunter? Hält sie die Würmer warm? Ich sagte: Ich habe auch so einen Rucksack, ich hasse das Geräusch, das Rollkoffer auf dem Asphalt machen. Lucian sagte: Ich verstehe das, aber so ein Rucksack sieht wirklich scheiße aus. Schau mal, du kannst doch nicht so tun, als wärst du 1962 in Nepal, dabei bist du nur in Scheiß-Barcelona oder -München. Ich sah ihm in die Augen, die waren blau und sehr schön, mich interessierte das sehr, weil uns unser Ethiklehrer in der zehnten Klasse erzählt hat, dass man an den Pupillen Affektion ablesen kann: Je größer die Pupillen, desto mehr mag dich dein Gegenüber. Ich fand, Lucians Pupillen waren mittelgroß. Lucian zog eine Packung Marlboro aus seiner Jackentasche, dann setzten wir uns auf seinen Koffer und rauchten alle Zigaretten hintereinander. Er erklärte mir an diesem Tag alles über Motoren. Er bewegte seine Fäuste diagonal, die linke in die rechte Unendlichkeit, die rechte in die linke Unendlichkeit, dann sagte er: So bewegen sich die Zylinder bei einem Boxermotor, bei einem Porsche. Ich sagte: Woher weißt du das? Er sagte, mich interessiert das. Mich interessiert alles. Dann sagte ich: Wie bewegen sich normale Zylinder? Er behalf sich mit der rechten Hand, seine Finger legten sich um einen unsichtbaren Zylinder. Er bewegte die Hand hoch und runter, und ich konnte mich auf kein Wort konzentrieren. Ich glaube, ich wäre in der Lage gewesen zu verstehen, was er mir erklärte. Mein Vater hatte so ein Buch vom ADAC gehabt, und daraus hat er mir manchmal Texte vorgelesen über Getriebe und über Achsen und über Ottomotoren, und er wurde ärgerlich, wenn ich nichts verstand.

9

Ich bin jetzt dreiundzwanzig. Gabi ist nach Berlin gezogen, weil er ein Volontariat bei einem Verlag macht. Wir sehen uns manchmal, wenn er seine Eltern besucht. Die Leute von früher sagen, dass er jetzt viel besser aussieht.

Meine Großmutter ist tot. Ich glaube, sie hatte Wasser in der Lunge, aber ich weiß nicht, ob sie daran auch gestorben ist. Nachts klingelte das Telefon, und das war's. Sie haben die Wohnung verkauft und alle

Möbel weggeworfen, auch das Sofa, auf dem wir geschlafen haben, und den Spiegel, in dem ich so fett aussah. Ich dachte kurz, dass wir jetzt vielleicht etwas verpassen könnten, dass wir den Moment versäumt haben, in dem sie uns alles hätte erzählen können. Aber eigentlich bin ich froh, dass es so ist. Ich fühle mich wie meine Cousine, viel älter, als ich eigentlich bin. Wenn jemand käme, dem ich es gleich glauben könnte, ein Arzt in einem weißen Kittel, der sich besorgt über mich beugen würde und riefe: Es ist ein Irrtum, Sie sind keine junge Frau, Sie sind am Ende Ihres Lebens, dann würde ich sagen: Ja, das stimmt.

Lucian hat jetzt so eine Art Galerie. Die Leute sind verrückt geworden, weil er so schön ist und weil sie nicht fassen können, dass einer, der immer nur schwarz auf dem Bau gearbeitet hat, sich auch Gedanken macht. Übrigens hat er das früher immer gesagt: Alles, was ich weiß, habe ich auf dem Bau gelernt. Damit meinte er, dass die Leute sich immer unmöglich verhalten haben und er überhaupt erst dort verstanden hatte, wie schrecklich es ist, für Leute zu arbeiten. Meistens haben sie ihn zu Unzeiten angerufen wegen Problemen, für die er gar nicht zuständig war, und wenn Lucian es dann abgelehnt hatte, in ihre hässlichen, deprimierenden, teuren Wohnungen zu kommen, wurden sie wütend, und einmal hat eine Frau ihn »Analphabet« genannt, natürlich die Sorte Frau, die in ihrem Scheiß-Moormann-Regal nur Fotobände aus dem Taschenverlag stehen hat. Einmal gab eine freundliche Schwäbin ihm ein paar Hundert Euro extra, damit er ihr Wohnzimmer in einer irisierenden Farbe strich. Ein Fleck kam immer durch, und als Lucian ihn ihr zeigte, sagte sie: Das macht nichts, da kommt der Kandinsky davor.

Wir haben seit einem Jahr nicht mehr miteinander gesprochen. Ich könnte Lucian begegnen, wenn ich wollte, aber ich gehe jetzt immer einen Umweg. Ich bilde mir darauf nichts ein, aber ich glaube, man erkennt mich, nicht weil ich so schön bin oder aufreizend gehe, aber ich gehe schnell und stolz. In der Galerie brennen ein paar Kerzen, ich höre Stimmen aus der Ferne, vielleicht hat jemand Geburtstag.

SCHATTEN

ROBERT PROSSER

Der dritte Tag in Beirut. Tarik steckte die aus dem Müllcontainer gefischte Flasche in den Rucksack, den Jakob bereithielt. Sie umrundeten Checkpoint und schläfrig blinzelnde Soldaten, steuerten auf das blaue Flirren zwischen den Häusern zu. Am Meer verschwand Tarik in Richtung Industriehafen, vielleicht gab es dort etwas zu erbeuten. Jakob blieb mit dem Rucksack an der Promenade. Er blätterte durch das Notizheft, überflog die Namen und Kontaktdaten, bei denen er sich für Interviews melden sollte, doch lenkte ihn der gemächliche Strom von Spaziergängern ab. Pärchen flanierten die Corniche entlang, Zuckerwatte in den Händen. Möwenkrächzen, der Erdbeergeruch einer Shisha; Jakob genoss die Gewissheit, für die Recherche noch mehr als eine Woche Zeit zu haben. Tarik kam zurück, auf der Schulter eine fleckige Kartonschachtel. Hab ich hinter einem Hotel gefunden, sagte er. Nicht schlecht, oder? Weitere sechs Flaschen.

Jakob holte eine heraus, grünes Schillern im Sonnenlicht, Château Margaux 2018. Bist du oft hier an der Küste?, fragte er, und Tarik schüttelte den Kopf, es sei das erste Mal. Er nahm sich vor, dieses Detail bei nächster Gelegenheit in seinem Notizheft zu vermerken, wo alles stand, was er bisher über Tarik erfahren hatte: Gerade zwanzig geworden. Gebürtig aus der Nähe von Damaskus. Seit vier Monaten im Libanon. Von daheim abgehauen, weil er in die Armee Assads einberufen worden war. Lieber fliehen, als zu töten.

Wie ist der Sommer bei dir zu Hause?, fragte Tarik. Eine Katze strich um ihre Beine, und Jakob erzählte von Wien und der Donauinsel, nicht vergleichbar mit dem Meer und der Hitze, den Palmen. Im Dorf, in dem er aufgewachsen war, sprang man von einem Felsen in den kalten See, das immerhin sei nicht unähnlich den Kindern, die unter ihnen mit fröhlichem Kreischen von den Wellenbrechern in das gischtspritzende Wasser hechteten.

Österreich ... kenn ich nur von TV-Dokus. Hitler war ein Österreicher, oder?

Leider ja.

Tarik kraulte die Katze und fragte: Warum bist du nach Wien gegangen? Mit einem Schulterzucken sagte Jakob, es sei der gewöhnliche österreichische Lebenslauf, man verließ die Provinz für die Großstadt, zumindest wenn man studieren wollte.

Ich wäre gern wieder in meinem Dorf, erwiderte Tarik. Er hielt seine Hände gegen die Sonne. Ich vermisse das Restaurant. Hab bei meinem Vater Kochen gelernt, neben der Uni.

Mir hat's besonders zu Beginn in Wien wahnsinnig gefallen, sagte Jakob. Ausgehen und feiern, das kannst du in Wien machen, aber da, wo ich herkomme, sagen sich Fuchs und Hase Gute Nacht.

Fox and rabbit say good night, murmelte Tarik, machte ein fragendes Gesicht: Was soll das bedeuten?

Ehe Jakob antworten konnte, fasste ihn Tarik am Arm, wies mit einem Nicken auf zwei Polizisten. Hauen wir ab, sagte er, nicht dass sie mich kontrollieren.

Ihre verzerrten Spiegelungen in den Schaufenstern von Boutiquen und Autohändlern. Je näher am Meer, desto teurer das Leben, das schien eine Grundregel zu sein. Die Gleichzeitigkeit von Maserati und Checkpoint. In den Einfahrten die Luxuskarren und an Kreuzungen Soldaten, vor der Brust ein Maschinengewehr. In Gedanken formulierte Jakob einen Satz: Gelangweilte Soldaten und streunende Katzen, die zwei Plagen Beiruts. Das könnte als Beginn der Reportage taugen. Oder besser: Räudige, heiße Tage, die den Soldaten und Katzen gehören.

Sie folgten der Hauptstraße in das Viertel Furn esh-Shubbak. Über den Freund eines Bekannten hatte Jakob die Mailadresse eines Mannes erhalten, der ihm eine Unterkunft zur Verfügung stellen könnte. Dieser Mann schrieb am Tag vor Jakobs Abflug, wegen eines Auftrages in die Türkei zu müssen, aber kein Problem, ein Mitarbeiter namens Tarik werde ihn auflesen.

In der Wohnung übertrug er die Mitschrift des Interviews, das er an diesem Vormittag mit einer Anwältin geführt hatte. Sie hatte vom letzten Krieg mit Israel berichtet, als man in einer lauen Sommernacht schlafen gegangen und im Bombardement aufgewacht war.

Und von der Hisbollah, der schiitischen Miliz, die den Krieg losgetreten hatte und mittlerweile im Parlament saß. Dass sie einmal von den Bergen herabgekommen war und Beirut für einen Tag besetzt hielt als Beweis, wie leicht sie die Macht an sich reißen konnte. Dass sie aufseiten Assads in Syrien kämpft. Hisbollah, yes or no?, rief er in die Küche. Very bad, antwortete Tarik und erzählte von seinen Erfahrungen, die Jakob sogleich im Notizbuch festhielt: Die erste Station seiner Flucht sei Baalbek gewesen. Dort herrsche die Hisbollah, sie erließ eine Ausgangssperre für Syrer, Tarik mittendrin, es war eine schlechte Zeit und ein schlechter Ort für ihn, er sei froh gewesen, schließlich weiter nach Beirut zu können. Der Wohnungsbesitzer, ein entfernter Bekannter seines Vaters, gewähre ihm Unterschlupf.

Tarik kam aus der Küche, stellte ein Schälchen mit Olivenöl und eines mit Gewürzen auf den Tisch. From home, sagte er und riss ein Stück vom Brot ab, dippte es erst ins Öl, dann in die Mischung. Jakob hatte das Gleiche vor zehn, nein, elf Jahren im Zelt eines Nachtwächters gekostet, als er in Tariks Alter durch Syrien gereist war. Er öffnete den Foto-Ordner auf seinem Laptop. Die Grabtürme und die Trümmer von Zenobias Palast, das Kastell. Er klickte weiter. Eine Brücke, ein metallen schimmernder Fluss, Ufergestrüpp. Ein tunnelartiger Souk, Sonnenstrahlen fielen durch Lücken im Dach. Aufgenommen in Deir-es-Zur und Aleppo. Am Euphrat und im Marktlabyrinth nahe der

Zitadelle. Auch ohne Erläuterung vonseiten Jakobs wusste Tarik, um welche Orte es sich handelte. Mann, wie schön es dort war, sagte er, ein Leuchten in den Augen, das ihn kindlich wirken ließ, seiner massigen Gestalt zum Trotz. Das nächste Foto zeigte den zwanzigjährigen Jakob neben einer älteren Frau, einer Engländerin namens Susan, in einem Café vor dampfenden Tassen. Ein alltäglicher Moment, doch während Susan, eine Zigarette im Mundwinkel, ruhig in die Kamera schaute, ganz der Inbegriff einer abgeklärten Reisenden, besaßen seine eigenen Augen denselben Ausdruck wie die von Tarik gerade eben, ein Flackern, das ein wenig naiv wirkte, besonders aber Offenheit bezeugte, eine unvoreingenommene Freude an der Welt, und für einen Moment kam es ihm so vor, als würde sich darin seine Jugend konzentriert haben, in diesem Gefühl, diesem Blick.

Tarik schulterte die Schachtel. Shukran, sagte er, es war super heute. Er verschwand mit den Flaschen in der Werkstatt. Der abwesende Wohnungsbesitzer hatte eine geschäftstaugliche Form des Upcyclings ausgeheckt. Das Streugut der Partymetropole Beirut schliff Tarik zu Dekogegenständen, Aschenbechern und Trinkgläsern, die sich auf den Regalen stapelten und bis nach Istanbul und Amman verkauft wurden. Die nötigen Fertigkeiten hatte er schnell erlernt, als Lohn wohnte er gratis. Für gewöhnlich wurde ein Karton mit Altglas vor die Tür gestellt. Soweit Jakob es durchblickte, konnten zwischen diesen Lieferungen Tage vergehen, in denen Tarik nicht viel mehr tat, als sich Hähnchen und Pommes vom nächsten Laden zu holen und fernzusehen.

Jakob hatte vorgeschlagen, sich selbst auf die Suche nach Altglas zu machen; Tarik war auf diese Idee, ohne zu zögern, eingegangen. Seit seinem Eintreffen in Beirut harrte er in der Wohnung aus, beschränkte sich auf einen möglichst engen Radius. Wie heute an der Corniche misstraute er Uniformierten; als Flüchtling, hatte er einmal angemerkt, müsse man vorsichtig sein. Jakob betrachtete sein jüngeres Abbild. Er hätte mit Anfang zwanzig ein solches zurückgezogenes Dasein nicht ertragen. Damals, in den ersten Semestern, arbeitete er an den Wochenenden für ein Leasingunternehmen. An den Rändern Wiens, an Autobahnauffahrten und in Industriegebieten, war er meistens auf Schottergruben im Einsatz. Die Förderbänder wurden gestoppt, um von Schutt und Steinwerk gesäubert zu werden. Der Trupp bestand vorwiegend aus älteren Männern mit vom Suff kränklich roten Gesichtern, die über einen sechsten Sinn verfügten und instinktiv wussten, wann der Chef in der Nähe und also eine gespielte Arbeitsmoral nötig war oder ob sich die Rauchpausen in die Länge ziehen ließen. Die Tage vergingen schrecklich zäh. Es half, sich vorzusagen, wie viel Lohn er kassieren würde. Ein Flugticket nach Damaskus war damit auf jeden Fall gesichert. Kilometer fressen, Kilometer machen, das wollte er, die Rasanz der Eindrücke, der schnelle Wechsel von

Begegnungen und Orten, die Sinnlichkeit, die in der Fremde zu finden war, sich ihr voll und ganz ausliefern. Als ließe sich nur auf diese Weise wirklich spüren, da zu sein, zu existieren. Mit solchen vagen, damals schwer in Worte zu fassenden Erklärungen konnte besonders sein Vater nichts anfangen. Für ihn war Jakobs eingeschlagener Weg ein Rätsel oder zumindest ein Ärgernis. Unverständlich, dass der Sohn studierte, anstatt nach dem Schulabschluss beim örtlichen Sägewerk anzufangen, leicht könnte er ihm dort einen Posten als Buchhalter beschaffen. Wenn Jakob sich ausmalte, wie er mit Rechnungen hadern würde und aus der Halle, wenn die Sägen einen Moment pausierten, die Stimme seines Vaters, des Vorarbeiters, zu hören wäre und er dabei mit der Schaufel in einen Haufen Schotter stach, schloss sich diese Tätigkeit mit der väterlichen Zukunftsvision kurz, und es kam ihm vor, als höbe er sein eigenes Grab aus.

Er wollte nicht im Dorf versumpfen, sondern den Sprung machen in etwas Besonderes. Und dieses Besondere war das Reisen. Begonnen hatte es mit einem Trip nach Marokko. Marrakesch, Casablanca, Tanger. Der Flug dorthin war billig, und es brauchte keinen anderen Ansporn als die Aussicht zu erfahren, was sich hinter solchen klingenden Namen verbarg. Die nächste Reise sollte nach Syrien führen. Dieses Ziel erschien ihm noch gewagter als der Maghreb, eine Steigerung der Ungewissheit. Seine Eltern schüttelten über diesen

Plan den Kopf. Sie glaubten, dass man ihn in der Fremde ausrauben könnte oder Schlimmeres passieren würde. Jakob tat diese Sorgen als übertriebene Schwarzmalerei ab.

Aus der Werkstatt drang der schrille Ton der Maschine, da Tarik Glas über das Schleifband zog. Es rief ihm die eigene Arbeit in Erinnerung. Treffen mussten vereinbart, ein Backup der jüngsten Fotos und Audioaufnahmen erstellt werden. Er lächelte darüber, wie er sich nach dem Aufenthalt in Marokko als Draufgänger gesehen hatte, der in Marrakesch unerschrocken die Viertel erkundet, jede Einladung zu Tee oder Gespräch angenommen und in einem Bus voller Einheimischer den Hohen Atlas durchquert hatte. Aber der Grund, weshalb ihm entgegen der Sorge seiner Eltern unterwegs nie etwas zugestoßen war, konnte ein ganz anderer gewesen sein, dachte er sich jetzt. Man hatte ihn mit Nachsicht behandelt wegen seiner Jugend und Unbekümmertheit oder Unschuld; vermutlich hatten die Menschen, denen er begegnet war, dasselbe empfunden wie er, wenn Tarik sich über die Schnappschüsse aus seiner einst unversehrten Heimat freute: Jemandem mit einem solchen Blick konnte man nichts Böses wollen.

Der nächste Tag, wieder auf Tour. Gebüsch hing über den Metallzaun eines Parks, schwere rosafarbene Blüten. Aktuell belief sich die Ausbeute auf dreimal Wein und einmal Champagner. Am Ende der Parkmauer ein Checkpoint. Sie folgten dem Pfad zwischen Sandsäcken und Stacheldraht hindurch in ein belebtes Viertel, gelangten auf einen Markt. T-Shirts von Real Madrid oder FC Bayern hingen an Haken, Küchengeschirr türmte sich, Spielzeugautos, Spielzeugkalaschnikows. Ziegen scharrten in einem Haufen zerrissener Müllsäcke. Ein Mann schlenderte die Marktstraße herab. Vernarbtes Gesicht mit löchrigem Bart, aufrechte Haltung. Junge Typen mit Baseballcaps und Muskelshirts schwänzelten ihm nach, blickten herausfordernd nach allen Seiten. Tarik fragte einen Verkäufer, wer das Narbengesicht sei, und übersetzte Jakob die Antwort: Ein Veteran, hat für Assad gekämpft. Er stellte den Rucksack ab, legte die Hand auf seine Brust und sagte: Ich, keine Armee.

Er hielt vier Finger in die Luft: Vier Jahre.

Jakob erfuhr, dass Tarik nach vier Jahren zurück nach Hause durfte. Dann ist die Einberufung nichtig. Drei Jahre, acht Monate noch, rechnete Tarik ihm vor, und er könnte wieder heim.

Er zeigte auf eine in Plastik gewickelte dunkle Masse, die in einer Vitrine auslag. From home, sagte er. Honigwaben, mit Anis versetzt. Der Verkäufer schob ihnen auf Zeitungspapier je ein Stück zu.

Du und ich, wir fahren nach Raouché, sagte Tarik und biss in das zähflüssige Dessert. Er habe gehört, es sei ein wunderschöner Ort am Meer. Über solche Sehenswürdigkeiten Beiruts solle Jakob schreiben.

Hier finde ich es besser, sagte Jakob und blickte

von den müllstöbernden Tieren hoch zum Gewirr der Stromkabel, die zwischen den Wohnblocks hingen.

Aber warum? Willst du nur vom Hässlichen erzählen?

Nicht hässlich, aber echter. Das Schöne ist überall gleich, das brauche ich nicht zu zeigen, dafür gibt es Reiseführer. Und wer will das lesen? Wenn du im schönen Österreich sitzt, interessiert dich das nicht, da muss man was anderes liefern.

Kaum ausgesprochen, tat ihm diese Aussage leid. Er wollte nicht, dass Tarik glaubte, er würde nur die dreckigeren Seiten des Libanons ausschlachten.

Man muss über das Hässliche so schreiben, dass sich das Schöne darin zeigt. Mann, das hört sich bescheuert an ... Ich will zeigen, dass es in Beirut auch abseits der Corniche viel zu entdecken gibt, darum geht's mir.

Ein paar Typen lehnten an der Mauer. Einer sprach Tarik an. Sie waren aus Qamishli, syrische Kurden. Hasch?, fragte der Junge und wies mit dem Kinn auf Jakob. Er solle zehn Gramm kaufen, zwanzig. Man brauche das Geld.

Wozu? Für einen Pass.

Wie viel der koste? Hundert Dollar.

Damit könnte man nach Erbil fliegen, ins irakische Kurdistan, und von dort in die Türkei einreisen und schließlich mit einem Boot auf eine griechische Insel gelangen. Europa, rief der Junge und veranstaltete unter Gelächter einen Freudentanz.

Und du?, fragte Jakob.

Tarik schüttelte den Kopf. Er will in der Nähe seines Vaters bleiben. Von Beirut nach Damaskus, das waren früher nur zwei, drei Stunden mit dem Bus. Manchmal habe er das Gefühl, jederzeit zu ihm zu können. Ein Huhn pickte durch zerrissene Müllsäcke. Tarik ging in die Knie und versuchte, es anzulocken.

Bei seinem Vater gäbe es nicht nur Shawarma und Falafel, sagte er. Bekannt sei das Restaurant für al-Mandi, eine jemenitische Spezialität aus Hühnerkeulen. Er blinzelte hoch zu Jakob. Dein Vater, was macht er?

Arbeitet in der Holzindustrie.

Vermisst du ihn?

Er wollte Nein sagen. Dass man sich zu Weihnachten treffe, gelegentlich telefoniere, dass das genüge. Natürlich nahm er eine gewisse Rolle in seinem Leben ein, aber vermisst hatte Jakob ihn ehrlicherweise noch nie.

Stattdessen erwiderte er: Klar. Ich freu mich schon, wenn ich ihn wiedersehe.

Er befürchtete, Tarik zu verletzen, würde er die Wahrheit sagen. Der junge Syrer sprach nur vom Vater, mit dem ihn eine enge Beziehung verband, nie von seiner Mutter oder, falls er welche hatte, von Geschwistern. Dieses Schweigen konnte vieles bedeuten, und bis sich der richtige Moment ergab, um Tarik danach zu fragen, wollte Jakob nicht am Vaterideal kratzen. Durch die Kameralinse visierte er eines der oberen

Fenster des gegenüberliegenden Hochhauses an, fotografierte die junge Frau, die von dort gedankenverloren
auf das Marktgewühl herabblickte. Die kurdischen
Jungs riefen, er solle auch sie ablichten, und warfen
sich in Pose, Schulter an Schulter und breites Lachen.

Die Arbeit gefällt dir, was?, sagte Tarik, und Jakob
erwiderte, sich nichts Besseres vorstellen zu können.
Ich bin wie James Bond, sagte er, immer auf Mission,
und Tarik erwiderte: Sicher bist du das. Aber mir wär's
lieber, wir würden weiter Flaschen suchen.

Raouché?, fragte Tarik am nächsten Morgen. Jakob
hatte einen anderen Vorschlag: gemeinsam nach Baalbek zu fahren und Tariks Fluchtroute zu rekonstruie-
ren. Sich die Orte ansehen, ein paar Fotos machen.

Du willst von mir schreiben? Tarik sah ihn überrascht an.

Ja, wenn das für dich in Ordnung ist?

Das interessiert jemanden, glaubst du?

Bestimmt. Ich kann es dir schicken, wenn es fertig
ist, ich würde versuchen, es halbwegs zu übersetzen,
und wenn es für dich passt, nehme ich es rein.

Durch die gemeinsame Suche nach Altglas war die
Idee herangereift, aus Tarik einen wesentlichen Akteur
der Reportage zu machen. Die aktuelle Lage im Libanon, die Auswirkungen des Syrienkrieges, davon sollte
der Text handeln; Tariks Leben in Beirut brach diese
gesellschaftspolitischen Geschehnisse auf ein persönli-
ches Schicksal runter. Einen Fixer bekomme er für

hundertfünfzig Dollar am Tag, erklärte Jakob, exklusive Benzin und Verpflegung.

Tarik zögerte. Hundertfünfzig, das sei teuer. Da kam ihm ein Gedanke, und er öffnete die Tür neben der Werkstatt. Dahinter ein großer, heller Raum. Ein schmiedeeisernes Doppelbett, eine Kommode; das Zimmer des Wohnungsbesitzers. Aus einem Kästchen neben dem Bücherregal holte Tarik einen Autoschlüssel. Ich schlage vor, wir leihen uns den Wagen aus, sagte er mit einem Kichern.

Du kannst fahren, ja?, fragte er. Ich habe begonnen, es zu lernen, aber dann kam mir der Libanon dazwischen.

Kein Problem, sagte Jakob und fing den Schlüssel, den Tarik ihm zuwarf. Auf dem Weg nach draußen hielt der Syrer inne: Was machen wir, wenn sie uns an einem Checkpoint rausfischen? Nicht, dass sie mich irgendwie festhalten oder so, die könnten behaupten, dass meine Papiere nicht gültig sind.

Dann verwenden wir was von den Hundertfünfzig als Bakshish, sagte Jakob, und Tarik stimmte zu: Gut, riskieren wir's.

Das Auto, ein silberner Mazda, stand am Parkplatz des Fastfood-Ladens. Jakob stellte den Sitz und die Spiegel ein, in der Ablage fanden sich mehrere CDs, eine davon steckte er in den Player. Streichinstrumente in ruhigem Takt, der traurige Gesang einer Frau. Eine Hand am Lenkrad, die andere schwebte zur Melodie

durch die Luft, und er sagte: Das ist auch aus Österreich, Gustav Mahler, schön, nicht?

Tarik zuckte mit der Schulter. Ganz ok, ja. Er kurbelte das Fenster runter und sagte: Heut machen wir
Beeka und morgen den Strand, ok?

Gute Idee, erwiderte Jakob und schlug ein. Er folgte
Tariks Anweisungen und bog an der ersten Kreuzung
nach links auf die Hauptstraße ab, ein Laster bretterte
vorbei, und der Junge lachte: Du fährst zu langsam,
komm, trau dich. Es dauerte, bis Jakob sich an den Ver-
kehr gewöhnte, mehrmals fluchte er, weil man ihn
schnitt, und Tarik griff hinüber, drückte die Hupe. So
macht man das bei uns, sagte er, du musst laut sein,
zeig ihnen, wer der Chef ist. Es gefiel ihm, Jakob den
libanesischen Straßen auszuliefern, und er rief: Schneller, Mann, sonst wird das nichts.

Die Straße wand sich den Hang hinauf, sie ließen
Beirut hinter sich, erreichten einen Gebirgspass. In der
Tiefe lag ein breites, in der Hitze schimmerndes Tal.
Das Beeka, Herzland der Hisbollah. Von Zahlè nach
Norden, sie hielten außerhalb Al-Qus. Tarik ging durch
das dürre Gras abseits der Straße, deutete auf einen der
Gipfel des Anti-Libanon. Ein Lieferwagen habe ihn
hochgebracht, dann habe er in den Kofferraum eines
Pkw gewechselt. Serpentinen hinab, zu einer Lager-
halle. Irgendwann im Lauf der Nacht riss jemand das
Tor auf, leuchtete mit einer Taschenlampe in Tariks
Gesicht. Ein Innenhof. Eine Wohnung. Von anderen,
die bereits dort untergebracht waren, erfuhr er, dass sie

sich in Baalbek befanden. Telefonieren, sagte er, während Jakob ihn fotografierte, sei das Wichtigste gewesen. Mit dem Schlepper und dessen Leuten. Bakshish aushandeln, auf Kontakte verweisen, den guten Namen seiner Familie. Bis er die Wohnung verlassen und weiter nach Beirut konnte.

Jakob betrachtete die Grenze. Eine Kette kahler Berge, kaum voneinander zu unterscheiden. Vielleicht musste er von einem neuen Punkt aus denken, in der Reportage eine Gegenüberstellung von Einst und Heute versuchen. Der zwanzigjährige Tarik hier im Libanon und der gleichaltrige Jakob dort drüben in Syrien. Eine Gegenüberstellung dieser unterschiedlichen Lebensläufe, einmal die Freiheit, die er als Backpacker kennengelernt hatte, und einmal die Verdammnis zum Stillhalten, wie sie Tarik erfahren musste. Nach seiner Ankunft in Damaskus war er in einem Hostel abgestiegen, das im Reiseführer als The best Budget Option ausgewiesen wurde; er ergatterte eines der letzten freien Betten. Die Unterkunft war voll mit jungen Menschen aus Europa und den USA, aus Japan und Südkorea; das Land hatte als preiswert gegolten und war mit Bussen leicht zu durchkreuzen und daher ein beliebtes Ziel. Auf der Dachterrasse des Hostels versammelte sich allabendlich eine bunte Truppe. Etliche waren seit Monaten hier, um Arabisch zu studieren, andere auf der Durchfahrt nach Jordanien oder in die Türkei. Es gab Weltreisende und jene, die in einer Woche möglichst viele Orte abzuklappern versuchten. Einer erzählte vom Opiumrausch im indischen Manali, von Ashrams und Saddhus, die durch ihre Chillums pures Gras rauchten; eine andere von Rafting in China, in einem der Zuflüsse des Jangtsekiang. Wie dumm Jakob sich fühlte, denn was waren im Vergleich zu solchen Erlebnissen die seinen, die eigentlich nur davon handelten, in Marrakesch die Orientierung verloren und sich im Areal der Metzger zwischen baumelnden Schafhälften wiedergefunden zu haben. Er hörte mit Staunen und heimlichem Neid zu. Die besten Geschichten kamen von Susan, eine der wenigen älteren Hostelgäste. Zigarette im Mundwinkel, die grauen Strähnen aus dem Gesicht wischend, erzählte sie mit leiser, unaufgeregter Stimme vom Tschad, wie sie während eines Musikfestivals im Zelt eines Prinzen gelandet und dort bewirtet worden war. Und wie sie, mit Gelbfieber infiziert und im Delirium, einen Truck voller Yams aus Burkina Faso nach Ghana überstellt hatte, eine Fahrt bis zum Volta-See, an die sie sich kaum erinnern konnte. Susan fand ihn sympathisch. In den folgenden Tagen streiften die beiden durch Damaskus, die alte Reisende und der junge Neuankömmling, ein wenig wie Oma und Enkelsohn. Susan schwärmte vom Osten Syriens, den Kurdengebieten, der Wüste. Hier, im Westen des Landes, fanden sich die bekannten Touristenmagnete, die Altstadt von Damaskus etwa oder die Zitadelle von Aleppo, dabei wäre, was entfernter als Palmyra lag, viel staunenswerter, dort zeige sich ein anderes, weniger hübsches, doch zweifellos authentischeres

Syrien. Der Kellner eines Lokals kannte Susan und brachte, noch ehe die beiden bestellt hatten, mit Kardamom verfeinerten Kaffee. An der Wand hing ein Fernseher. Ein Fußballspiel wurde übertragen, die Gäste bejubelten ein Tor, Shishas wurden geteilt und die nächsten Tassen Kaffee gebracht. Sie wechselte ein paar Worte mit einem Typen vom Tisch nebenan, der Susan zu ihrem Arabisch gratulierte. Jakob fand es beeindruckend, wie gekonnt sie sich im syrischen Alltag bewegte. So, dachte er sich, wolle auch er mit sechzig sein, gewachsen zu einer abgeklärten, in sich ruhenden Präsenz. Während der folgenden Spaziergänge vertraute er ihr an, dass er sich unterwegs glücklich fühle, aber zu Hause nicht aus dem Grübeln finde. Weshalb er Publizistik und Politikwissenschaft studierte, ob er ein wirkliches Interesse an diesen Fächern hatte oder ob seine Entscheidung dafür aus einer bloßen Laune heraus gefallen war, und wie es ihn ärgerte, dass er mit den Zweifeln an der eigenen Zukunft insgeheim seinem Vater recht gab, der vom eingeschlagenen Lebensweg des Sohnes herzlich wenig hielt. Am liebsten würde ich einfach nur reisen, von einem Land in das nächste, um die Welt, sagte er. Susan horchte mit gesenktem Kopf zu, nickte gelegentlich. Sie besorgte von einem Straßenverkäufer mit Zitronensaft beträufelte Pistazien. Die Nüsse knackend fragte sie, ob er Lust habe, für sie in Deir-es-Zur Olivenölseife zu holen. Es handele sich nur um eine Schachtel, im Handgepäck leicht zu transportieren. Quer durch die Wüste, in den

Osten, von dem sie geschwärmt hatte. Eigentlich würde sie selbst fahren, doch war sie im Damszener Souk einem Händler auf der Spur, der schönsten Fuchspelz anbiete. Auch die Seife sei besonders, nämlich mit Wüstensand gemischt und von rubinroter Farbe, und ehe sie einen Postversand riskiere, schicke sie lieber jemanden hin. All diese Schätze, erklärte Susan, würde sie nach England bringen, ein Freund habe in London einen auf derartige Erzeugnisse spezialisierten Shop. Import/Export, sagte sie, damit kannst du dir das Reisen finanzieren, nur so als Tipp.

Er benötigte zwei Tage, um den Laden in Deir-es-Zur ausfindig zu machen. Auf einem Zettel hatte Susan die Adresse notiert, dazu einige Hinweise – von der Euphratbrücke rechts die zweite Gasse bis zum Shop mit Brautkleidern ... –, die sich in Anbetracht des Gewirrs der Gassen aber als vollkommen unnütz erwiesen. Endlich betrat er einen engen Raum, winzigen Lehmziegeln gleich stapelten sich an den Wänden die schlammbraunen Seifenstücke. Eines lag zerschnitten auf einem Tischchen und offenbarte sein jadegrünes Inneres. Der Verkäufer bewirtete Jakob mit Tee und türkischem Honig, mehrmals wiederholte er Susans Namen und klatschte lachend in die Hände, what a woman!, sagte er und holte aus einer Kammer die Schachtel, darin die tiefrote Seife. A special edition for our friend, sagte der Verkäufer.

Jakob schloss das Kameraobjektiv und hielt die neuen Details von Tariks Flucht im Notizbuch fest, einige Zeilen in krakliger Schrift. Tarik beschattete mit einer Hand die Augen und sah in Richtung der Berge. Wie ist es dir da drüben ergangen?, wollte er wissen.

Schön war's, antwortete Jakob. Sehr nette Leute und super Kaffee.

Hör auf, sagte Tarik, ohne den Blick von den schwarzen Felsen zu nehmen. Ich meine, was hast du in meinem Heimatland erlebt, was ist dir besonders in Erinnerung geblieben?

Jakob erzählte, wie er außerhalb von Deir-es-Zur bei Sonnenuntergang ein Ruinengelände besucht hatte. Auf einer abgebrochenen Säule hockte der Wächter und lud ihn zu sich ein. Hinter Tempelresten das Zelt; drinnen eine Frau, die ein schlafendes Kind wiegte und Jakob freundlich zulächelte. Das zerrissene Brot, die Schälchen mit Öl und Gewürzen. Die Feuerstelle, die silberne Teekanne mit schwarz verbranntem Boden. Da schlüpfte ein Mann zwischen den Planen hindurch, grummelte zur Begrüßung, brach sich Brot ab, tauchte es in das Öl. Einen solchen Begleiter fing man sich ein wie eine lästige Krankheit.

Jakob war tagsüber durch die Stadt spaziert. Pick-up-Trucks kamen aus den Ortschaften nahe der irakischen Grenze, auf den Ladeflächen kauernde Gestalten, die Gesichter vermummt, zum Schutz vor dem aufgewirbelten Sand. Ein Mann winkte aus einem Café, lud ihn zu sich an den Tisch ein, doch als er etwas in Jakobs Rücken erblickte, hob er abwehrend die Hände. Jakob wandte sich um. An den Lenker eines

Mofas gelehnt, starrte ihn ein Mann an. Eine magere Version Bashar al-Assads, dasselbe Bärtchen, derselbe Haarschnitt. Was er vorhabe, fragte der Mann. Rumlaufen, sagte Jakob, und der andere nickte müde. Jakob wurde ihn nicht mehr los.

Der schmale Widergänger Assads beobachtete, was er tat, mit wem er sprach. Nun war er es leid geworden, draußen in der Nacht zu warten, und Jakob in das Zelt gefolgt. Gleich einem eilfertigen Kellner schenkte der Wächter Tee ein. Erst glaubte Jakob, eine besondere Anekdote ergattert zu haben: Der Schatten, im Osten Syriens zu seiner Überwachung abkommandiert, die gedrückte, angespannte Stille, der plötzlich schweigsame Zeltbewohner, der in der Glut der Feuerstelle stocherte; davon würde er bei nächster Gelegenheit anderen Backpackern erzählen. Doch dann wurde ihm bewusst, dass er nicht nur den Spitzel ins Innere gelotst, sondern seinen Gastgeber dadurch vielleicht auch in Bedrängnis gebracht hatte. Susan hatte von unterirdischen Foltergefängnissen gesprochen, worin man Regimegegner einsperrte, und selbst wenn er nicht glaubte, dass ein solches Schicksal dem Nachtwärter drohen konnte, überkam Jakob die Befürchtung, mit jedem weiteren Wort die Familie in Gefahr zu bringen. Irgendein dummer Kommentar des Ausländers, darauf schien der Tee schlürfende Schatten zu warten. Seine Eltern hatten falsch gelegen, dachte Jakob. Nicht er ging ein Risiko ein, nein, er selbst wurde mit seiner Anwesenheit unbeabsichtigt zu einem solchen für die

Einheimischen. Er trank den Tee aus und verabschiedete sich. Erleichtert hörte er am Weg das Knattern des Mopeds durch die Ruinen hallen; es hieß, dass der Schatten nicht im Zelt geblieben war.

Geheimpolizei, sagte Tarik und spuckte ins Gras. Die hat man Ausländern gern mal auf den Hals gehetzt.

Jakob nickte. An Syrien, sagte er, hat mich am meisten fasziniert, dass man der Diktatur so nah kommen konnte.

Die beiden gingen zurück zum Auto. Jakob schilderte, wie er mit diesen Umständen gehadert hatte, und stellte die eine Frage, die ihn auch damals umtrieb: Sollte man akzeptieren, dass man jemandem wie dem Nachtwärter ungewollt Schwierigkeiten bescherte? Tarik antwortete nicht, machte nur eine abwägende Handbewegung. In Damaskus hatte er eine Freundin namens Susan, so Jakob, die seiner Grübelei entgegnete, dass man aufpassen müsse, was man in solchen Situationen daherplappere, das würde oft schon genügen, und man müsse versuchen, diese Scheiß-Verhältnisse zu verstehen, und könne immerhin später davon berichten. Ihre Worte bewogen ihn, das Studium durchzuziehen. Die gewählten Fächer schienen die richtigen, um den Ratschlag Susans zu beherzigen, die ihn mit der Bitte, in Deir-es-Zur die Schachtel Seife zu holen, aus der Sicherheit des Hostels in ein ganz eigenes Abenteuer losgeschickt hatte.

Vergeblich suchten sie in Baalbek das Wohnhaus, in dem Tarik untergebracht gewesen war. Jakob fotografierte ihn am Eingang der römischen Tempelanlagen. Umgeben von einer italienischen Reisegruppe, im Hintergrund Säulenreihen und angehäufte Steine, das touristische Highlight des Landes.

Wie wär's, wenn wir mit dem Auto noch ein bisschen die Gegend erkunden, schlug Tarik vor. Vom Beeka hab ich selbst auch noch fast nichts gesehen.

Außerhalb der Stadt führte die Straße in einer Geraden durch die Ebene. Im warmen Licht des Nachmittags wirkte das Tal wie eine sich in die Endlosigkeit erstreckende Landschaft. Tariks Idee einer ziellosen Tour gefiel Jakob immer besser, und er hielt am Straßenrand, fragte den Syrer: Möchtest du fahren?

Tarik klatschte erfreut in die Hände, ja, versuchen wir's.

Sie stiegen aus, um die Plätze zu tauschen, und ehe Jakob sich auf den Sitz fallen ließ, betrachtete er das großformatige Plakat, das an einem nahen Mast prangte. Ein Märtyrer der Hisbollah, in Syrien gefallen oder im Kampf mit Israel. Kalaschnikows flankierten das Gesicht des jungen Mannes, eingebettet in Explosionen und Rauchwolken. Ein stoisch blickender, digital bearbeiteter Toter, geschlagen mit einem Schicksal, das Tarik erspart geblieben war. Nicht weit entfernt ein weiterer Mast mit einem ähnlichen Poster.

Daraus könnte ich eine Bildserie machen, sagte er. Besser nicht, erwiderte Tarik, der bereits hinter dem

Lenkrad saß. Wenn wir zu neugierig sind, hält man uns vielleicht für Spione.

Jakob sah sich um. Ich glaube nicht, dass etwas passiert, sagte er, es ist kein Mensch da.

Eine neue Sinfonie begann. Tarik rollte vorwärts, Jakob knipste durch das Seitenfenster die Plakate. An drei Pfosten kamen sie vorbei, dreimal drückte er auf den Auslöser, dann überholte sie ein dunkelblauer Pick-up, blieb quer vor ihnen stehen. Brems, rief Jakob, und Tarik trat auf das Pedal. Ein großer Typ sprang aus dem Wagen, und Jakob versteckte die Kamera unter dem Sitz. Mit einem Fluch verriegelte Tarik die Tür. Bevor Jakob dasselbe tun konnte, beugte sich der Mann bereits zu ihm, schrie unverständliche Worte. We are tourists, beteuerte Tarik. Hinter ihnen hielt ein weiteres Auto. Vier Männer stiegen aus, umringten sie. Camera, verlangte der Große. Tourists, we are tourists. Jakob versuchte sich zu erinnern, was er von der Hisbollah wusste. Wie das wäre, wenn sie ihn abführten. Tarik drehte die Musik ab. Seine zitternde Hand und sein umherirrender Blick verdeutlichten, was Jakob bisher nicht kapiert hatte. Nicht die Kamera war das Problem, sondern Tarik. Der Junge, der abgehauen war, um nicht für Assad kämpfen zu müssen. Der allem widersprach, wofür die Miliz stand. Mit gesenktem Kopf starrte er auf das Lenkrad. Einer rüttelte an der Fahrertür, hämmerte an die Scheibe. Aus der Tasche kramte Jakob ein Bündel Scheine und seinen Pass. Der Große schnappte danach, verglich das Foto mit dem echten Jakob, blätterte im Dokument. Nemsa, sagte er, nun leiser, versöhnlicher. Die arabische Bezeichnung für Österreich beruhigte ihn. Er behielt das Geld, warf den Pass in Jakobs Schoß. Ok, sagte er, ok, und schlug mehrmals auf das Autodach. Noch ehe Jakob die Tür geschlossen hatte, drehte Tarik den Zündschlüssel, kurvte ruckartig um den Pick-up. Schalt in den zweiten Gang, zischte Jakob, komm, in den dritten, lass uns abhauen, und die Strommasten flogen dahin, die Märtyrer. Das waren bestimmt auch Fans von Mahler, sagte er. Und Tarik antwortete: Oder von Hitler. Als sie nach Beirut zurückkehrten, spiegelte sich die untergehende Sonne in den Fenstern der Hochhäuser. Von den Bergen fuhren die beiden in eine leuchtende Stadt hinab. Weit draußen, auf der dunklen Fläche des Meeres, die Lichter einzelner Schiffe.

LUNA UND LILLI

BETTINA WILPERT

Wenn Luna an diesem Tag nicht ihre weißen Sneaker getragen hätte und wenn Lilli nicht zu spät gekommen wäre, weil sie nach einem Streit mit ihrer Mutter in der Früh so aufgebracht war, dass sie schon vor der ersten Stunde eine rauchen wollte – normalerweise rauchte sie die erste Zigarette erst in der großen Pause, schlich sich mit Tom und Wanja unerlaubterweise vom Schulgelände, sie rauchten hinter dem Lehrerparkplatz, hinter der rot-weißen Schranke auf der Straße, doch da Lilli wie immer weder Tabak noch Zigaretten hatte, musste sie mal wieder auf Wanja, der die Zigaretten von seinem Vater klaute, warten, um ihn anzuschnorren, aber Wanja war nirgends zu sehen und reagierte auch nicht auf ihre Nachricht, obwohl er sie gelesen hatte, weshalb Lilli dann doch nicht rauchte, trotzdem zu spät zum Sportunterricht kam –, und wenn Luna an diesem Tag nicht ebenfalls zu spät gekommen wäre, weil der Schulbus Verspätung gehabt hatte, denn es hatte das erste Mal in diesem Jahr geschneit, die Straßen waren unerwartet glatt gewesen, in der Wettervorhersage war nichts angesagt worden, und wenn Frau Irmler, die Sportlehrerin, Luna und Lilli nicht zur Strafe für ihr Zuspätkommen dazu verdonnert hätte, alle Geräte – den Bock, den Schwebebalken, die Laufmatte, das Reck – zu zweit aufzubauen, und wenn Lilli, die coole Lilli aus der Parallelklasse, die Einzelgängerin, die, wenn sie überhaupt mit Leuten abhing, dann nur mit den Jungs aus den höheren Stufen, nicht zu Luna gesagt hätte, dass sie ihre Schuhe mag – woraufhin Luna versuchte, lässig zu bleiben und sich nicht anmerken zu lassen, wie sehr sie sich über dieses Kompliment freute, und nur einsilbig »Danke« sagte, dann allerdings das folgende Schweigen nicht aushielt und in einem Redeschwall vom letzten Wochenende erzählte, als sie mit ihrer Schwester in der Landeshauptstadt shoppen war, wo sie diese Schuhe, die sie bisher an niemandem in der Schule und auch sonst nirgendwo gesehen hatte, in einer kleinen Seitenstraße der Fußgängerzone entdeckt hatte und danach noch bei McDonald's gegessen hatte, dort gab es jetzt vegane Burger, und wenn Lilli nicht gesagt hätte, ich bin auch vegan, hätten Luna und Lilli sich vielleicht nie angefreundet.

Und wenn Luna neun Monate später nicht so viel auf Toms Party getrunken hätte und wenn Lilli bessere Noten gehabt hätte und wenn Luna ihr deswegen früher ins Gewissen geredet hätte und wenn Lunas Mutter nichts gegen Lilli gehabt hätte und wenn Lillis Mutter anders reagiert hätte, würden Luna und Lilli vielleicht heute noch miteinander reden.

Luna und Lilli brauchten im Sportunterricht beinahe vierzig Minuten, um die Geräte aufzubauen, und als sie endlich fertig waren, mussten sie alles schon fast wieder abbauen, schließlich dauerte der Sportunterricht nur neunzig Minuten. Luna hätte danach gern noch länger mit Lilli geredet und wäre gern mit ihr den langen, rot gestrichenen Flur (Lunas Mutter schimpfte nach jedem Elternabend über diesen Flur, Rot mache aggressiv, sagte sie) entlang bis zur Aula gegangen, wo sie in den grünen Flur (ihre Mutter verstand nicht, dass die Flure nach Farben sortiert waren, Rot für Flure zu Räumen, die alle Klassenstufen benutzen, wie die Turnhalle, Grün für die Mittelstufe, Gelb für die Oberstufe und so weiter) eingebogen wären, und schließlich hätten sie sich kurz vor der täuschend echten Wandmalerei von Charlie Chaplin, der in einen aufgemalten Fahrstuhl steigt, getrennt, weil Lilli nach links zum Klassenraum der 10c und Luna nach rechts zum Klassenraum der 10a abbiegen müsste, aber Lilli nickte Luna nur zu und sagte: »Bis nächste Woche.« Luna hatte sich extra schnell umgezogen und ihre Tasche gepackt, sich nicht wie sonst ewig im Spiegel betrachtet, damit sie zusammen mit Lilli die Umkleide verlassen konnte, doch offensichtlich hatte Lilli kein Interesse daran, das Gespräch mit ihr fortzusetzen, und so hob Luna nur den Kopf, nickte ebenfalls (wieder versucht lässig) und sagte: »Tschau, bis denne.« Bis denne? Woher kam das denn? Das sagte niemand. »Bis dann«, hieß es einfach nur. Sie hoffte, Lilli war es nicht aufgefallen.

Die 10a und die 10c hatten dieses Schuljahr das erste Mal Sport zusammen, normalerweise hatte die A mit der B und die C mit der D, aber die D gab es jetzt nicht mehr. Warum sie trotzdem an dem gut funktionierenden System etwas geändert hatten und nicht die A weiterhin mit der B Sport hatte, fragten sich alle, wahrscheinlich ein logistisches Stundenplanproblem. Anfangs hatte sich die ganze Klasse darüber aufgeregt, Luna vermisste ihre Sportclique, die sie sich in weiser Voraussicht auf kommende Veränderungen ihres Körpers, die dazu führen konnten, dass sie im Sportunterricht beim Brennball als Letzte in ein Team gewählt würde, gesucht hatte. Ihr System war hervorragend aufgegangen: Die befürchteten körperlichen Veränderungen blieben aus, sie war weiterhin gemäßigtes Mittelfeld, hatte bis auf die Eins am Schwebebalken (ihr Gleichgewichtssinn war hervorragend, und als eine der wenigen traute sie sich, die Radwende vom Balken zu machen) hauptsächlich Zweien und im Weitsprung und Weitwurf Dreien. Ihre Sportclique, die sich vor allem aus Mädchen aus der Parallelklasse zusammensetzte, sorgte sozusagen durch Lobbyarbeit oder weil eine der Clique sowieso wählen durfte, dafür, dass Luna immer in der Mitte des Wahlgangs in ein Team gewählt wurde.

Bevor Luna und Lilli seit diesem Schuljahr gemeinsam Sportunterricht gehabt hatten, kannte Luna Lilli nur vom Sehen. Das war nichts Besonderes, sie kannte viele vom Sehen. Zum Beispiel den Punker aus der Zwölften, von dem alle gedacht hatten, er würde nach der Elften schmeißen, der sich aber, wie sie gehört hatte, nun, wo es auf das Abitur zuging, richtig ins

Zeug legte; oder Klaus, von dem alle wussten, dass er in der Pause vor dem Jungsklo neben den Kunstsälen dealte; oder Natalie, die erst in der achten Klasse war, aber sogar die Oberstufler um einen Kopf überragte; oder eben Lilli. Lilli, die alle halbe Jahr ihren Style wechselte, letztes Schuljahr war sie Hippie gewesen, hatte lange Haare und lange rote Röcke aus Leinen getragen und war barfuß gelaufen, was manche Lehrer*innen provozierte, Herrn Wagner etwa, den Musiklehrer, der stolz auf seinen Nachnamen war und am liebsten den gleichnamigen Komponisten im Unterricht durchnahm. Lunas ältere Schwester Sybilla hatte beim Abendessen einmal gesagt, Wagner sei ein Nazi gewesen, und früher hatte Luna ihrer Schwester alles nachgeplappert. In der sechsten Klasse, als sie das erste Mal Musikunterricht bei Herrn Wagner gehabt und nicht gewusst hatte, was Herr Wagner für einer war, einer nämlich, der Mädchen in die erste Reihe setzte, damit er ihnen in den Ausschnitt schauen konnte, einer, über den es Gerüchte gab, dass er aus solchen oder schlimmeren Gründen von einer anderen Schule ans Erich-Kästner-Gymnasium versetzt worden war, hatte Luna sich im Unterricht gemeldet und gesagt, der Komponist Wagner sei ein Nazi gewesen; da war Herr Wagner vom Klavier aufgesprungen, hatte sich vor ihr aufgebaut und ganz leise, ohne weiter auf Lunas Kommentar einzugehen, zu ihr gesagt, sie werde nachsitzen müssen. Sie war geschockt. Noch nie war sie bestraft worden, in der Grundschule war sie

Klassenbeste gewesen. Doch am Ende der Stunde freute sie sich, ihre Eltern würden zwar schimpfen, doch endlich konnte sie ihrem Streberinnenimage etwas entgegensetzen.

Zuerst hatte Luna Lilli in diesem Schuljahr kaum wiedererkannt, sie hatte nicht nur all ihre Klamotten ausgetauscht, die nun schwarz und nicht mehr bunt waren, sondern sich auch die Haare abgeschnitten und ebenfalls schwarz gefärbt. Außerdem hatte sie ein Piercing zwischen den Nasenlöchern, das Luna nicht besonders gefiel, da Lilli damit wie eine Kuh aussah, cool war es trotzdem, und Luna war beeindruckt, dass Lillis Eltern so etwas erlaubt hatten.

Eine Woche später kam Lilli wieder unpünktlich in den Sportunterricht. Frau Irmler ignorierte es diesmal, war damit beschäftigt, die Basketballregeln zu erklären, und Lilli hatte ohnehin ein Attest, saß während der beiden Stunden am Rand auf den ungemütlichen Bänken und las. Sie sah nicht krank aus, wahrscheinlich hatte sie ihre Menstruation. Lunas Mutter weigerte sich meistens, ihr dafür eine Entschuldigung zu schreiben, meinte sogar, Sport sei dann besonders gut, weil es die Muskeln entspanne. Luna hatte sich schon oft mit ihrer Mutter darüber gestritten, denn bei ihr entspannte sich nichts, ihr war übel, sie konnte wegen der Bauchkrämpfe kaum stehen, und ihr Kreislauf war am Boden. Sie musste sich alle paar Minuten hinsetzen, und nur zwei Ibuprofen halfen ihr, den Schultag zu überstehen. Nachmittags, wenn sie zu Hause war und den restlichen Tag auf der Couch verbringen konnte, waren die Schmerzen meist weg, und auch ihr Kreislauf war nicht mehr so down. Morgens war es immer am schlimmsten, und genau dann hatten sie Sport, der Horror. Das Einzige, was Lunas Mutter ihr zugestand, war eine Cola in der Früh, wegen des Kreislaufs, weil sie unterzuckert sei, das half ein bisschen.

Während Isabel und sie sich die schweren Basketbälle zuwarfen, blickte Luna immer wieder in Lillis Richtung. Frau Irmler hatte erzählt, dass eine Schülerin sich einmal alle fünf Finger der rechten Hand gebrochen hatte, weil sie den Basketball falsch gefangen hatte, also bemühte sich Luna, beim Fangen die Daumen aneinanderzulegen und mit ihren Händen eine Schale zu formen. Lilli sah nicht von ihrem Buch auf.

Als Luna sich umgezogen hatte und als Letzte die Umkleide verließ, wartete Lilli draußen auf sie. Sie schlenderten ganz so, wie Luna es sich das letzte Mal vorgestellt hatte, den roten Flur entlang, durchquerten die Aula, wo der Posaunenchor probte, bogen in den grünen Flur ein, sprachen dabei über nichts Besonderes, ihren Stundenplan, lästerten über Frau Irmler, und als sie an der Weggabelung vor dem täuschend echten Bild des Aufzugs standen, fragte Lilli Luna, ob sie am Wochenende shoppen gehen wolle. Luna wollte, und sie tauschten Nummern aus.

Zum Shoppen fuhren sie in den größten Ort ihres Landkreises, dort gab es schönere Cafés, eine Altstadt und nicht nur den Einkaufspark mit Aldi, DM, Deichmann und Vögele. Sogar ein alternativer Laden hatte aufgemacht, der neben Schuhen und Klamotten auch Platten, Aufnäher und Nieten verkaufte. Der Laden hieß wie der Inhaber. »Der Franz« stand auf einem Leuchtschild, an dem der echte Franz gerade bastelte, als sie den Laden betraten. Sie waren die einzigen Kundinnen. Ausnahmslos alle Schuhe sahen cool aus, waren aber noch teurer als Lunas Schuhe, und so probierten sie zwar einige Sneaker und Stiefel an, aber schließlich kaufte jede von ihnen nur einen Patch, und sie diskutierten, ob es besser sei, ihn auf den Rucksack oder die Jacke zu nähen. Sie entschieden sich für den Rucksack, denn keine der beiden besaß eine passende Jacke.

»Nächstes Mal sollten wir da was klauen«, schlug Lilli vor. Luna ging nicht darauf ein, sondern sagte: »Wünsch dir doch die Schuhe zu Weihnachten.« »130 Euro? Du spinnst. So viel Geld gibt meine Mutter niemals für ein Geschenk aus, selbst wenn sie es gern würde, sie ist Krankenschwester.« Luna verkniff sich zu sagen, dass ihr Vater Arzt war, fragte nur nach, in welchem Krankenhaus Lillis Mutter sei, und war froh, dass es nicht dasselbe wie das ihres Vaters war. Lillis Mutter arbeitete, wenn es nach Lunas Vater ging, im schlechteren.

Luna und Lilli schlenderten die Einkaufsstraße entlang, gingen in ein paar Läden, die jedoch nur hässliche Klamotten verkauften, und setzten sich schließlich an den Fluss, wo sich Lilli eine drehte – ausnahmsweise hatte sie Tabak. »Willst du auch?« Lilli hielt ihr den Tabak hin. Luna musste zugeben, dass sie noch nie geraucht, es noch nicht einmal probiert hatte, und Lilli zeigte ihr, wie sie aus Paper, Filter und Tabak eine Zigarette formte. Bei Lunas kläglichen Versuchen bekam Lilli einen Lachanfall und riss Luna mit den Worten »Gib her« das Drehzeug aus der Hand. Natürlich hustete Luna beim ersten Zug, es schmeckte so eklig, wie sie es erwartet hatte. Nach der Hälfte warf sie die Zigarette auf den Boden und drückte sie mit der Schuhsohle aus, wie sie es oft bei anderen Leuten gesehen hatte, anschließend hob sie den Stummel auf und warf ihn in den nächsten Abfalleimer. Lilli tat es ihr gleich.

Es wurde dunkel, nun, im November, begann die Zeit der kurzen Tage. »Meine Mutter holt mich um sieben am Bahnhof ab«, sagte Luna. »Sollen wir dich mitnehmen? Sie will immer meine Freundinnen kennenlernen.« »Urks«, sagte Lilli wie eine Comicfigur, »keinen Bock auf Eltern. Willst du nicht lieber bei mir übernachten?« »Klar, ich frage mal!« Luna erkannte an Lillis Gesichtsausdruck deren Verwunderung darüber, dass sie ihre Mutter um Erlaubnis fragen musste, schließlich war sie schon sechzehn, und später, als sie in Lillis Zimmer auf dem Fußboden saßen, verstand Luna, warum ihre neue Freundin so reagiert hatte. Lillis Mutter war anders als die Mütter, die Luna bisher kennengelernt hatte. Lillis Familie bestand nur aus Lilli und ihrer Mutter. Sie nannte ihre Mutter auch nicht

»Mama«, sondern Maike. Als auch Luna ihre Mutter einmal beim Vornamen nannte – »Elvira, bitte gib mir mal die Butter« –, herrschte Schweigen am Tisch, dann lachten alle los, und Luna tat es nie wieder. Maike hatte Lilli mit zwanzig bekommen, nach dem Schulabschluss, ungeplant, mit einem Jungen, der mit ihr Abi gemacht hatte, Michael. Sie waren nur kurz ein Paar gewesen; Lillis Vater wohnte heute zwar in derselben Stadt, aber er und seine Tochter hatten wenig Kontakt, er war Physiotherapeut, und anscheinend hatte er mit einer Ergotherapeutin seit ein paar Monaten ein Baby, seitdem sei der Kontakt noch spärlicher geworden, erzählte Lilli und zuckte dabei mit den Schultern.

Manchmal hatte sich Luna gewünscht, ihre Eltern würden sich scheiden lassen oder getrennt leben, in ihrer Vorstellung idealisierte sie eine Trennung; wenn der eine Elternteil etwas verbot, könnte der andere es erlauben, aber Lilli schüttelte den Kopf, so einfach sei das nicht, ihr Vater habe nichts zu sagen, und ihre Mutter sei sowieso nicht streng. Sie sei auch wenig zu Hause, müsse viel arbeiten, als Alleinerziehende habe sie es schwer.

Lunas Mutter war Hausfrau, selbst heute noch, wo die Kinder groß waren. Lars, der Jüngste, war inzwischen in der sechsten Klasse, und Lunas Mutter redete ab und zu davon, dass sie endlich wieder als Lehrerin arbeiten wolle, aber sie setzte ihre Pläne nie um. Nach dem Referendariat mit Ende zwanzig hatte sie Lunas Schwester Sybilla bekommen und war seither Vollzeitmutter. Luna war oft genervt davon, immer war ihre Mutter daheim und wollte selbst heute noch ihre Hausaufgaben kontrollieren. Anders ihr Vater, der kaum zu Hause, sondern ständig im Krankenhaus oder auf einer Konferenz war oder abends noch Termine hatte. Luna vermutete, dass er eine Affäre hatte, aber dachte lieber nicht weiter darüber nach.

Lilli und Maike wohnten in einer Zwei-Zimmer-Wohnung, jede hatte ihr eigenes Zimmer, es gab kein Wohnzimmer, dafür eine Wohnküche. Luna war das erste Mal in einer Wohnung. Alle ihre Freundinnen wohnten wie sie in Einfamilienhäusern, manche in Doppelhaushälften, meist in den umliegenden Dörfern, ein paar, deren Eltern besonders gute Jobs hatten, wohnten am Stadtrand. Luna war ein Buskind. Sie hatte die Schüler*innen aus der Stadt immer beneidet, die zu Fuß oder mit dem Fahrrad in die Schule fahren und in den Freistunden kurz nach Hause gehen konnten. Manchmal hatte Luna das Gefühl, sie verbringe die Hälfte ihres Lebens mit Warten auf den Bus, der nur zweimal am Tag in ihr Dorf fuhr, kurz nach der Schule und dann erst wieder um halb fünf. Luna wohnte in einem großen Haus mit Schaukel im Garten, und dieses Jahr war ein Wintergarten angebaut worden. Sie fühlte sich seltsam beengt in Maikes Wohnung, aber irgendwie war es auch gemütlich.

Lunas Mutter war streng und hielt sich an Gesetze. Auf Partys wie derjenigen, die der Sportverein des Dorfes zweimal im Jahr ausrichtete, der dafür ein großes

weißes Festzelt auf der Wiese des Huberbauern auf-
stellte, durfte sie wirklich nur bis 22 Uhr bleiben, was
sinnlos war, schließlich ging die Party dann erst los,
aber Luna wurde von ihrer Schwester und ihrem
Freund, mit dem sie seit zwei Jahren zusammen war,
nach Hause gebracht. Das Dröhnen des Basses schallte
durch das Dorf, und Luna konnte nicht einschlafen.

Maikes Wohnung lag über dem Dönerladen »Dö-
nizza«, zu dem die Schüler*innen in der Mittagspause
gingen und der nicht nur Döner, sondern auch Pizza
und indisches Essen verkaufte. Maike schien sich nicht
um Essenszeiten zu scheren, denn Lilli fragte Luna
gegen 22 Uhr, ob sie ihnen Schinken-Käse-Toast zube-
reiten solle, und sie aßen ihn, sich gegenübersitzend
am Küchentisch, Käse tropfte auf Lunas T-Shirt.

Sie blieben die ganze Nacht wach, zumindest
gefühlt. Sie unterhielten sich bei Kerzenschein (nie
würde Lunas Mutter ihr Kerzen im Zimmer erlauben,
viel zu gefährlich, was, wenn sie den Raum verließ und
vergaß, die Kerzen auszublasen?) bis tief in die Nacht,
nicht nur über ihre Familien, auch über Musik und irgendwie alles.

Lilli war genau das, was Luna jetzt brauchte. Sie
hatte Isabel, Susi und Marie, mit denen sie seit der
fünften Klasse befreundet war, die eine unzertrenn-
liche Clique bildeten, sattgehabt. Die vier saßen immer
in der ersten oder zweiten Reihe, quatschten während
des Unterrichts nie und ließen nicht voneinander ab-
schreiben. Bis vor Kurzem hatte es Luna nichts ausge-

macht, zu den Streberinnen zu gehören, aber sie merkte, dass sie sich über die Sommerferien und in den letzten Monaten verändert hatte, sie wollte mehr, sie wollte Zigaretten und Alkohol, die Schule wurde ihr immer gleichgültiger; klar, die zehnte Klasse war wichtig, aber sie musste sich nichts vormachen, sie würde es ohne Probleme bis zum Abitur schaffen, ihr Vater war Arzt, alle in ihrer Familie hatten Abitur. Sie musste die zehnte und elfte Klasse nutzen, solange die Noten egal waren, erst ab der zwölften würde es ernst werden.

Luna verbrachte die Pausen nun nicht mehr mit Isabel, Susi und Marie, sondern mit Lilli. Manchmal begleitete sie Lilli, Wanja und Tom sogar zum Rauchen. Ihre alten Freundinnen waren beleidigt, dass sie sich in den Pausen nicht mehr mit ihnen in der Mädchentoilette im ersten Stock aufhielt, aber in den Schulstunden sahen sie sich trotzdem, und auch zur alljährlichen Halloween-Party von Susi wurde sie eingeladen, es schien zu klappen, dass sie ihre alten Freundinnen behielt und eine neue gewann.

Luna und Lilli verbrachten jede freie Minute miteinander. Wenn sie sich nicht nachmittags verabredeten oder Luna bei Lilli übernachtete, telefonierten sie. Lunas Mutter ermahnte sie dann wegen der Handyrechnung, aber Luna hatte wirklich viele Freiminuten, selbst wenn ihre Mutter es nicht glauben wollte. Erst einmal hatte Lilli bei Luna übernachtet, aber es war nicht das Gleiche gewesen wie umgekehrt, Lilli musste am spießigen Abendessen der Familie teilnehmen, und einen eigenen Laptop, mit dem sie sich Serien reinziehen konnten, hatte Luna auch nicht, eine Erziehungsmaßnahme der Eltern.

Es war Dezember, und Luna hatte es im Gefühl: Das zehnte Schuljahr würde dank Lilli eines der besten werden, Sweet Sixteen, lange hatte sie auf diese Sechzehn hingefiebert, Fünfzehn war nichtssagend, mit siebzehn wartete man nur darauf, endlich volljährig zu werden, Sechzehn hingegen war perfekt. Sie war aus dem Gröbsten der Pubertät raus; ihre Periode hatte sie als eine der Ersten in ihrer Klasse schon mit elf bekommen, es war inzwischen normal, dass sie einmal im Monat blutete, und die Stimmungsschwankungen, die Traurigkeit, die sie von zwölf bis fünfzehn empfunden hatte, legten sich allmählich.

Im Dezember fanden traditionell die Proben für den Kleinkunstabend Ende Januar statt. Woher diese Tradition an ihrer Schule kam, konnte niemand mehr sagen. Das einzig Gute daran waren die Freistunden. Luna hatte Lilli überzeugt, in der kurzen Szene aus »Der Besuch der alten Dame« mitzumachen. Luna und Lilli waren Koby und Loby, die beiden Eunuchen, die mit piepsigen Stimmen im Gleichklang sprechen. Unter ihre T-Shirts stopften sie große Kissen, und beim Üben gab es für sie kein Halten mehr, ein Lachanfall reihte sich an den nächsten, dieses piepsige Sprechen war zu komisch. Frau Yildiz, die engagierte Referendarin, war irgendwann so genervt, dass sie die beiden vor

die Tür schickte, um den Rest der Szene üben zu können. Sie verdrückten sich zu ihrem üblichen Raucher-
spot, und weil Frau Yildiz nicht gesagt hatte, wann und
ob sie zurückkehren sollten, gingen sie von dort einfach zu Lilli nach Hause und zündeten sich eine Was-
serpfeife an. Lilli legte eine Platte auf, irgendwann
lagen sie auf dem Teppich und stopften Kinder-Buenos
in sich hinein, weil ihnen von dem ganzen Rauch übel
war.

Auch zwischen den Jahren, in den Weihnachtsferien, mussten sie proben. Luna mochte es insgeheim,
etwas zu tun zu haben, weil sie sonst in dieser Zeit
nach Weihnachten und vor Silvester oft nichts mit sich
anzufangen wusste. Manchmal mussten sie über die
Ferien einen Deutschaufsatz schreiben, eine Aufgabe,
die Luna dankbar erledigte. Diese Weihnachtsferien
hingegen verbrachte sie meist in der Schulturnhalle
oder dahinter, denn in den Ferien konnten sie auf dem
Schulgelände rauchen, kein Lehrer überwachte sie, die
Klassensprecherin hatte den Schlüssel und die Verantwortung. Hinter dem Schulgebäude gab es ein leeres
Schwimmbecken, das seit Jahrzehnten nicht mehr ge-
nutzt wurde, Pflanzen hatten sich ihren Weg an die
frische Luft durch die Fliesen erkämpft, und Luna
liebte es, die Beine baumeln zu lassen und sich vorzustellen, es wäre Sommer.

Am Tag des Kleinkunstabends war Luna aufgeregt.
Lilli und sie waren der Generalprobe ferngeblieben,
denn der Text, den sie aufsagen mussten, war nicht

schwer. Sie hielten sich an den Händen, ihre dicken Bäuche und hohen Stimmen waren so bescheuert, am schwierigsten war es, während der kurzen Szene keinen Lachanfall zu bekommen; sie rissen sich tatsächlich zusammen, doch sobald sie hinter der Bühne waren, prusteten sie los. Lilli packte eine Sektflasche aus, die so laut ploppte, dass man es wahrscheinlich noch vor der Bühne hören konnte, aber egal. Auch einige andere Zehntklässler hatten Alkohol mitgebracht, und nach der Aufführung feierte die ganze Jahrgangsstufe in Peters Garage. Luna und Lilli tranken mit Wanja und Tom Tequila, irgendwann saßen sie zu viert auf der nach altem Bier und kaltem Rauch stinkenden Couch, und Lilli knutschte mit Tom, Luna mit Wanja, ein großartiger Abend, über den sie noch wochenlang sprachen.

Zusammen auf Partys zu gehen wurde nach diesem Abend Lunas und Lillis Ding. Lillis Mutter war in so vielen Punkten das Gegenteil von Lunas, und sie erlaubte Lilli fast alles. Oft musste Lilli nicht einmal fragen, sondern einfach nur Bescheid geben, wohin sie ging. Maike war viel unterwegs, oft hatte sie Nachtdienst, manchmal Dates mit Männern, von denen sie den beiden später enttäuscht erzählte, und ab und zu kellnerte sie beim Italiener um die Ecke, um sich etwas dazuzuverdienen. Manchmal verbrachte Luna ganze Wochenenden bei Lilli, sie lagen zusammen verkatert im Bett und scrollten durch Fotos auf Social Media. Lunas Mutter bekam von all den Partys und dem Alkohol nichts mit, beschwerte sich allerdings, dass sie Luna kaum noch zu Gesicht bekommen würde. Luna verdrehte nur die Augen und erwiderte, dass sie nie das sonntägliche Familienabendessen verpasse, das immer der Vater kochte, meistens tischte er Braten auf oder ging seinem Faible für französische Küche nach, jetzt, wo die Kinder älter waren, schmeckten ihnen allmählich die ausgefallenen Gerichte, deren Namen sich Luna nicht merken konnte.

In der Kreisstadt fanden kaum Partys statt, und in die Clubs kamen sie nicht rein, also gingen Luna und Lilli jedes Wochenende auf eine der Turnhallen- oder Zeltdiskos, die in den umliegenden Dörfern in wechselndem Rhythmus von den Sportvereinen oder der Freiwilligen Feuerwehr ausgerichtet wurden. Die Partys kosteten immer fünf Euro Eintritt, niemand kontrollierte ihre Ausweise, und es spielte immer eine schlechte Coverband, Luna und Lilli tanzten trotzdem.

Mit Tom und Wanja hatten sie nicht noch einmal geknutscht, alle vier hatten sich stillschweigend darauf geeinigt, nicht weiter darüber zu sprechen. In den Pausen trafen sie sich zum Rauchen, als wäre nie etwas geschehen.

Dann fand im »Florenz« die traditionelle große Osterparty statt, zu der alle, die etwas auf sich hielten, kamen. Tom und Wanja waren schon achtzehn und hatten keine Probleme an der Tür. Luna und Lilli überlegten, wie sie sich gefälschte Ausweise besorgen konnten, entschieden sich schließlich aber für folgende

Variante: Sie quetschten sich durch das Loch im Zaun, Lunas Ärmel riss dabei auf, und robbten unter dem Klowagen hindurch. Jetzt sahen sie zwar etwas lädiert aus, aber immerhin waren sie auf der Party.

Luna und Lilli schlugen sich an die Bar durch, tanzten, verloren sich schließlich. Die Party des Jahres wurde für Luna zum Stresstest, klar, sie kannte viele Leute, spielte Kicker mit einigen Jungs, stellte sich zu Wanja und wurde den anderen Zwölftklässlern vorgestellt, doch ohne Lilli war es nicht dasselbe. Nach etwa zwei Stunden fand sie Lilli endlich, die mit Tom wild in einer Ecke knutschte.

Der Kater am nächsten Tag dauerte bis zum Abend, Luna und Lilli lagen nur im Bett und glotzten auf ihre Handys, Lillis Mutter backte ihnen glücklicherweise eine Tiefkühlpizza (Spinat-Gorgonzola) auf. Abends musste Luna nach Hause zum sonntäglichen Dinner. Sie hatte gar keinen Hunger, musste sich konzentrieren, um überhaupt wach zu bleiben, und ihre Mutter begann einen Streit mit ihr: warum ihre Jacke ein Loch im Ärmel habe. Sie wisse es nicht genau, sei irgendwo hängen geblieben, antwortete Luna, ohne aufzublicken. Die Jacke sei teuer gewesen, ob diese Lilli daran schuld sei. Warum solle Lilli ihre Jacke kaputt machen? Dann kam es: Diese Lilli, wie Lunas Mutter ihre Freundin konsequent nannte, sei kein guter Kontakt für sie, ihre Noten hätten sich verschlechtert, sie wolle, dass Luna keinen Umgang mehr mit ihr habe. Luna warf die Gabel klirrend auf den Teller und verließ den Esstisch, sie konnte sich gerade noch zusammenreißen, die Tür nicht laut zuzuknallen.

Wie immer nach einem Streit mit ihrer Mutter nahm Luna sich vor, eine Woche lang nicht mit ihr zu reden, aber sie hielt nicht einmal bis zum nächsten Abend durch. Sie wollte keine schlechten Noten haben, und eine Angst regte sich in ihr, dass ihr in zwei Jahren, wenn es ernst werden würde mit dem Abitur, einige Grundlagen fehlen könnten. Auch Lillis Noten waren nicht gut. Luna versuchte es anzusprechen, aber Lilli hatte nur Tom im Kopf. Die beiden waren jetzt ein Paar. Erst einmal änderte sich wenig, die Pausen verbrachten sie weiterhin zu viert, nur dass Tom und Lilli nun Händchen hielten und, wenn es klingelte, lange Zungenküsse tauschten, während deren sich Wanja und Luna bemühten, in eine andere Richtung zu blicken.

Lilli verbrachte nicht mehr das ganze Wochenende mit Luna, ein Tag war jetzt für Tom reserviert, und Luna war auch nicht traurig darüber, so konnte sie wieder mehr Zeit der Schule widmen und ihre Mutter zufriedenstellen; sie schrieb lange Listen von Lateinvokabeln und deckte die rechte Spalte mit der Hand ab.

Der Sommer war heißer als die Jahre zuvor, trotzdem gab der Schulleiter nur in den letzten beiden Wochen hitzefrei. Luna, Lilli, Tom und Wanja verbrachten die Nachmittage im Freibad und teilten sich Pommes-Schranke.

Luna erfuhr es von Tom. Sie rauchten mal wieder hinter dem Schulgebäude, Lilli war noch nicht da. Tom fragte, was Luna davon halte, dass Lilli durchfalle. Er merkte sofort, dass Luna es nicht gewusst hatte, und bevor sie etwas sagen konnte, kam auch schon Lilli. Sie merkte sofort, worüber die beiden geredet hatten, Mathe und Latein, das konnte sie noch nie, und wer brauche das schon. »Mal sehen, ob ich nächstes Jahr überhaupt noch in die Schule gehe.« Luna sah, wie sich Tom einen Kommentar verkniff, wahrscheinlich war es in diesem Moment das Beste. Sie wusste genau, warum Lilli es ihr nicht erzählt hatte, sie würde es nicht gutheißen, und Lilli wusste das.

Luna hatte gehofft, dass Lilli und sie nächstes Jahr ein paar Fächer mehr als nur Sport miteinander hätten, Religion und Latein wurden manchmal zusammengelegt. Sie würde es verkraften, wenn Lilli das Schuljahr wiederholte, aber was, wenn Lilli wirklich von der Schule abging? Würden Lilli und sie einander überhaupt noch sehen? Sie hoffte, dass es für ihre Freundschaft egal wäre, ob sie auf der gleichen Schule waren, schließlich war es bisher auch egal gewesen, dass sie nicht in der gleichen Klasse waren.

Die letzten Schulwochen mit Hitzefrei und Schwimmbad vergingen schnell, die letzte Woche endete glücklicherweise schon an einem Donnerstag. Tom lud zu einer Schulabschlussparty auf dem Hof seiner Eltern ein.

Maike fuhr Luna und Lilli mit dem Auto zur Party, und sie sagte, sie werde die beiden nach ihrer Schicht beim Italiener, zwischen zwei und drei, abholen.

Maike wusste noch nicht, dass Lilli durchfallen würde, vielleicht wollte Lilli es ihr nicht sagen, weil sie Angst davor hatte, sie zu enttäuschen. »Ich kann erst einmal Geld verdienen, beim Bio-Markt suchen sie immer Aushilfskräfte, und dann kann ich reisen«, schilderte Lilli ihren Plan. Luna war nicht überzeugt, sagte jedoch nichts dazu. Eigentlich sah sie es so: Lilli vergeudete ihr Talent, und was sollte ohne Realschulabschluss aus ihr werden? Lilli sprach weiter, als hätte sie Lunas Gedanken gehört: »Oder ich hole, wenn ich zwanzig bin, in der Abendschule meinen Abschluss nach; ich will meine besten Jahre nicht in der Schule vergeuden.« Luna fragte nicht, was aus ihnen werde, wenn Lilli um die Welt reiste, und was Maike davon halten würde.

Toms Vater stand am Grill, als Luna und Lilli auf der Party eintrafen. Toms Eltern hatten einen alten Gutshof auf dem Land gekauft und wunderschön renoviert, tagsüber liefen Hühner und Ziegen umher. Toms Vater hatte zwei Grills aufgebaut, einen für Fleisch und einen für die vegetarischen und veganen Würstchen und Burger. Es wurde immer voller, und Luna konnte gar nicht fassen, wie cool Toms Eltern waren. Nachdem der Grill kalt geworden war, zogen sie sich zurück und machten auch keinen nervigen Elternspruch über Alkohol. Es gab eine richtige Bar, bei der man sich nehmen durfte, worauf man Lust hatte. Toms Eltern hatten viel eingekauft, Bier, und sogar zwei verschiedene Cocktails konnte man sich mischen, Gin Tonic und

Moscow Mule, obwohl Tom Luna erklärte, dass Gin Tonic kein Cocktail, sondern ein Longdrink sei.

Diese Nacht Ende Juli war lang und warm, als die Sonne unterging, liefen sie alle weiterhin in T-Shirts und Shorts herum. Alle waren gekommen. Die komplette Oberstufe, viele aus der Elften und auch einige aus der Zehnten wie sie. Luna und Lilli gehörten zu den Ersten, die den Dancefloor stürmten. Sie tanzten in einer Gruppe und grölten mit gereckten Fäusten gemeinsam die Lieder in den rosa schimmernden Abendhimmel. Endlich keine Schule mehr, endlich Ferien, eine Schnapsflasche wurde herumgereicht.

Luna konnte nicht mehr sagen, wann sie den Punkt überschritten hatte. Irgendwann war es zu viel Alkohol gewesen. Lilli war verschwunden, eigentlich wollte sie Wasser für Luna holen, war jedoch nicht wiedergekommen, wenigstens kümmerte sich Tom um sie und brachte ihr eine Cola.

Gegen zwei schlief Luna an einem der Biertische mit auf die verschränkten Arme gesunkenem Kopf ein. Als Maike ihr sanft auf die Schulter tippte und meinte, »Komm, wir fahren nach Hause«, wachte sie auf. »Setz dich schon mal ins Auto.« Irgendwie fand Luna den Weg zu dem alten Golf, Maike kam kurz danach, wirkte gestresst, zündete sich eine Zigarette an und sagte, »hoffentlich braucht Lilli nicht mehr lang, ich muss ins Bett«. Luna nickte, sie auch. Sie unterhielten sich noch ein bisschen, wobei das Gespräch eher darin bestand, dass Maike sich über ihren Chef aufregte und Luna im

Halbschlaf zustimmend brummte. Schließlich kam Lilli, ihr Make-up sah zerlaufen aus.

Am nächsten Morgen, als Luna aufwachte, war sie im ersten Moment verwirrt, weil sie das Zimmer nicht erkannte, dann sah sie das Kurt-Cobain-Poster über dem Plattenspieler.

Die nächsten Tage waren seltsam. Erst an Tag drei machte Luna sich wirklich Gedanken. Sie hatte Lilli seit der Party nicht mehr gesprochen, ihre Mutter hatte sie mittags abgeholt, da hatte Lilli noch geschlafen. Normalerweise schrieben Luna und Lilli ständig hin und her oder telefonierten oder trafen sich. Ferien ohne Lilli hatte Luna sich nicht vorgestellt. An Tag vier erreichte sie Lilli endlich, und Lilli meinte, sie habe keinen Bock darauf, mit ihr zu reden, nie wieder, wie könne sie nur. Luna kapierte nicht, worum es ging. Sie müsse nicht so tun, als wisse sie nicht, was passiert sei, erwiderte Lilli, denn natürlich habe Maike von Luna erfahren, dass sie durchfalle, von wem sonst, und nun hätten sie den größten Streit gehabt, ihre Mutter sei wütend, habe gedroht, sie rauszuwerfen, wenn sie die Schule abbrach. Luna war überrascht von Maikes Reaktion, sonst war sie doch so gelassen. Luna beteuerte, dass sie es Maike nicht gesagt habe. Dann überlegte sie. Bis Mitternacht konnte sie sich an alles erinnern, danach waren da nur noch einzelne Erinnerungsfetzen, Wanja, der ihr ein Glas Wasser gab, wie sie im Garten hinter einem der Büsche pinkelte, weil die Schlange zur Toilette so lang war, und wie sie mit

Maike im Auto saß und sie auf Lilli warteten. Sie erinnerte sich an Maikes Hasstirade auf ihren Chef, mehr hatten sie nicht gesprochen, oder?

»Du hast ihr im Auto erzählt, dass ich durchfalle, und deswegen habt ihr so komisch reagiert, als ich gekommen bin«, warf Lilli ihr vor. »So war es nicht«, erwiderte Luna. Glaubte sie zumindest. Oder hatten sie doch über Lillis Noten gesprochen? Maike wollte nicht sagen, von wem sie die Information hatte, aber es sei offensichtlich, keifte Lilli. Luna bestritt es wieder, Lilli legte auf.

Hatte sie es Maike doch gesagt und erinnerte sich nicht? Sie wusste, dass sie das Bedürfnis gehabt hatte, mit Maike darüber zu sprechen, denn sie wollte gern ihre Meinung dazu hören, und zusammen hätten sie Lilli vielleicht überzeugen können, die Schule nicht abzubrechen. Hatte sie sturzbetrunken um drei Uhr nachts davon angefangen?

Luna hätte gern sicher gewusst, was passiert war, wünschte sich fast, es wirklich ausgeplaudert zu haben, dann hätte sie sich aufrichtig entschuldigen können, sich mit ihrer Schuld auseinandersetzen können. So wusste sie nicht einmal, ob sie schuldig war. Sie schilderte Lilli in einer langen Nachricht die Wahrheit, dass sie es nicht mehr wisse, dass sie nicht glaube, dass sie es Maike verraten habe, aber dass sie es nicht hundertprozentig ausschließen könne, es tue ihr leid.

Lilli antworte kurz auf ihre Nachricht: Ich will dich nicht mehr sehen.

Bis zu diesem Zeitpunkt hatte Luna nicht gewusst, dass man auch in einer Freundschaft Schluss machen kann. Sie kannte nur dieses langsame Auslaufen von Freundschaften, bei dem sich die eine nicht mehr bei der anderen meldet, und irgendwann ist es eben vorbei. Es tut nicht weh, weil es schleichend passiert. Aber das mit Lilli, das tat so weh, das war wie Liebeskummer. Luna lag im Bett und weinte. Die Sommerferien waren die Hölle, zum Glück fand sie im Baumarkt eine Stelle als Aushilfe, bei der sie Sachen einräumen musste, so hatte sie wenigstens etwas zu tun und lag nicht den ganzen Tag im Bett, starrte auf ihr Handy und wartete.

Im nächsten Schuljahr sah Luna Lilli wieder. Sie hatte also nicht die Schule abgebrochen. Sie liefen sich selten über den Weg, meist auf den Schulfluren, nach ein paar Monaten grüßten sie sich verhalten, indem sie einander zunickten.

LIEBE PHILINE

JULIA WEBER

Die Lehrerin teilte die Klasse in Zweiergruppen ein, und sie zeigte auf mich und dann auf Philine, und Philine sagte, gut. Sie hatte eine Stimme aus Gummi. Gut, sagte sie, und das Gut war aus Gummi. Am Ende der Worte haben die Worte manchmal gequietscht, wie wenn man über die Oberfläche eines Regencapes fährt oder diese zusammendrückt. Ich erinnere mich an das Wort Badekleid, wie das Wort aus Gummi war in Philines Mund. Mein Badekleid ist schon etwas ausgeleiert, hatte sie gesagt, stand neben mir und ich, so riesengroß, wie ich war, neben ihr. Ihr Badekleid war himbeerrot, und meines war grün wie das Grün eines Froschs. Das passte so. Der Tag roch nach Marmelade. Philine hatte ihren Pullover verkehrt herum an, mit dem Etikett nach außen, ich sah es hinten an ihrem Rücken, als ich es ihr sagte, sagte sie, sie wolle das so, weil es sonst kratze am Rücken, das Etikett. Und als ich sagte, aber sie könne es ja entfernen, sagte sie, dann wisse sie nicht mehr, wo hinten und wo vorne sei. Und dass das aber ja egal sei, wenn man es nicht sehen könne, sagte ich, und sie sagte dann, nein, das sei ihr aber nicht egal.

Philine hatte die Augenfarbe eines ganz ganz alten Apfels.

In dieser engen Kabine aus Holz, weiß gestrichen, der Betonboden rau unter unseren Füßen und der Chlorgeruch und das Geschrei der Kinder außerhalb. Und wie ich sie fragte, von wem sie wohl diese Stimme habe, diese ganz besondere eigene Stimme aus Gummi, sagte sie, sie wisse es nicht, ihr sei nicht einmal aufgefallen, dass sie eine besondere Stimme habe. Habe, sagte sie, und es quietschte. Und ich lachte, und dann lachte sie, und es quietschte wieder. Wonach ihre Stimme wohl schmeckt, habe ich mich gefragt und versuchte, an einem Wort zu riechen, das ihren Mund verließ. Und da waren wir schon fast nackt. Und sie stand vor mir und sah mich sicher ein Jahr lang an. Wir standen beide in Unterhose und mit halb gewachsenen Brüsten, mit unseren Beinen, so lang die meinen und dünn und schneeweiß die ihren, da habe ich, bei dieser Frage nach dem Geschmack ihrer Stimme, in mir drinnen gemerkt, dass die Nähe zu diesem Mädchen mir gefällt, dass ich mit dem Schmecken ihrer Stimme auch den Geschmack ihrer Haut und ihres Wesens meinte.

Und ihre Wärme.

Und eine seltsame Wärme, bis dahin noch ungefühlt, ist in mir aufgestiegen, wie Dampf in den Füßen und dann hoch durch alles hindurch, durch den ganzen Körper, langsam und bis ins Gesicht, wahrscheinlich bin ich rot geworden.

Ob die Lehrerin uns wohl absichtlich zusammen in eine Kabine getan hatte, habe ich mich damals gefragt, weil wir beide nicht wirklich in die Norm passten oder weil die eine eine seltsame Stimme und die andere einen seltsamen Körper hatte, habe ich mich gefragt, und ob auch meine Anziehung zu Philine damit zusammenhing. In den anderen Kabinen wurde gekichert, und auf den Mädchenfüßen wurde herumgestanden, die knochigen Knie wurden gegen die Wände gedrückt, und Blumenkleider flogen über die Kabinenwände, an eine zitronengelbe Leggins kann ich mich erinnern, wie sie über der Kabine hing, wie das leere Bein der gelben Leggins mich an der Stirn traf. Ich weiß noch, wie ich über sie hinausgeragt habe, weit über Philine hinaus, auch über den Kabinenrand habe ich hinausgeragt und habe mich gebückt, um meinen Badeanzug aufzuheben, und da hat Philine mich geküsst. Es ist sehr eng gewesen, und ich konnte mich nicht nach vorne bücken, ich musste die Knie biegen und bin so langsam nach unten gekommen, musste mit dem Gesicht an Philines Gesicht vorbei, knapp vor ihrem Gesicht habe ich angehalten, und da hat sie mich geküsst. Hui, habe ich gesagt. Ich habe diesen Kuss noch als Geruch und Temperatur in mir, habe diese Wärme und den Geschmack aufbewahrt, gespeichert. Ich habe innerlich eine Kiste geschreinert und dieses Gefühl in mir abgelegt. Es ist ein Geruch nach Glasflasche, nach warmem Glas in der heißen Sommerluft. Nach Schaum und Trockenheit zugleich. Auch nach Salz hat es geschmeckt und ein bisschen nach Zitrone und nach Erde und nach Himbeere, ja, auch Himbeere. Ich weiß nicht sicher, wie es zu dem Kuss kam. Ich weiß nur, dass sich vorher noch nie etwas so angefühlt hat. Sie hat ein Gummigeräusch von sich gegeben, Philine, und ich weiß aber auch nicht mehr genau, wie das war, ob mit Zunge oder nicht, aber woran ich mich noch erinnere, ist das Gefühl der völligen Orientierungslosigkeit. Es gab keine Anleitung für das Küssen eines Mädchens, es gab keine Rollenverteilung, es gab keine Erklärung, wer was tun soll, wer was zu machen hat, wer was bestimmt und wer sich von wem bestimmen lässt. Wir haben einfach aneinander gerochen und die Lippen aufeinandergelegt, und es hat gebrannt, da, wo die Lippen die Schulter oder Wange oder die Lippen die Lippen berührt haben. Gebrannt, wie wenn man sich in heißen Sand legt. Wir waren sehr leise, mussten sehr leise sein, trotz des Kicherns und Kreischens rundherum, das unsere Kussgeräusche überdeckte, mussten wir leise sein. Vorsichtig küssen. Immer wieder weg von der Haut, auf der ein Abdruck blieb. Ein Blick hoch zu den Kabinenwänden, und dann musste ich mich strecken, weil es anstrengend war, mit gebeugten Knien auszuharren. Und ich habe kurz über den Rand geschaut und ein Mädchen in der anderen Kabine nackt gesehen, und dieses Mädchen hat gerufen, was schaust du denn so. Ich bin glücklich, habe ich mehr gestottert denn gesagt, weil ich gleichzeitig gespürt habe, wie Philine ihr Gesicht an meine Brust legte und sie küsste, und ich habe aber das nackte Mädchen gesehen und das Mädchen mich, und wieder hat sie gerufen, ich solle jetzt mal weg. Aber wohin denn, habe ich gefragt und wurde immer weicher und weicher mit Philines Lippen an meiner Brustwarze und am Beckenknochen. Was macht ihr dadrin, haben plötzlich die anderen gefragt. Umziehen, habe ich gestottert und bin wieder abgetaucht, in die Kabine hinein. In die Welt mit Philine. Dann war es vorbei. Wir haben unsere Körper sortiert, uns zusammengesucht, angezogen und sind aus der Welt, die die Kabine war, hinausgegangen. Sind rausgegangen, haben gekichert, wegen der Witze, haben gekichert, wenn ein Junge zu nahe kam, haben gekichert, weil der Boden heiß war und weil eines der Mädchen einen Badeanzug hatte, auf dem

L O V E /
L O V E /
L O V E /

stand. Was habt ihr gemacht in der Kabine. Was habt ihr gemacht? Seid ihr lesbisch oder was? Wir haben gekichert über uns und die Witze und diese Unmöglichkeit. Nie im Leben. Haben wir gesagt und sind in das Becken gesprungen.

Am Ende des Tages habe ich sie nicht mehr gesehen.

Doch ich wusste noch genau, wo sie mich geküsst hatte, wo angesehen, wo berührt, wo sie mit dem Finger über die Haut gefahren war.

Und hörte die Stimmen der Jungen nicht mehr, die riefen: du Riese. Linda, du Riese.

Ein Riese bist du, mit Godzilla als Cousin.

Und hörte sie nicht mehr lachen, so ein Lachen wie der letzte Rest aus der Zahnpastatube, die man ausdrückt, und doch kommt nichts Rechtes mehr.

So ein Lachen, das nicht gemeint ist, vielmehr ist es ein ausgekotztes Lachen.

Das habe ich nicht gehört.

Denn da war überall alles voller Philine.

Dann begannen die Sommerferien. Wir fuhren weg. Ich lag an irgendeinem Strand in irgendeiner Welt, die nicht viel mit mir zu tun hatte.

Ob ich verliebt sei in einen Jungen meiner Klasse, fragte meine große Schwester. Sie machte Kreise im Sand und malte sich Herzen auf die Arme, wegen Salvador oder Giovanni. Friedrich. Sebastian.

Was weiß ich.

Nein, sagte ich, nein. Keine Liebe. Nur eine Antenne zum Fühlen, was in der Welt noch verborgen, aber schon spürbar sei.

Hä?

Ein bisschen verliebt. Vielleicht.

Einen komischen Krebs, nannte mich meine Schwester und rannte ins Wasser, als wäre sie Pamela Anderson, und mir schien, als rannte sie in Zeitlupe den Strand entlang und spränge dann in die Wellen hinein, um jemanden zu retten.

Ich mit Kokosnusseis. Sie mit Erdbeereis.
    Unsere Beine nebeneinander im Sand.
    Braun.
    Bronze, sagte meine große Schwester.

Dann machte sie ein Foto ihrer Beine, und die Beine sehen aber aus wie Wiener Würstchen auf dem Bild.

Sagte ich.

Und dahinter die Wellen.

Die weiße Gischt an ihrem Saum.

Der Sand, der an der Sonnencreme klebt. Die Sonnencreme an den Fingern.

Die Finger am Eis.

Du?, fragte ich.

Ja?, fragte meine Schwester.

Woher weißt du, dass du Jungen liebst?, fragte ich.

Weiß ich gar nicht, sagte sie, spiele halt so rum.

Habe mich noch nicht entschieden, sagte sie.

Vielleicht beides?

Und du?, fragte sie.

Ich sah in den Sand hinein, tief in den Sand.

Du?, fragte sie erneut.

Hab mich in ein Mädchen verliebt.

Nicht wahr, rief sie. Stand auf und machte ein Rad.

Und am Abend im Restaurant sprachen unsere Eltern vom Wetter.

Das sei doch mal ein Wetter, sagte mein Vater, und er drückte sich auf den Arm, um zu schauen, ob die Haut weiß wurde, was bedeuten würde, dass er sich verbrannt hatte.

Du bist nicht rot, sagte meine Mutter zu ihm.

Das Wetter, sagte sie. Gleich so. Kaum hier, gleich so ein Wetter.

Ja, sagte der Vater. Was für ein Wetter.

Meine Pizza war ein Teppich. Ein Teppich der Liebe war meine Pizza. Ich biss voller Liebe in die Pizza hinein.

Und sah zu meiner Schwester.

Und liebte meine Schwester.

Fanta vor uns auf dem Tisch.

Fanta Mango sogar.

FANTA MANGO, rief meine große Schwester.

Nicht so laut, rief der Vater.

Du aber auch, sagte die Mutter.

Und was ist mit dir, Linda?

Toll, hatte meine große Schwester gesagt, am Strand, als wir mit dem Eis in der Hand und den Beinen im warmen Sand saßen, aber liebt sie dich denn auch?

Das wisse ich nicht, habe ich gesagt.

Mal sehen, sagte sie und sagte dann, sie liebe ihre

Beine, ihre Beine seien so schön bronze-braun. Sie liebe auch Beyoncé, sagte meine Schwester, und ich solle ein bisschen vorsichtig sein. Es gäbe noch zu viele, die das mit Mann/Mann und Frau/Frau nicht verstehen würden.

Sie stellte ihre Fanta Mango hin und sagte zu den Eltern:

Linda hat sich in ein Mädchen verliebt.

Und die Eltern sahen auf. Die Mutter mit den gleichen Karamellhaaren wie wir, nur ein paar graue Strähnen, und der Vater hinter einer Brille mit goldenem Rand.

Ich legte mich unter die Pizza.

Unter den Pizzateppich.

Der Vater schien erleichtert zu sein.

Fabelhaft, sagte die Mutter.

Wie heißt sie denn.

Philine.

Philine ist griechisch.
　　Philine bedeutet DIE LIEBENDE.
　　Sagte die Mutter.

　　　　　　　　LOVE /
　　　　　　　　LOVE /
　　　　　　　　LOVE /

Und dann wurde das Leben ohne Philine ein Leben im Kühlschrank. Es war, als hätte ich eine Antenne, die mir aus dem Kopf gewachsen ist und mit der ich Neues fühlen kann, aber ohne Philine nützt sie nichts. Funktioniert nicht.

Das Meer wurde kalt ohne Philine.
Das Eis schmolz ohne Philine.
Die Pizza war nicht zu kauen ohne Philine.
Mein Kopf machte nur noch das:
Wenn sie aber jemand anderen?
Wenn sie aber gar nicht Mädchen?
Wenn sie aber gar nicht wollte?
Wenn ich das alles nur geträumt?

Auf der Heimfahrt hatte ich die große Schwester neben mir im Zug.

Sie las ein Buch über

WIE WIRST DU BEYONCÉ

Ich hielt ihre Hand. Oder sie meine. Sie hielt meine Hand. Ich liebe dich, sagte ich.

Ne, oder? Das geht zu weit.

Nicht so, sagte ich.

Und ich zählte die Strommasten entlang der Schienen und die Linien am Himmel, und ich zählte die Tauben, die Milane, die Krähen, die Sperber, die Falken. Ich zählte die Plastiktüten am Gleisrand. Ich zählte die Beine der Frauen. Ich zählte die Finger der Reisenden. Ich zählte die Buchstaben im Buch:

WIE WIRST DU BEYONCÉ

Dann waren wir zu Hause.

Ich sah Philine, wie sie auf dem Pausenhof sprang, nach den Sommerferien. Ich sah sie springen.

LOVE /
LOVE /
LOVE /

Ich sah uns gehen, Hand in Hand.

Ich sah uns küssen auf der Wiese.

Ich sah uns in den verschiedensten Umkleidekabinen dieser Welt.

Ich sah uns in allen Umkleidekabinen dieser Welt.

Ich sah ihre weiße Haut, und ihre Gummistimme klang von fernher.

Was ist?

Was willst du, sagte sie, als ich neben ihr stand, und eine Freundin stellte sich auch zu ihr und noch eine hinter uns und eine noch auf die andere Seite.

Was willst du?

Ihre Stimme aus Gummi, Gummitwist-Stimme.

Nichts, sagte ich und sah auf die Freundinnen hinab.

Na dann, sagten sie und drehten sich weg.

Lasen in ihren Telefonen Nachrichten.

So was halt.

Ob wir vielleicht einmal wieder schwimmen gehen wollten, fragte ich ihren Rücken.

Ah, wolltest ja doch was sagen, sagte der Rücken einer ihrer Freundinnen, und ihr Rücken schwieg.

Ihr wart ja noch gar nie schwimmen, sagte der Rücken einer anderen Freundin, und Philines Rücken schwieg.

Aber vor den Ferien waren wir doch mit der Klasse schwimmen, und das war lustig, sagte ich zu all den Rücken vor mir.

War lustig, sagten die Rücken und zuckten im Takt der Bewegungen der Finger am Telefon.

Philine drehte sich nicht um.

Er hat mir geschrieben, sagte sie, als ich wegging.

Er hat mir was geschrieben.

Eine Nachricht geschickt.

Hui, sagte eine Freundin.

Ich legte mich hin.

Ins Gras. In den alten Sommer hinein und wartete. Die Pause war vorbei, alle waren im Schulhaus verschwunden. Es wurde still, und ich konnte nicht hineingehen.

Ich lag hinter dem Schulhaus im hohen Gras. Ich sah die weiße, picklige Fassade des Schulhauses. Und das Gras um mich schon gelblich und hoch. Das Summen der Insekten und Insektenbeinchen auf meinem Gesicht.

Ich lag im hohen Gras und sah einen Mann im babyblauen Overall, der ein Straßenschild auswechselte. Jemand hatte eine Vulva auf das Schild gemalt. Er stand auf einer Leiter, löste vorsichtig jede Schraube der Tafel. Warf die Tafel ins Gebüsch, montierte eine neue, eine ohne Vulva.

Ich bin nicht normal, flüsterte ich zu dem Mann.

Ich bin gerne nicht normal.

Ich bin besonders, sagte ich. Und sah die Zeit vergehen. Sie lief über mich hinweg. Und ich sah von meinem Platz aus zu, wie die Schülerinnen und Schüler wieder auf den Pausenhof strömten. Ich sah Philine, umringt von den Freundinnen und ihren Rücken.

Zu Hause aß ich Lachs.

Mit Kapern.

Toastbrot.

Und dachte an das Quietschen ihrer Stimme.

Was ist?, fragte meine große Schwester.

Nix ist, sagte ich.

Nix?

Nixe.

Wir sind Nixen, rief sie. Und küsste meine Stirn.

Will sie nicht?

Nein.

Warum will sie nicht?

Keine Ahnung.

Hat sie Angst?

Hat sie wohl.

Liebt sie jemand anders?

Ja.

Einen Jungen?

Jungen im Allgemeinen, denke ich.

Aber du bist mutig, sagte meine Schwester. Und vielleicht liebst du ja gar nicht Philine.

Vielleicht liebst du, dass du es rausgefunden hast. Vielleicht liebst du deinen Mut. Vielleicht liebst du dich selbst. Vielleicht liebst du das Küssen.

Und ich liebe Beyoncé, sagte sie.

Meine Schwester und ich sind groß.

Wir sind größer, als es von Mädchen erwartet wird. Wir haben große Köpfe, darauf viel karamellfarbenes Haar und einen Teich in den Augen. Grünlich, mit ein paar schwarzen kleinen Kaulquappen. Wir haben die Hände unserer Großmütter. Ich habe die Hände der Mutter unserer Mutter, sie war sizilianische Schneiderin. Und meine große Schwester hat die Hände der Mutter unseres Vaters, sie war eine Hexe. Beide waren viel im Haus. Im Haus oder a la casa. Bei den Stoffen und am Feuer. Auf dem Boden kniend, am Bodenwischen. Oder an der Wäscheleine. Am Kindertragen.

Wir machen mit unseren Händen die Welt neu, sagt manchmal meine große Schwester.

Meine Schwester ist sehr gescheit.

Meine Schwester und ich fahren auf unseren Rädern zum Wald. Dort lassen wir die Räder liegen, am Waldrand, und laufen in den Wald hinein. Sie riecht nach Erdbeer, und ich rieche nach Kokosnuss. Der Wald riecht nach Harz und ist unsere Freundin.

Wir tigern zwischen den Bäumen. Fauchen, brüllen, kratzen die Stämme der Bäume und reiben unsere getigerten Rücken an den Stämmen der riesigen Eichen. Tauben fliegen auf. Krähen fliegen auf. Ein Dachs flüchtet in seinen Bau.

Ein Fuchs auf der Suche.

Wir schreien.

MUT

Liebe Philine,

meine große Schwester ist sehr mutig. Mutiger noch, als ich es bin. Sie hat keine Angst vor den größeren Kindern, die auf dem Schulweg manchmal hinter uns gehen, näher kommen, bis wir sie riechen können. Sie riechen nach Waschmittel, Weichspüler und aufgeräumtem Kellerabteil. Wenn sie ganz nah hinter uns sind, wenn wir sie schon in unseren karamellfarbenen Haaren spüren können, dann dreht sich meine Schwester um. Manchmal hat sie eine Maske oder falsche Zähne dabei, und dann schreit sie die Kinder an:

LASST UNS IN RUHE

schreit sie dann.

Ich verstecke mich hinter ihr.

Liebe Philine, ich schreibe Dir das, weil ich jetzt auch mutig bin. Ich habe kleine Brüste und habe meine Periode noch nicht, aber ich habe geküsst, Dich geküsst. Und ich muss sagen, es hat mir sehr gut geschmeckt. Du bist so weich, Deine Lippen, und Du schmeckst nach warmem Sand. Und ich hätte Dich sehr gerne wiedergetroffen, mit Dir im Wald über den Wald oder Beyoncé gesprochen. Dich gerochen. Aber ich verstehe auch, wenn Du das noch nicht kannst, oder nie, oder, ich weiß auch nicht.

Mir geht es sehr gut. Ich bin sehr froh, dass es ist, wie es ist. Ich habe es sogar meinen Eltern erzählt, dass ich Dich geküsst habe, also meine Schwester hat es erzählt, ohne mich zu fragen, aber das macht nichts, denn sie haben sich gefreut. Mein Vater schien schon fast ein bisschen erleichtert zu sein.

Wenn Du diesen Brief liest und Lust hast, Dich mit mir zu treffen, dann würde ich mich sehr freuen.

Wenn nicht, dann ist es auch in Ordnung.

Vielleicht hast Du ja gemerkt, dass Du es gar nicht so lecker findest und mich nicht schön, vielleicht hast Du einfach keine Lust, mit mir über den Wald oder Beyoncé zu reden.

Ich bin jetzt frei. Ich habe Deinetwegen eine Freiheit in mir.

Dafür danke ich Dir.

Deine Linda

Ich habe den Brief in Philines Mappe gelegt, in der Pause. Als sie wiederkam und den Brief entdeckte, sah sie mich kurz an. Ein Flackern in den Augen wie die Flamme der Kerze im Wind. Und um den Mund eine Bewegung wie eine ganz feine Andeutung von Küssen.

Neben mir zeichnete ein Junge einen Penis auf die Tischplatte.

Philine lächelte ganz fein.

Was schaust du mich so an, sagte sie dann, als ihre Freundinnen zu ihr kamen.

Die ist doch schwul, sagten ihre Freundinnen zu ihren langen Fingernägeln.

Von diesem Tag an habe ich nur noch Philines Rücken gesehen.

Ihr Rücken kam dann mit dem Jungen zusammen, der einen Penis auf die Tischplatte gemalt hatte.

Sie standen in den Pausen auf krummen Beinen an die Wand gelehnt und legten ihre Zungen ineinander.

Meine Schwester ging zu einem Konzert von Beyoncé.

Beyoncé hat sie auf die Bühne geholt.

Vielleicht.

Von diesem Tag an habe ich meine eigenen falschen Zähne mit mir herumgetragen. Wenn jemand meine karamellfarbenen Haare berührte, bellte ich ihn an.

Meine Schwester hat sich einen Teil ihrer Haare grün gefärbt.

Karamell und grün.

Und unsere Mutter weinte bitterlich.

Dicke, schwere Tropfen fielen ins grüne Haar.

So schönes Haar, wie wir es haben, sagte sie.

Der Vater sagte nichts. Er musste immer so viel denken, da fiel ihm nichts mehr ein, was er sagen könnte.

Was ist mit der Liebe, fragte er mich später einmal.

Ich liebe auf jeden Fall, sagte ich ihm.

DIE TANKSTELLE

Am Nachmittag war noch alles in Ordnung gewesen. Ich hatte früh ausgehabt und war nach der Schule gleich nach Hause und hatte Papa wie vereinbart so um zwei am Pferdestall getroffen, wo er schon fast alles erledigt hatte. Ich brachte nur noch den Mist raus und streute nach und klopfte den beiden Füchsen, die ans Gatter gekommen waren, ein wenig den Hals, was sie so gern hatten und wovon sie nicht genug bekommen konnten und was sie schnauben ließ, dann zog Papa so laut die Nase hoch, dass ich wusste, gleich würde er etwas sagen, wenn ich nicht schneller machte, und ich sagte: »Ich komme schon« und klopfte den Kleinen noch einmal; er brauchte das ... Papa hängte das Vorhängeschloss wieder ein und drückte es zu, und dann stiegen wir in den Pritschenwagen und fuhren los.

Es war Freitag, und Freitagnachmittag war immer die Zeit für die Große Streife. Stundenlang fuhren wir all die Straßen und Nebenstraßen ab, die es in unserer Gemeinde gab, und wie immer dachte ich, dass es unglaublich war, wie viele Wege es hier, auf diesem kleinen Flecken, gab, und ein- oder zweimal sagte Papa, er werde sich noch einmal so eine künstliche Hand basteln, die auf Knopfdruck winkt, denn ihm tue schon wieder die

Schulter weh vor lauter Armheben, und wirklich grüßte ihn ja fast jeder, der uns entgegenkam, und er musste zurückgrüßen. Wir hatten die Seitenscheiben nach unten gekurbelt, und es war herrlich, wie die Luft in einem fort über uns hinwegrauschte und an unseren Haaren und Leibchen rupfte an diesem heißen Tag. Ab und zu blieben wir stehen, und Papa zog die Nase hoch, und dann stieg einer von uns aus und nahm den Besen von der Pritsche und kehrte Schotter in die Bankette zurück oder richtete ein Straßenschild wieder gerade oder leerte einen Mistkübel aus, der übervoll war, oder sonst irgendetwas. Als wir wieder im Ort waren, war es halb fünf, und ich dachte, wir seien fertig und er würde heimfahren und mich zuvor beim Stall aussteigen lassen, weil die beiden Füchse wieder reinmussten. Früher hatten wir sie nachts draußen gelassen, aber seitdem es die Autobahnauffahrt gab, wurden immer wieder Weidetiere, Hunde usw. vergiftet, und man musste sich vorsehen. Aber er fuhr am Lagerhaus scharf ran und stieg aus, und ich sah nur, wie er den einen aalglatten, vier Meter hohen Stahlpfeiler hochstieg wie ein Affe, ohne dass ich sehen konnte, ob es da Sprossen oder Tritte oder so was in dem Metall gab oder wie er das sonst zustande brachte, und der Taube, die es sich unter dem Dach gemütlich gemacht hatte, mit einer Handbewegung das Genick brach und, den Vogel in der Hand, wieder herunterstieg. Ich hörte, wie er die Taube auf die Pritsche warf, und als er wieder neben mir saß und den

Wagen startete, sagte er: »Abendessen« und lachte, und ich sagte: »Pfui Teufel« und fragte mich, ob er das ernst meinte, und dachte mit Ekel an die zwei oder drei rohen Eier, die er jeden Morgen zum Frühstück ausschlürfte.

Wir fuhren weiter, aber noch immer war unsere Tour nicht beendet. Er fuhr Richtung Osten, das Licht wurde bereits abendlich, in den Horizont mischte sich, kaum merklich, schon ein Violett ... Als ich begriff, wohin wir unterwegs waren, war es schon zu spät, um zu sagen, er solle mich aussteigen lassen. Es ist seltsam, wenn der eigene Vater etwas mit einer hat, mit der man selbst etwas haben könnte, und obwohl man's sich nicht eingesteht, auch gerne hätte, nicht weil sie einem gefiel, aber weil man dann wenigstens irgendwas hätte, und es war beschämend, hier herumzusitzen wie ein Kind, das im Auto warten muss, während die Erwachsenen etwas Wichtiges erledigen. Und wie so oft schwor ich mir, nicht mehr mitzufahren ... Ich spielte auf meinem Handy herum, schrieb Karl und Leo, ob wir heute am Fluss zelten wollten, und während ich auf ihre Nachricht wartete, zog ich den kiloschweren Bund aus dem Zündschloss, betrachtete die Vielzahl an Schlüsseln und ließ sie durch meine Finger wandern. Weiß nicht, was mich dazu brachte, den einen kleinen abzunehmen und in meiner Tasche verschwinden zu lassen.

Papa kam wieder; als er einstieg, zog er die Nase besonders laut hoch, sodass es einmal nicht wie das

Grunzen eines Schweins klang, und ich schaute aus dem Fenster, um ihn nicht ansehen zu müssen.

Es war sieben oder halb acht oder vielleicht schon acht, und sie waren schon am Fluss und sammelten Holz. Im Wasser stand eine Kiste Bier, und darin steckten kopfüber noch ein paar Flaschen Wein und Cola. Ich hatte meine Zigaretten vergessen und nahm mir eine von Karl. Leo legte sich auf seine Decke und zündete sich ebenfalls eine an; er hatte schwarze Hände und Fingernägel mit schwarzen Rändern, die mir – Hände wie Nägel – von Woche zu Woche größer zu werden schienen, während meine immer gleich blieben, obwohl ich auch oft ganz schön schuftete. Ich setzte mich zu ihm, und eine Weile schauten wir aufs Wasser, von wo es kühl auf meine Beine wehte.

»Bier?«, fragte er.

»Ja«, sagte ich, »ich hole uns eins.«

»Für mich nicht«, sagte Karl, der immer noch Holz herantrug, und da merkte ich, dass sie schon ein paar getrunken hatten.

»Warst du auf Streife?«, fragte Leo.

»Hm«, sagte ich.

»Hab euch gesehen.«

»Hm.«

»Vögelt er sie immer noch?«

»Weiß nicht«, sagte ich.

»Echt ein wilder Hund«, sagte Leo und lachte, und wie oft, wenn von diesen Dingen die Rede war, die für mich in so weiter Ferne zu liegen schienen und die den anderen schon vertraut waren, weil sie im letzten Sommer nach Tschechien gefahren und dort zu den Huren gegangen waren, spürte ich, wie sich in mir alles zusammenzog, und wie um diesen Krampf zu lösen, nahm ich einen so großen Schluck, dass hinterher die halbe Flasche leer war.

»Du hast aber einen Zug«, sagte Leo, und ich antwortete:

»Das ist doch gar nichts.«

Ich warf die ausgerauchte Zigarette in den Fluss, der mir an diesem Tag weniger laut zu rauschen schien als sonst, und sagte, ich wolle Karl helfen und ging hinüber zu dem Haufen aus Ästen und Treibholz, den sie aufgeschichtet hatten und der später ein schönes Feuer geben würde.

»Kommen die anderen auch, Karl?«, fragte ich.

»Sie wissen es noch nicht. Heute ist ja das ... Fest.«

»Ja«, sagte ich, und fast hätte ich geantwortet: Ich weiß. Ich habe mit Papa die Umleitungsschilder aufgestellt, aber ich schwieg.

»Hast du mir was mitgebracht?«

Und ich hätte sagen müssen, dass er mir noch fünfzig Euro schuldete für die letzten fünf Gramm, aber auch das sagte ich nicht, als sei es kleinlich, unter Freunden über Geld zu reden, und vielleicht sagte ich es auch deshalb nicht, weil er dann doch bloß geantwortet hätte: Klaust du sie halt deiner Mutter ... die hat's doch, oder nicht?

»Hab's im Helmfach«, sagte ich. »Wenn du's holst, bring mir die Tschick mit. Habe sie vergessen.«

»Pack mal mit an«, sagte er, und wir trugen den langen dürren Ast aus dem Wald, und kurz vor der Feuerstelle brach er mit einem Knacken, nicht lauter, als wenn ein Streichholz bricht, entzwei. Der Haufen wuchs und wuchs, bis Leo irgendwann rief:

»Muss ich hier jetzt den ganzen Abend allein trinken?«

Da ließen wir das Holzsammeln und setzten uns zu ihm. Ich trank mein Bier aus und holte mir ein neues.

Später kamen die anderen doch, und wir machten Feuer und grillten die paar Würste, die irgendwer mitgebracht hatte, und tranken immer weiter, und auf einmal hatten wir nichts mehr, keinen Tropfen, sogar der Captain Morgan, den die Mädchen mit Cola tranken und der mir nur pur ein wenig schmeckte, war leer, und wir wollten Nina, die Einzige, die nichts getrunken hatte, weil sie nicht durfte wegen irgendeiner Krankheit, die sie neuerdings angeblich hatte, zur Tankstelle in den Nachbarort schicken – dort gab es eine mit 24-Stunden-Shop, in dem man alles bekam. Aber Nina wollte nicht, sie sagte, sie könne in der Nacht nicht fahren – was ein komisches Argument war, denn wie wollte sie denn sonst nach Hause kommen? Sie saß neben Markus, der ein paar Jahre älter war als wir und der da noch lebte, und ich dachte, dass sie wohl einfach nicht von ihm wegwollte, und es gab mir so einen Stich im ganzen Körper.

»Ich fahre«, sagte ich, und niemand hatte etwas dagegen. Ich hatte Glück, wie ich eigentlich immer Glück hatte in dieser Hinsicht, sie standen nirgends, und eine gute halbe Stunde später war ich wieder zurück mit zwölf Dosen Bier, ein paar Flaschen Wein, je einer Flasche Wodka und Rum und Cola.

Markus und Nina waren weg, und auch Aileen und Marion brachen gerade auf, und ich ärgerte mich, so viel in der teuren Tankstelle eingekauft zu haben, und vielleicht war es deshalb, dass ich das Gefühl hatte, ich müsste mir irgendwie etwas zurückholen, aber vielleicht war es auch einfach nur eine ganz normale Schnapsidee, die mich irgendwann, als nur noch Karl, Leo und ich um das Feuer saßen, sagen ließ:

»Ich habe den Schlüssel von der Zapfsäule.«

»Von der bei uns?«

»Ja.«

Was hätten die beiden anderen da anderes sagen können als das, was sie wie aus einem Mund sagten?

»Dann fahren wir tanken!«

»Jetzt?«

»Danach kommen wir wieder.«

»Also los.«

Wir waren alle eigentlich ziemlich geschickt, und es kann nur der Alkohol gewesen sein, der Karl so tollpatschig machte, dass er den Tank von Leos Moped überlaufen ließ, und Leo so ungeschickt, dass er den Schraubdeckel fallen ließ. Und es muss auch der Alkohol gewesen sein, der mich so hirnlos machte, dass ich nach dem Deckel mit dem Feuerzeug suchte. Innerhalb weniger Sekunden brannte Leos Derby lichterloh, und nach einer kurzen, mir aber ewig vorkommenden Starre sprang ich auf mein Moped, startete es und fuhr davon und erwartete jede Sekunde eine riesige Explosion in meinem Rücken, die jedoch ausblieb. An die beiden anderen dachte ich nicht, erst wieder am Ortsausgang, als Karl, der Leo hinten draufhatte, mich überholte; bald darauf sah ich sie nicht mehr; sie mussten einen anderen Weg gefahren sein; Karl kannte immer noch einen anderen Nebenweg.

Als ich zurückkam, war Karls Moped nirgends zu sehen, und ich dachte, sie hätten es im Unterholz versteckt, aber als ich zum Wasser gelangte, war ich allein. Das Feuer brannte noch, und ich setzte mich und wartete auf sie. Ich spürte, wie rasch mein Herz schlug, und ich wusste, dass es nicht lange dauern würde, bis man herausfand, wer die Tankstelle in Brand gesteckt (ich dachte: »in die Luft gejagt«) hatte, auch wenn Leo vielleicht angeben würde, sein Moped sei gestohlen worden – wie ich es ihm raten würde, sobald sie kamen. Nach einer halben Stunde waren sie immer noch nicht da, und ich rief zuerst den einen, dann den anderen an, aber keiner hob ab. Ich schrieb Leo, was er tun solle und dass wir uns so bald wie möglich absprechen sollten, was wir sagen sollten, wenn man uns befragen würde – wer auch immer, aber ich dachte natürlich an die Polizei, ich wollte nicht schon wieder mit denen zu tun haben. Wie spät war es eigentlich? Ich begann mich unwohl zu fühlen und legte Holz nach. Ich räumte ein wenig auf und trank aus einer angebrochenen Weinflasche. Ich wollte nicht nach Hause ... Mama rief schon lange nicht mehr an, wenn ich nicht heimkam ... ich glaube, sie dachte nicht einmal daran ... Sie begnügte sich damit, mich bei der nächsten Gelegenheit auszuschimpfen, als wäre ich fünf, was ich immer mit halbwegs ausdrucksloser Miene ertrug – ich wollte nicht lachen und sie damit kränken, die Ärmste; sie hatte doch sonst nichts als dieses Schimpfen, nach dem sie sich immer besser fühlte, als gute Mutter, glaube ich. Ich blieb also, rauchte und trank, und irgendwann war auf einmal jemand neben mir. Es war Markus.

»Wo sind die anderen?«

»Keine Ahnung«, sagte ich.

»Gibt es noch was?«

»Jede Menge.«

Er nahm sich den Wodka und trank aus der Flasche, als wäre es Wasser.

Wir saßen neben dem Feuer und sahen auf den schwarzen Fluss, in dem sich das Mondlicht spiegelte, und ich dachte nicht mehr an den Brand und fragte mich auch nicht mehr, ob es nicht doch noch eine Explosion gegeben haben mochte.

»Da vorne ist eine tiefe Stelle«, sagte Markus.

»Ich weiß«, sagte ich.

»Kein Mensch würde dich da unten finden«, sagte

er. »Ich müsste dich nur mit ausreichend Steinen beschweren.«

Ein Schauder lief mir über den ganzen Körper, und
ich sagte:

»Dich auch nicht.«

Wieder nahm er einen großen Schluck, dann hielt
er mir die Flasche hin, und auch ich trank und gab sie
ihm wieder zurück.

Ich schüttelte mich. Ich mochte keinen Wodka.

»Warst du heute auf Streife?«, fragte er.

»Ja«, sagte ich.

»Hab euch die Schilder aufstellen sehen.«

»Ja«, sagte ich und erhob mich. »Willst du auch ein
Bier? Es müssen noch ein paar da sein.«

»Ich bleibe bei meinem Freund hier.«

Ich ging zum Wasser und fischte eine Dose heraus.

Von da an redeten wir fast nichts mehr, und ich
fragte mich, ob er Nina nach Hause gebracht hatte
und ob sie's davor noch im Auto gemacht hatten, und
wieder gab es mir einen solchen Stich im Herzen. Ich
wusste jetzt nicht mehr, was ich mit ihm reden sollte,
er war mir noch fremder als sonst. Auch er schien
nichts mehr reden zu wollen, begnügte sich damit,
hin und wieder einen Schluck aus der Flasche zu nehmen, danach zu rülpsen wie nach Bier und vor sich
hin zu starren. Irgendwann legte er die Flasche neben
sich, und ich stellte fest, dass sie leer war. Dann ließ er
sich nach hinten fallen, und als ich hinsah, hatte er
die Augen geschlossen, und nach ein paar Minuten

hörte ich ihn schnarchen. Ich stand auf und ging ans Ufer und pinkelte ins Wasser und merkte, wie sich alles drehte und wie wenig ich jetzt noch hier sein wollte, und ich nahm meinen Rucksack und mein Handy und ging durch den Wald zur Straße zurück. Was mich ritt, weiß ich nicht, aber als ich den Schlüssel stecken sah, stieg ich nicht auf mein Moped, sondern setzte mich in Markus' Auto, startete es und fuhr einfach los. Ich fuhr und fuhr ... auf der Autobahn Richtung Salzburg, den Sitz weit nach vorne, dicht am Lenkrad, obwohl ich es, wenn ich mit Papas Pritschenwagen fuhr, der genauer gesagt der Gemeinde gehörte, was ich oft tat, wenn er zu viel getrunken hatte oder müde war, nie so machte, aber ich fühlte mich eben nicht mehr ganz sicher ... Ich war ungefähr 15 Kilometer weit gekommen, da riss es mich; für eine Sekunde war ich eingenickt; es kam eine Raststätte, ich fuhr raus, stellte das Auto auf dem Parkplatz ab und war noch geistesgegenwärtig genug, den Schlüssel abzuziehen und ins Handschuhfach zu werfen und auf den Beifahrersitz zu wechseln.

Ich erwachte von einem Klopfen. Es war immer noch dunkel, und ich brauchte einen Moment, bis ich wusste, wo ich war. Ich wischte mit der Faust über die Scheibe, sah aber nichts und kurbelte das Fenster herunter.

»Grüß Gott«, sagte der eine der beiden Polizisten.

»Hallo«, sagte ich.

»Ist das von Ihnen?«

»Was denn?« Ich sah aus dem Fenster auf den Boden, wo eine ziemlich frische Lache aus Erbrochenem lag. »Nein.«

»Führerschein?«

Ich langte in meine Tasche und zeigte meinen Mopedführerschein her.

»Autoführerschein?«

»Hab ich nicht.«

Und so weiter. Sie glaubten mir natürlich nicht, dass ich nicht gefahren war, aber ich sagte, der Fahrer sei verschwunden, ich wisse auch nicht, wo er hin sei, eben sei er noch hier gewesen. Nach dem Test wollten sie mir meinen Mopedführerschein wegnehmen, aber am Ende mussten sie ihn mir doch lassen. Sie konnten nicht beweisen, dass ich gefahren war ... Aber ich musste aussteigen und ihnen das Auto überlassen, und obwohl ich weder wusste, was sie damit nun machen wollten, wo sie nicht einmal einen Schlüssel hatten, noch mir vorstellen konnte, dass das rechtens war, sagte ich nichts dagegen und schlug ihr Angebot, mich nach Hause zu bringen, aus und ging davon ...

Ich lief einfach über die Felder in die Richtung, von der ich annahm, sie sei die richtige ... stundenlang über irgendwelche Stoppelfelder ... und dann kam ich wirklich auf die Straße, die auf unser Dorf zuführte, und als ich noch keine zehn Minuten auf dieser Straße ging, froh, jetzt so rasch vorwärtszukommen, kam plötzlich grelles Licht von hinten und kurz darauf ein so scharfer Stoß gegen meine Schulter, dass es mich in den Straßengraben warf. Ich rappelte mich hoch. Es war ein Pritschenwagen, wie Papa einen hatte, er war stehen geblieben. Hinten lagen ein paar Zementsäcke und ein Big Bag, aus dem Bauschutt ragte. Der rechte Rückspiegel, der mich erwischt hatte, hing herunter. Der Mann, der gefahren war, stieg aus und sah sich den Spiegel an, dann schaute er in den Straßengraben, wo er mich im Licht der Morgendämmerung ausmachte.

»Den zahlst du mir!«, schrie er.

Mühselig stieg ich aus dem Straßengraben und stellte mich auf die Straße.

»Du Arschloch hast mich gerade zusammengefahren!«, brüllte ich.

Ich war wirklich wütend, und das muss man mir auch angesehen haben, denn der Mann entgegnete nichts und stieg wieder ein und fuhr mit quietschenden Reifen davon; der Spiegel baumelte herab, und nach einem kurzen Stück fiel etwas davon nach unten, so ein schwarzes Plastikteil, das ich später aufhob und gleich darauf wieder wegwarf. Es hatte sich einfach viel angestaut … Mama sagte, es war sechs, als ich heimkam; natürlich war sie da schon eine Stunde auf, obwohl Wochenende war, und arbeitete; ich wurde erst gegen Mittag wieder wach, und ich hatte fürchterliches Kopfweh und einen entsetzlichen Schmerz in Schulter, Hals und Rücken, außerdem hatte ich Durst wie so ein Frischoperierter, wie Leo immer sagte, und ich schwor mir, nie wieder einen solchen Unsinn zu machen, wobei ich nicht einmal an etwas Konkretes dachte.

Später am Tag ging ich an der Tankstelle vorbei; es waren nur drei Zapfsäulen und ein Automat, für den man eine Karte brauchte. Wie durch ein Wunder war tatsächlich nichts in die Luft geflogen; nur Leos ausgebrannte Derbi stand da und sah wirklich traurig aus. Obwohl das Nummernschild abgenommen war, kamen sie sofort drauf, wer es gewesen war, und wir wurden verhört, aber nur ich musste ein paar Wochen im Altenheim ableisten, was nicht so schlimm war, wie ich es mir vorgestellt hatte. Ich überlegte sogar, vielleicht einmal etwas in der Richtung zu machen, Altenpfleger oder so was. Papa war nicht sauer, zumindest sagte er nichts zu dem Ganzen, er zog nicht einmal die Nase hoch, als wir uns am Stall trafen, aber er sagte überhaupt nicht oft etwas. Trotzdem bin ich sicher, wenn ich ihm von der Idee mit der Altenpflege erzählen würde, dann würde er sauer werden. Da könnte ich was erleben, und er würde mich anschreien, wie er sonst nur den alten Fuchs anschreit, wenn der einmal wieder nicht spurt, was in letzter Zeit ziemlich oft vorkommt und mir ein wenig Sorgen macht, weil Papa Pferde nicht mag, die nicht tun, was er will.